LES BOIS-BRULÉS

LE SAUT DE L'ÉLAN

PAR

GUSTAVE AIMARD

PARIS

E. DENTU, LIBRAIRE-ÉDITEUR

PALAIS-ROYAL, 17 ET 19, GALERIE D'ORLÉANS

1875

Tous droits réservés

LES BOIS-BRULÉS

LE SAUT DE L'ÉLAN

OUVRAGES DE GUSTAVE AIMARD

PUBLIÉS PAR LA MÊME LIBRAIRIE

La Forêt vierge..........	I. Fanny Dayton, 3ᵉ édit...	1 vol.
	II. Le Désert, 3ᵉ édit.....	1
	III. Le Vautour-Fauve, 3ᵉ édit.	1
Aventures de Michel Hartmann.	I. Les Marquards, 3ᵉ édit..	1
	II. Le Chien noir, 3ᵉ édit...	1
Cardenio...............	Scènes et récits du Nouveau Monde............	1
Les Scalpeurs blancs.......	I. L'Énigme........	1
	II. Le Sacripant.......	1
La Belle-Rivière.........	I. Le Fort Duquesne....	1
	II. Le Serpent de Satin...	1
Les Bois brûlés..........	I. Le Voladero.......	1
	II. Le Saut de l'Élan.....	1
	III. Le Capitaine Kild.....	1

SOUS PRESSE

Le Chasseur de Rats.......	I. L'Œil-Gris........	1 vol.
	II. Le Mulâtre........	
Les Vauriens du Pont-Neuf...	I. Le Capitaine d'aventure..	1
	II. La vie d'estoc et de taille.	1
	III. Diane de Saint-Hyrem..	1
Les Rois de l'Océan........	I. L'Olounais........	1
	II. Vent-en-Panne......	1
Récits d'Europe et d'Amérique.	....	1

D. THIÉRY ET Cⁱᵉ. — IMPRIMERIE DE LAGNY.

LES BOIS-BRULÉS

LE SAUT DE L'ÉLAN

I

COMMENT LE CAPITAINE GRIFFITHS APPRIT COUP SUR COUP
DEUX MAUVAISES NOUVELLES

Nous reviendrons maintenant au capitaine John Olivier Griffiths que nous semblons avoir négligé depuis trop longtemps.

La fuite, si adroitement combinée et si habilement exécutée de doña Dolorès de Castelar, l'avait rendu furieux; l'insuccès de la poursuite de Margottet et les résultats de l'entrevue de celui-ci avec les Pieds-Noirs avaient porté cette fureur au comble.

Il lui était maintenant prouvé jusqu'à l'évidence que le Chercheur-de-Pistes était contre lui; que si lui-même n'avait pas délivré doña Dolorès, tout au moins avait-il été l'instigateur de cette délivrance, puisqu'elle avait été exécutée par le Chef indien Curumilla, l'ami, presque, le frère de Valentin Guillois.

John Griffiths subissait maintenant les conséquences terribles de la mauvaise action qu'il avait commise, en se laissant entraîner par sa passion, à commettre un acte criminel, un rapt odieux sur la personne d'une jeune fille, dont les parents l'avaient accueilli avec la plus grande bonté, et lui avaient offert la plus cordiale hospitalité dans leur demeure.

Depuis longtemps déjà, sa conscience bourrelée lui reprochait l'indignité de sa conduite ; depuis longtemps déjà, il se promettait de réparer ses torts ; mais toujours la passion plus forte que la raison, lui avait fait reculer l'exécution de ce louable projet ; aujourd'hui, il se reprochait amèrement ces hésitations, causes de l'embarras extrême dans lequel il se trouvait.

Voici, du reste, ce qui s'était passé.

Le capitaine Griffiths, à la suite d'une longue tournée en Soñora, longeait les bords du Rio Bravo se dirigeant vers Paso del Norte ; il était seul ; il faisait une chaleur torride.

Il laissait son cheval marcher à sa guise ; la chaleur l'accablait et il était à moitié endormi.

A sa droite se déroulait le large ruban jaunâtre et fangeux du Rio Bravo ; à une lieue environ sur sa gauche s'élevaient, au sommet d'une colline, les hautes murailles garnies d'*almenas* ou créneaux d'une magnifique hacienda ; à l'horizon, sur la rive gauche du fleuve, commençaient à blanchir les maisons coquettes de Paso del Norte ; et sur la rive droite, en face de la *villa* mexicaine, apparaissait vaguement dans la brume la ville Texienne nouvellement fondée de Franklin, où il avait résolu de s'arrêter pour la nuit.

Il était environ deux heures de l'après-dîner, il venait de s'engager dans un assez épais *chaparral*, espèces de maquis mexicains, très-communs en Soñora, lorsque tout à coup le capitaine fut éveillé en sursaut par l'attaque subite de quatre bandits à mine farouche, qui s'étaient subitement élancés du milieu des buissons, et l'assaillaient avec fureur de tous les côtés à la fois.

Bien que surpris, le capitaine ne fut nullement intimidé par cette brusque agression ; il se défendit vaillamment.

Malheureusement il avait affaire à des coquins déterminés ; après une longue résistance, et avoir mis deux de ses ennemis hors de combat, il fut renversé, évanoui, sur le sol.

Lorsqu'il reprit connaissance, il se vit, avec étonnement, couché sur un lit dans une chambre confortablement meublée, et entouré de plusieurs personnes qui attendaient, avec l'expression de la plus grande pitié, son retour à la vie.

Ces personnes étaient au nombre de quatre : un homme d'un certain âge, probablement le maître de la maison, un moine occupé à lui donner les soins les plus intelligents, et deux dames, la mère et la fille sans doute ; la fille avait dix-sept à dix-huit ans à peine et était d'une beauté ravissante.

Des peones, en traversant le chaparral, avaient trouvé le capitaine évanoui près des cadavres de deux bandits ; ils avaient eu pitié de lui, et l'avaient conduit à l'hacienda de don Santiago Leon de Castelar.

Les blessures du capitaine, bien qu'elles ne fussent pas graves, furent cependant assez longues à se cicatriser ; dans l'hacienda, chacun rivalisait de soins et d'attention pour le blessé.

Celui-ci, dès le premier jour, était devenu éperdument amoureux de doña Dolorès, la fille de don Santiago de Castelar.

La jeune fille ne soupçonnait pas cet amour, elle témoignait au jeune homme la plus vive amitié ; ce qui contribuait encore à augmenter la passion de celui-ci ; c'était, comme on dit vulgairement, jeter de l'huile sur le feu.

Cependant, le capitaine était guéri ; des motifs impérieux l'obligeaient à continuer son voyage ; il avait fait venir de Franklin : cheval, vêtements, argent, armes et linge, car les bandits l'avaient complétement dévalisé ; son départ était fixé au lendemain.

Il n'y avait plus à hésiter, il fallait se déclarer au plus vite.

Le capitaine se promenait dans la *huerta* de l'hacienda en compagnie de doña Dolorès et de sa mère ; ils causaient de choses indifférentes ; depuis quelques instants, ils s'étaient assis sur un banc au fond d'un bosquet ombreux, lorsqu'une camériste vint prier la señora de Castelar de se rendre à l'hacienda où quelques soins urgents réclamaient sa présence.

Le capitaine et la jeune fille demeurèrent seuls.

Le moment était venu, il fallait en profiter.

Le capitaine avoua son amour à la jeune fille.

Doña Dolorès l'écouta triste et pensive ; lorsqu'il se tut, elle lui répondit d'une voix un peu tremblante, mais sans hésitation comme sans réticence, avec la plus entière confiance.

Elle aimait depuis longtemps déjà un jeune homme qui l'aimait, lui aussi, et avec lequel elle était fiancée.

Son mariage, retardé à cause de certaines questions d'intérêts, devait avoir lieu avant deux mois.

Il n'y avait pas dans son cœur place pour deux amours; elle aimait don Pablo Hidalgo, son fiancé, elle n'aimerait jamais que lui.

Quant à Olivier Griffiths, ajouta-t-elle en lui tendant sa main mignonne, elle avait pour lui une profonde affection et elle l'aimerait toujours comme une sœur.

Le capitaine était atterré ; il ne s'attendait pas à un aussi rude coup.

Il se leva, salua la jeune fille et se retira sans répondre.

Il roulait, dans sa tête en ébullition, des projets de vengeance.

Dolorès serait à lui ou elle ne serait à personne.

Le soir, il prit congé de la famille de Castelar.

Depuis l'entrevue du bosquet, il n'avait pas adressé

la parole à la jeune fille ; en s'inclinant devant elle, il lui lança un regard qui la fit frissonner.

Le lendemain, au point du jour, le capitaine sella son cheval lui-même et partit.

— Oh ! je me vengerai, murmura-t-il, en jetant un regard furieux du côté où se trouvaient les appartements de la jeune fille.

Deux mois s'écoulèrent ; le mariage de doña Dolorès et de don Pablo Hidalgo devait avoir lieu le samedi ; on était au mercredi ; trois jours séparaient donc la jeune fille de celui où elle devait être unie à l'homme qu'elle aimait.

Elle s'était rendue à Paso del Norte pour faire quelques emplettes relatives à sa toilette de mariée ; vers cinq heures du soir, elle revenait à l'hacienda ; une caménite et deux peones l'escortaient.

En arrivant au chaparral, dans lequel le capitaine avait été attaqué, l'escorte de la jeune fille fut subitement assaillie par plusieurs hommes, vêtus à peu près comme les Indiens, et dont le visage était couvert par une cravate de laine noire, ce qui les rendait complétement méconnaissables.

L'attaque fut si vive, si audacieuse, que les peones furent renversés et garrottés avant même d'avoir pu essayer un semblant de résistance ; la caménite eut le même sort ; quant à doña Dolorès, après l'avoir roulée dans un *zarapé*, ses ravisseurs la chargèrent sur leurs épaules, la déposèrent dans une barque cachée au milieu des roseaux ; puis ils saisirent les rames, nagèrent vigoureusement, et en moins de dix minutes ils eurent traversé le fleuve et se trouvèrent sur le territoire des Etats-Unis.

Là, plusieurs chevaux attendaient ; la jeune fille fut placée sur un cheval et les ravisseurs s'éloignèrent à toute bride.

On n'avait fait aucun mal aux serviteurs de la jeune fille, on ne leur avait rien enlevé ; deux heures plus tard, ils furent délivrés.

Le désespoir fut grand à l'hacienda à la nouvelle de cette affreuse catastrophe.

Don Pablo jura de venger sa fiancée, de se mettre à la poursuite des ravisseurs et de sauver la jeune fille, fût-ce même au péril de sa vie.

En moins de huit jours, il eut réuni une petite troupe de coureurs des bois, qu'il plaça sous les ordres de Castor ; il lui adjoignit plusieurs de ses peones ; lui-même se mit à leur tête, et il partit jurant de ne revenir qu'en ramenant avec lui sa fiancée.

Don Pablo Hidalgo était fort riche ; il n'épargnait pas l'argent ; il ne lui fallut que quelques jours pour retrouver les traces des ravisseurs de la jeune fille.

Cette trace, une fois retrouvée, il ne la perdit plus, et il la suivit sans se décourager jusque dans le fond des montagnes Rocheuses.

Le lecteur sait le reste.

Cette mauvaise action, tranchons le mot, ce crime, était le premier acte réellement blâmable que le capitaine Griffiths eût commis ; il se le reprochait d'autant plus amèrement peut-être, qu'il n'avait pas réussi et que sa victime lui avait échappé.

Il s'était donc presque déshonoré, à ses propres yeux, sans aucun bénéfice ; au contraire, sa position en était devenue plus mauvaise, puisque du même coup il se trouvait s'être mis en état d'hostilité flagrante avec les Peaux-Rouges et avec les chasseurs blancs, sans qu'il pût espérer de renouer jamais avec eux des relations amicales.

Le seul allié qui lui restât, allié qu'il méprisait souverainement, avec lequel même, à tous risques il était résolu à rompre, se trouvait donc être le capitaine Kild.

Il avait appris par ses espions que les tribus indiennes, réunies pour chasser le bison et l'ours gris sur leurs territoires de chasse, pendant la saison d'hiver, avaient formé une alliance offensive et défensive ; que Valentin Guillois et ses chasseurs étaient entrés dans cette alliance, et que le Chercheur-de-Pistes, bien qu'il ne parût pas et demeurât en apparence étranger aux faits et gestes des Indiens, était en réalité le Chef de cette redoutable confédération ; que les Chefs Peaux-Rouges ne faisaient rien sans ses ordres ou tout au moins son autorisation.

Les choses en étaient là ; le capitaine voyait avec un chagrin mêlé de dépit la situation embarrassante dans laquelle il se trouvait ; car il était contraint de convenir intérieurement qu'il y avait beaucoup de sa faute dans ce qui s'était passé ; lorsque deux nouvelles, qu'il reçut coup sur coup, vinrent mettre le comble à ses embarras et rendre sa position presque critique.

La première nouvelle lui fut apportée par un de ses intimes amis, le capitaine James Forster, qui un matin arriva dans son camp à la tête de deux cents cinquante cavaliers Bois-Brûlés.

Le capitaine fut charmé tout d'abord de l'arrivée du capitaine James Forster; un secours de deux cents cinquante hommes résolus et aguerris était précieux pour lui dans la situation où il se trouvait; entouré d'ennemis de tous les côtés, et menacé à chaque instant d'être attaqué dans ses retranchements.

Mais sa joie fut de courte durée, bientôt elle se changea en un vif chagrin.

Le capitaine James Forster était porteur de lettres renfermant des nouvelles désastreuses; et comme ces lettres émanaient du principal chef de la République de la Rivière-Rouge, il n'y avait pas à les révoquer en doute.

Voici le résumé succinct du contenu de ces lettres :

« Le Gouverneur général du Canada, blessé de la façon dont les Bois-Brûlés avaient reçu le Gourverneur qu'il leur avait envoyé; et surtout de la manière dont ils avaient contraint ce Gouverneur à regagner piteusement le Canada, avait résolu de tirer une éclatante vengeance de ceux qu'il appelait des rebelles, et de les contraindre à tout prix à l'obéissance. »

En conséquence, il avait feint d'abord de ne pas se plaindre de l'affront qu'il avait subi; il avait dissimulé

1.

sa colère afin de mieux donner le change à ceux qu'il voulait surprendre et frapper d'un coup terrible ; il avait à petit bruit réuni des forces considérables sur plusieurs points de la frontière Canadienne, et lorsqu'il avait cru le moment arrivé de détruire ceux qui avaient osé résister au gouvernement Britannique, il avait concentré ses forces, les avait réunies en une seule masse ; et il les avait à l'improviste lancées sur le territoire de la Confédération, commençant les hostilités en brûlant, pillant et saccageant tout sur son passage ; l'officier commandant cette redoutable expédition était un ennemi personnel des Bois-Brûlés ; dans certaines circonstances, il prétendait avoir eu fort à se plaindre d'eux ; aussi, loin d'essayer d'adoucir les ordres sanguinaires qu'il avait reçus, il les exagérait et faisait une véritable guerre de Sauvages ou de Prussiens, ce qui signifie la même chose, c'est-à-dire, en trois mots, rapine, viol et incendie.

Heureusement pour eux les Bois-Brûlés n'avaient pas été dupes de l'apparent oubli du Gouverneur du Canada ; ils étaient payés pour se méfier des Anglais dont ils connaissaient les errements et les pratiques cauteleuses et sournoises ; aussi, loin de s'endormir dans une trompeuse sécurité, ils s'étaient tenus sur leurs gardes et avaient redoublé de vigilance.

Bien leur en prit ; cette méfiance leur profita grandement.

L'attaque très-habilement combinée fut terrible.

Mais, les Bois-Brûlés l'attendaient, ils la reçurent

bravement; la guerre prit immédiatement un caractère d'acharnement peu commun. Les Bois-Brûlés, quoique battus en plusieurs rencontres, infligèrent des pertes terribles aux Anglais et ne tardèrent pas à les contraindre à accepter la guerre d'escarmouches et d'embuscades, la plus terrible de toutes.

Tous les villages avaient été abandonnés, les vivres et les bestiaux que l'on ne pouvait enlever détruits; une ou deux villes seules, capables de soutenir un siège, étaient demeurées debout dans toute la contrée; tous les hommes en état de combattre avaient pris un fusil; c'était une véritable guerre d'extermination.

Le plus terrible pour les Anglais, c'est que partout où ils se présentaient, ils ne rencontraient que des ruines brûlantes encore; les moissons avaient été incendiées sur pied; ils ne trouvaient plus ni vivres pour eux, ni fourrages pour leurs chevaux; les chemins étaient défoncés partout de telle sorte que les ravitaillements qu'on leur envoyait du Canada ne leur parvenaient qu'avec des difficultés extrêmes, lorsqu'ils parvenaient, car la plupart étaient enlevés en route par les Bois-Brûlés, embusqués dans les ravins ou les forêts, et l'escorte des convois massacrée.

Cependant la situation se faisait difficile pour les Bois-Brûlés, si elle se continuait pendant quelque temps encore elle menaçait de devenir critique.

Voici pourquoi :

Une colonne de six cents cavaliers d'élite, commandée par le colonel sir Georges Elliot, avait reçu l'ordre du gouvernement anglais de s'enfoncer dans les Montagnes Rocheuses, jusqu'aux environs de la rivière *Peace*, où elle ferait sa jonction avec un corps de quinze cents hommes, expédiés de Vancouver, ou pour mieux dire de la Colombie anglaise; ces quinze cents hommes réunis à *Queensboroug*, maintenant *New-Westminster*, par le Gouverneur de la Colombie anglaise, une fois leur jonction opérée à la rivière Peace avec les troupes de sir Georges Elliott, devaient marcher sur les confédérés de la Rivière Rouge, et les mettre ainsi littéralement entre deux feux.

Le chef des confédérés ne pouvant disposer que de très-peu de monde, avait en toute hâte expédié à John Griffiths le capitaine James Forster avec deux cent cinquante hommes, le seul secours dont il pouvait disposer en sa faveur, avec ordre d'empêcher à tout prix la jonction des troupes anglaises venant de Queensboroug avec celles de sir Georges Elliot; le capitaine Forster était placé sous les ordres de John Griffiths auquel il lui était enjoint d'obéir en tout.

La situation était donc des plus graves.

Comment en sortir?

Voilà où était la question!

Le capitaine Griffiths était résolu à se faire tuer s'il le fallait; mais se faire tuer n'était rien; l'important était de réussir à empêcher la jonction des deux corps; là gisait la véritable difficulté; il comprenait que s'il échouait les confédérés étaient à jamais perdus.

Le capitaine expliqua en quelques mots à son ami

James Forster la situation critique dans laquelle il se trouvait placé lui-même au milieu d'ennemis qui, sans doute, n'attendaient qu'une occasion favorable pour l'assaillir ; tous deux cherchèrent alors, d'un commun accord, le moyen de parer aux événements désastreux dont ils étaient menacés.

Ce fut en ce moment que le capitaine Griffiths reçut la seconde mauvaise nouvelle dont nous avons parlé.

Le lieutenant Margottet lui annonça qu'une petite troupe composée de dix cavaliers venait d'arriver au camp et que le chef de cette troupe se disant porteur d'une lettre très-pressée, insistait pour voir immédiatement le capitaine.

— Quels sont ces gens? demanda Griffiths.

— Je l'ignore, répondit le lieutenant, ils me semblent Américains.

— Hum ! d'où viennent-ils ?

— Le chef m'a répondu, quand je le lui ai demandé, qu'il aurait l'honneur de vous le dire à vous-même, capitaine.

— Devil! voilà des gens bien prudents ; enfin, mieux vaut nous en débarrasser promptement ; quand on agit avec une si grande circonspection, c'est que l'on est porteur de bien mauvaises nouvelles ; mieux vaut savoir à quoi nous en tenir tout de suite, qu'en pensez-vous, Forster ?

— Je suis complétement de votre avis, mon cher John.

— Amenez le mystérieux voyageur, lieutenant.

Margottet sortit ; un instant plus tard, il rentra précédant un grand gaillard d'une quarantaine d'années, onng sec, au regard sombre et aux traits farouches, complétement vêtu de noir et armé jusqu'aux dents.

— Bon, murmura John Griffiths, à part lui, en apercevant ce sinistre personnage, je devine à qui j'ai affaire, je reconnais le pèlerin, c'est un Mormon.

L'inconnu salua silencieusement les deux officiers et s'appuyant sur la poignée de son long sabre il attendit qu'on l'interrogeât.

— Voilà sur ma foi un redoutable coquin ; murmura le capitaine Forster.

— A qui ai-je l'honneur de parler? demanda le capitaine Griffiths.

— Je me nomme Jonathan Maubert, répondit l'inconnu d'une voix rauque.

— Veuillez vous asseoir, je vous prie.

L'inconnu, sans répondre, accepta la chaise que le lieutenant Margottet lui présentait.

— Vous êtes, m'a-t-on dit, porteur d'une lettre pour moi? reprit Griffiths.

— Oui, capitaine.

— De quelle part cette lettre m'est-elle envoyée?

— Elle m'a été remise en mains propres par le Chef des Saints des derniers jours.

— C'est Briggam Young qui vous envoie? s'écria le capitaine Griffiths.

— J'ai reçu ma mission de la bouche même du Prophète.

— Vous venez donc de Dezeret?

— Directement, sans m'arrêter ni jour ni nuit, avec la hâte que met à fuir, celui qui sent le vengeur de sang sur ses pas.

— Mais, pour avoir reçu votre mission du Prophète même, vous devez être d'un rang bien élevé parmi les saints ?

— Je suis un humble *Danite* du tabernacle, répondit-il, en baissant hypocritement les yeux.

Les Danites sont les conseillers intimes du Prophète des Mormons, ses sicaires, ses séides, les exécuteurs de ses ordres, quels qu'ils soient ; en un mot, des hommes qui lui sont dévoués pour tout, sans hésitation comme sans scrupules.

Les deux officiers examinèrent un instant, avec une attention un peu craintive, le farouche et redoutable personnage immobile et sombre devant eux.

— Cette mission dont vous êtes chargé, reprit enfin le capitaine Griffiths, est donc bien importante et bien pressée pour que vous ayez mis une si grande hâte à l'accomplir?

— Elle est très-importante et très-pressée.

— Veuillez me remettre la lettre dont vous êtes porteur.

Le Danite retira un large pli cacheté de sa poitrine, il l'appuya à son front, puis il le baisa respectueusement, et enfin, il le remit au capitaine Griffiths.

Celui-ci fit sauter le cachet et parcourut des yeux cette missive qui lui parvenait d'une façon si singulière.

Elle était courte et ne contenait que ces mots :

« Au nom du Seigneur tout-puissant, prière est faite
« par le Prophète des Saints des derniers jours à notre
« aimé Bois-Brûlé, que les Gentils nomment le capi-
« taine John-Olivier Griffiths, d'accueillir favorable-
« ment notre cher frère, le saint Danite Jonathan
« Maubert, de le laisser résider dans son camp et de lui
« prêter son aide dans l'accomplissement de la sainte
« et importante mission que je lui ai confiée.

« Je désire que Dieu, qui peut tout, convertisse mon
« fils, le Bois-Brûlé, John-Olivier Griffiths, et je lui
« donne ma bénédiction au nom du Seigneur.

« Le Prophète des Saints des derniers jours,
« Briggam Young.

« Dezeret, en Utah, le 27 octobre 1859 (ère vulgaire). »

Après avoir lu cette étrange missive, le capitaine Griffiths demeura un instant pensif, puis il plia la lettre, la mit dans sa poche, et s'adressant au Danite, toujours immobile :

— Je ferai ce que me demande le Prophète, dit-il, en saluant légèrement son farouche interlocuteur, je vous offre l'hospitalité du désert, franche et cordiale.

— Merci, répondit le Danite, le Prophète m'avait annoncé qu'il en serait ainsi.

Le jeune homme se mordit les lèvres, puis il reprit :

— Le Prophète m'annonce qu'il vous a chargé d'une mission importante à l'accomplissement de laquelle il me prie de vous aider; jusqu'à nouvel ordre je ne vous refuse pas mon appui et mon aide au besoin, mais pour cela, il faut que je connaisse cette mission; je ne puis, ni ne veux me faire l'instrument inconscient d'une vengeance personnelle, ni son complice.

— Les Saints du dernier jour ne se vengent pas, ils punissent les coupables; répondit froidement le Danite; leur justice est infaillible et implacable, elle poursuit et frappe les coupables jusqu'au bout du monde; rien ne peut les soustraire à l'arrêt prononcé contre eux par le Prophète, fussent-ils cachés dans les entrailles de la terre.

— Ceci ne me regarde pas; vous vous gouvernez à votre guise; je ne prétends m'immiscer dans vos affaires sous aucun prétexte; mais, ce qui me regarde, ce qui me touche avant tout, c'est le soin de mon honneur.

— L'honneur d'un gentil peut-il entrer en comparaison avec celui des Saints dont les jugements émanent de Dieu même?

— Trêve de gros mots, de jongleries et de sermons, je ne suis disposé à écouter ou à entendre ni les uns ni les autres; je vous parle comme un homme, répondez-moi de même?

— Interrogez-moi?

— Êtes-vous, oui ou non, autorisé à me révéler le but de votre mission? je vous avertis à l'avance que cette révélation seule pourra vous assurer mon appui, au cas où je reconnaîtrai la justice de l'œuvre que vous vous proposez d'accomplir; maintenant, répondez et soyez franc, si cela vous est possible ; mais pas d'ambages ni de circonlocutions, je vous imposerais immédiatement silence; allez, je vous écoute.

— Que ces gentils sont impatients et méfiants ! répondit le Danite avec dédain. Le Prophète m'a ordonné de tout vous dire, d'autant plus que vous avez un grand intérêt à tout savoir.

— A la bonne heure, voilà qui est parler ; mais je ne comprends pas quel si grand intérêt je puis avoir dans cette affaire.

— Vous allez en juger si vous voulez m'écouter avec un peu de patience.

— Soit, parlez, je vous écoute.

— Je vous demanderai auparavant de me faire donner un verre d'eau, la soif me dévore, ma langue s'attache à mon palais.

— Excusez-moi de ne pas vous avoir fait offrir des rafraîchissements, ainsi qu'à vos compagnons ; dit le capitaine en faisant au lieutenant un signe que celui-ci comprit.

Le lieutenant Margottet sortit et, au bout de cinq minutes, deux domestiques entrèrent portant des rafraîchissements de toutes sortes qu'ils placèrent sur une table.

— Buvez et mangez, mon frère, dit le capitaine, et encore une fois, excusez-moi d'avoir ainsi oublié les devoirs sacrés de l'hospitalité.

— Depuis hier matin, répondit le Danite, mes compagnons et moi, hommes et animaux, nous n'avons rien pris, tant nous avions hâte d'arriver près de vous.

— Mais, dit le capitaine, pourquoi vous tant presser? vous étiez toujours certains de nous rencontrer, un peu plus tôt ou un peu plus tard.

— Aussi, répondit le Danite, tout en mangeant de bon appétit, n'était-ce pas précisément pour vous que nous le faisions.

— Pour qui donc, alors?

Le Danite releva la tête et, regardant le capitaine en face.

— C'est à cause de celui que nous poursuivons, dit-il, d'une voix sourde.

Et il se remit à manger.

— Qui est celui-là? demanda le capitaine.

— Vous le saurez bientôt.

— Il est donc bien dangereux?

— Vous en jugerez.

Le capitaine Griffiths voyant que c'était un parti pris de la part du Danite de ne répondre que par énigmes à toutes ses questions, s'abstint de lui adresser plus longtemps la parole; laissant le Mormon dévorer tout à son aise les mets posés devant lui, il se mit à causer à voix basse avec son ami le capitaine James Forster.

Quelques instants plus tard le lieutenant Margottet rentra; il avait donné les ordres nécessaires pour que l'on fournît aux étrangers et à leurs chevaux tout ce dont ils pourraient avoir besoin; il leur avait lui-même assigné une hutte dans laquelle ils logeraient et il les avait laissés en train de manger avec un appétit qui témoignait d'une longue abstinence.

Le Danite continuait impassiblement son repas, car c'était un véritable repas qu'il faisait; il paraissait n'attacher qu'une très-médiocre importance à tout ce qui se disait ou se faisait autour de lui.

Enfin, après un laps de temps assez long, il arriva un moment, où avec la meilleure volonté du monde, il lui aurait été impossible d'avaler une bouchée de plus; alors il cessa de manger, avala un plein verre de vin, repoussa les plats et les assiettes, s'essuya la bouche, poussa un hem! sonore, et après avoir choisi avec soin un cigare, dans un porte-cigares fort beau qu'il sortit d'une des poches de son vêtement, il commença à fumer, doucement, méthodiquement et sans rien perdre de sa gravité.

— Eh bien! lui demanda le capitaine, comment vous trouvez-vous maintenant?

— Beaucoup mieux, je vous remercie, capitaine; je tombais littéralement d'inanition; j'avais grand besoin de reprendre des forces.

— Etes-vous disposé à présent à me dire pour quelle raison vous êtes venu me trouver ici?

— Parfaitement, capitaine ; si vous consentez à m'accorder quelques minutes d'attention, je ne demande pas mieux que de vous satisfaire.

— S'il en est ainsi, je vous écoute, vous pouvez parler.

— Voilà donc de quoi il s'agit, capitaine. Il y a environ deux mois, je revenais de visiter une de mes fermes, située à cinq lieues environ de Dezeret, et je retournais à la Sainte Cité, lorsqu'en passant près d'un ravin fort encaissé qui se trouve un peu en dehors de la route et que l'on nomme la Combe-aux-Loups, une de mes femmes spirituelles, une Française que j'aime beaucoup, se pencha vers moi et me dit :

— Regardez-donc, mon cher seigneur, tous ces oiseaux de proie qui tourbillonnent au-dessus de la Combe-aux-Loups en poussant de grands cris.

— Je regardai, le fait était exact ; de grands vautours fauves, des aigles gris et d'autres oiseaux carnassiers tournaient en cercle au-dessus du ravin.

— Pourquoi font-ils donc ainsi ? me demanda ma femme spirituelle.

— Parce que probablement, lui répondis-je, il y a là quelque charogne dont ils veulent faire leur proie. Un cadavre de loup ou de mule, sans doute.

— Si c'était le cadavre d'un homme ? reprit ma femme spirituelle.

— Au fait, c'est possible, répondis-je, quoique ce soit bien improbable.

Je mis pied à terre, et j'entrai dans le ravin : à mon approche, les oiseaux s'étaient envolés en poussant de grands cris ; j'aperçus alors le cadavre d'un homme. Bien qu'il fût dans un état de décomposition avancée et à demi dévoré par les oiseaux de proie, je n'eus besoin que d'un regard pour le reconnaître : c'était le cadavre de l'un de nos plus saints Danites. Quelques jours auparavant, il avait quitté Dezeret en compagnie d'un autre Danite nommé Harry Brown, avec lequel cependant il avait toujours vécu en assez mauvaise intelligence ; depuis on n'avait plus eu de nouvelles ni de l'un ni de l'autre.

Je mis le cadavre sur une mule de suite, et je rentrai en ville.

Les Danites furent convoqués sous la présidence du Prophète, et le corps du malheureux homme fut soigneusement examiné; il avait une seule blessure, un coup de couteau à la naissance du cou et qui lui avait tranché la colonne vertébrale.

— Je connais l'homme qui a tué notre frère, dit le Prophète, justice sera faite.

Le Prophète me prit alors en particulier : — tu partiras ce soir-même avec dix hommes, me dit-il ; l'assassin est Harry Brown, il a tué notre ami pour l'exécution d'un ténébreux projet qu'il médite depuis longtemps; pars, tu le rencontreras dans les montagnes Rocheuses ou peut-être à la rivière Jourdan. Voici une lettre pour le capitaine Griffiths qui doit se trouver en chasse de ces côtés ; il t'aidera à t'emparer de l'assassin. — Comment le reconnaîtrai-je? demandai-je au Prophète. — Bien facilement, me répondit-il ; Brown était beaucoup trop connu parmi les Gentils pour oser se montrer sans risquer d'être immédiatement pendu. Voilà pourquoi il a tué notre frère ; il aura pris son nom, son visage, ses vêtements et se sera ainsi fait une nouvelle personnalité.

— Comment se nommait l'homme traîtreusement assassiné par Harry Brown? demanda vivement le capitaine.

— La sainte victime se nommait Gédéon Kild, répondit froidement le Danite.

II

COMMENT SANS S'EN DOUTER LE CAPITAINE GRIFFITHS CHASSA A L'AFFUT

A ce nom auquel il aurait dû être si loin de s'attendre, et que pourtant par une espèce de pressentiment inexplicable il attendait presque, le capitaine Griffiths ne put s'empêcher de pousser un cri, non de surprise, mais presque d'épouvante.

— Gédéon Kild? dit-il.

— Est-ce que vous le connaissez? demanda froidement le Danite.

— Peut-être, répondit-il.

— Mais, du moins, vous m'aiderez à le venger?

— Oh! pour cela, oui, et de grand cœur, je vous jure; tout cela est tellement extraordinaire, que je veux, moi aussi, à savoir à quoi m'en tenir à ce sujet.

— Pourquoi extraordinaire?

— Vous le saurez bientôt.

— Le Prophète avait donc raison? cette affaire vous intéresse?

— Beaucoup plus que vous ne le supposez.

— Tant mieux; alors je puis compter sur vous?

— En tout et pour tout, je vous l'ai dit.

— C'est bien, j'y compte.

— Un dernier renseignement?

— Lequel?

— Qui est ce Harry Brown?

— C'est son histoire que vous me demandez?

— Précisément; pouvez-vous me satisfaire?

— Pourquoi non, puisque vous ne me refusez pas votre aide.

— Vous pouvez être sans crainte à cet égard. Allez, je vous écoute.

— Nous avons l'habitude de prendre les plus grands renseignements sur les gens avec lesquels nous sommes appelés à avoir des rapports d'affaires; lorsque ces gens témoignent le désir de faire partie de la famille des Saints, ces renseignements sont repris de nouveau avec un soin extrême; il est du plus grand intérêt pour nous de bien connaître ceux qui veulent devenir nos frères; vous pourrez donc attacher une créance entière à ce que je vais vous dire.

— J'en suis convaincu à l'avance.

— Harry Brown a trente ans à peine, il est de haute taille, admirablement fait, très-beau garçon, doué d'une intelligence rare et d'une vigueur extraordinaire; si cet homme avait voulu appliquer au bien les immenses facultés qu'il a appliquées au mal, il serait devenu sans conteste un homme remarquable. Il possède une aptitude singulière pour prendre tous les costumes, tous les visages et se rendre méconnaissable ; il y a une seule chose qu'il lui est impossible de changer, c'est son regard, qui a quelque chose de celui des fauves.

— C'est sans doute un des motifs qui l'ont engagé à assassiner le malheureux Kild ? interrompit le capitaine.

— Je le pense comme vous, à cause des énormes lunettes que Kild ne quittait jamais. Je dois vous dire que le cadavre de Kild, quand je l'ai retrouvé, était complétement nu, tous ses vêtements avaient été enlevés, et surtout ses lunettes.

— Alors, il n'y a plus de doute à avoir, Harry Brown est l'assassin ; mais pourquoi ? Quel motif assez puissant a pu le pousser à commettre ce crime ?

— Attendez, vous le comprendrez bientôt.

— Soit ; je vous écoute.

— Je reprends ; Harry Brown a reçu une instruction très-solide ; il parle, avec la même facilité, l'anglais, le français, l'espagnol, l'italien, le portugais et l'allemand ; de sorte qu'il est impossible de lui assigner une nationalité ; lui se prétend Anglais et échappé des bagnes de la Nouvelle-Galles du Sud. Est-ce vrai ? est-ce faux ? Nul ne saurait le dire ; d'ailleurs son affirmation seule suffirait pour me porter à en douter. C'est à Boston que je le rencontrai pour la première fois, il se disait attaché à une grande maison de New-York, ce que je reconnus véritable plus tard. Nos premières relations s'établirent à propos de la fourniture des femmes et des enfants ; il se chargea de nous en fournir à bon compte, ce qu'il fit en effet. Mais Harry Brown était joueur, ivrogne, enfin, cousu de tous les vices dont un seul suffit pour perdre un homme. Bientôt il se fit de mauvaises affaires ; fut poursuivi pour vol, pour meurtre, que sais-je encore ? Contraint de fuir, de se cacher et de se réfugier tour à tour dans tous les comtés de la République ; mais comme il ne changeait pas d'existence, sa vie ne tarda pas à devenir un enfer ; bientôt il se vit traqué comme une bête fauve par toutes les polices des comtés où il avait séjourné. Il fallait en finir : ses déguisements si complets, si bien réussis qu'ils fussent, ne lui suffisaient plus ; à chaque instant il risquait d'être arrêté. Il voulut tenter d'exploiter le désert ; mais son naturel querelleur lui attira en peu de temps une foule d'ennemis, et il fut contraint d'y renoncer. Ce fut alors que la pensée lui vint de se faire Mormon. Il n'hésita pas. Après avoir traversé le désert, en bravant mille dangers terribles, il arriva à Dézeret et se présenta résolûment au Prophète, avec qui il eut une longue conversation, à la suite de laquelle il fut accueilli dans la grande et patriarcale famille des Saints des derniers jours.

— Eh quoi ! le connaissant comme vous le connaissiez, vous l'avez reçu ? Piètre recrue que vous faisiez là et peu honorable ! fit le capitaine Griffiths avec ironie.

— Les Gentils ne savent rien, répondit le Danite avec

mépris; c'est précisément parce que nous connaissions cet homme, que nous savions tout ce qu'il avait fait et tout ce qu'il était capable de faire, que nous l'avons reçu parmi nous; les hommes de cette espèce sont précieux pour nous; ils se jettent dans nos bras comme dans un dernier refuge; ce sont des déclassés, des réfractaires de la civilisation à qui la terre manque sous les pieds; nous les tenons par leurs crimes et l'impossibilité où ils se trouvent de nous échapper jamais. Cette épée de Damoclès éternellement suspendue au-dessus de leur tête nous assure, non-seulement leur obéissance à toute épreuve, mais encore leur dévouement absolu; le jour où ils essayent de se soustraire au joug qui pèse sur eux, ils sont impitoyablement brisés; nous utilisons leur intelligence souvent remarquable; et nous tournons ainsi au profit du bien les facultés dont jusque-là ils ne s'étaient servis que pour le mal.

— Tout cela est très-spécieux, dit le capitaine; mais peu m'importe, je ne vous demande point une justification de votre doctrine excentrique dont je ne me soucie guère; revenons, s'il vous plaît, à Harry Brown, dont nous nous sommes un peu trop écartés.

— C'est juste; Harry Brown fait depuis sept ans partie de notre association, à laquelle, je dois le dire, il a rendu d'immenses services. Pendant ces sept années, pas une seule fois il n'encourut un reproche, ne s'exposa même à une remontrance; aussi ne tarda-t-il pas à être promu à la sainte et redoutable dignité de Danite; à Dezeret tout le monde reconnut la justesse de cette promotion. Les choses marchaient ainsi, lorsqu'il y a deux ans environ, un étranger arriva à Dezeret et se fit indiquer la demeure de Harry Brown. Cet étranger, qui ne fut aperçu que de très-peu de personnes, demeura enfermé dix jours dans la demeure d'Harry Brown sans sortir une seule fois; au bout de dix jours, il s'éloigna pendant la nuit en compagnie d'Harry Brown qui l'escorta assez loin. Cette visite sembla beaucoup préoccuper notre compagnon; pendant quelque temps, il fut plus sombre qu'il n'avait jamais été; à de longs intervalles il recevait des lettres, lui qui jusqu'alors n'en avait jamais reçu, et l'on remarqua que chaque fois qu'il recevait une de ces lettres, il quittait Dezeret et demeurait assez longtemps absent. Il y a trois mois environ, il reçut une nouvelle lettre; ce fut quelques jours après l'avoir reçue qu'il s'éloigna de nouveau de Dezeret; mais, cette fois, il n'était pas seul; notre frère Gédéon Kild l'accompagnait, ce qui surprit tout le monde; ces deux hommes éprouvaient non-seulement de la répulsion, mais presque de la haine l'un pour l'autre. Quelques jours plus tard, je retrouvais le cadavre horriblement défiguré de notre malheureux frère dans le ravin de la Combe-aux-Loups, où il n'a pu être jeté qu'après avoir été lâchement assassiné; ce ravin, qui ne conduit nulle part, n'est fréquenté par personne, pas même par les Peaux-Rouges; vous savez le reste. Maintenant, je n'ai plus qu'à vous demander si vous avez quelques indices à me donner, et si vous supposez que Harry Brown se trouve dans ces montagnes.

2.

— Peut-être. Je n'ai pas vu Harry Brown, dont j'ai souvent entendu parler, mais, il y a une quinzaine de jours, j'ai eu une entrevue avec le capitaine Gédéon Kild, que lui, je connais beaucoup.

— Vous avez vu Gédéon Kild?

— Oui, et voici dans quelles circonstances. Depuis assez longtemps déjà je désire avoir une entrevue avec votre Prophète, pour lui faire certaines propositions de la part des confédérés de la Rivière-Rouge; la dernière fois que j'avais vu Gédéon Kild, c'est-à-dire à son dernier voyage, je lui avais fait à ce sujet certaines ouvertures qu'il avait assez bien accueillies; mais comme il ne pouvait rien prendre sur lui, il m'avait donné à entendre, qu'à notre prochaine entrevue, les choses s'arrangeraient comme je le désirais et que probablement le Prophète consentirait à me recevoir malgré la haine que, dit-on, il professe pour les Gentils. Les choses ainsi décidées, Gédéon Kild partit pour l'Utah, et moi je retournai à la Rivière-Rouge. Il y a quelques jours mes éclaireurs m'annoncèrent qu'une troupe d'émigrants, arrivant du côté des établissements, était campée à une légère distance de mon campement; je ne fis pas grande attention à cette nouvelle. Quelques jours après, mon lieutenant aperçut un signal dans la plaine et il m'en avertit; ce signal était celui dont j'étais convenu avec Gédéon Kild. Cela m'étonna fort; je me demandais pourquoi, ainsi que cela avait été arrêté entre nous, Gédéon Kild ne m'avait pas rendu compte, à son retour de l'Utah, de la mission dont je l'avais chargé, sachant l'importance que j'y attachais ; de plus, je ne comprenais pas comment il arrivait si promptement des établissements, six semaines s'étant à peine écoulées depuis notre dernière entrevue.

— En effet, il n'avait pas perdu de temps, dit le Danite avec ironie.

— N'est-ce pas ? Je ne sais pourquoi ce retour si prompt du côté opposé où je l'attendais, me donna l'éveil, et fit naître dans mon esprit de vagues soupçons que je résolus d'éclaircir. Je montai à cheval, et je me rendis au rendez-vous qui m'était demandé : c'était bien Gédéon Kild que j'avais devant moi, assis sur un carré de fourrure devant un feu, et fumant tranquillement son énorme pipe de porcelaine ; je m'assis près de lui, et l'entretien s'engagea. Sa voix me sembla légèrement changée, lui-même paraissait être plus grand, en un mot, c'était Gédéon Kild ou plutôt son ombre que j'avais devant moi. L'illusion était si complète, que parfois je m'y laissais prendre ; cependant mes soupçons grandissaient de plus en plus, voici pourquoi : je m'attendais naturellement à ce que Kild me rendrait compte de ce qu'il avait fait à Dezeret et me donnerait la réponse du Prophète ; il ne me dit pas un mot à ce sujet ; il semblait avoir complétement oublié la mission dont il s'était chargé ; il me parla des femmes et des enfants qu'il amenait, et me proposa de les lui acheter, ainsi que je lui en avais acheté précédemment. Notez que jamais il n'avait été question entre Kild et moi de pareils marchés ; il savait trop bien la répugnance et le mépris que j'éprouve pour cet infâme trafic.

— Gédéon Kild, interrompit le Danite, avait sans doute parlé à Harry Brown de l'entrevue qu'il devait avoir avec vous ; comme il ne voulait pas sans doute lui révéler les motifs de cette entrevue, il lui avait, comme appât à sa curiosité, jeté le prétexte, très-plausible, du reste, d'un marché à faire.

— C'est probable ; le fait est qu'il me proposa d'acheter sa marchandise humaine ; mais comme mes soupçons avaient pris corps, que j'avais presque le pressentiment d'une vilenie quelconque, que je la sentais, pour ainsi dire, tout en consentant à acheter les femmes et les enfants à des prix longtemps débattus entre nous, je refusai d'en prendre livraison tout de suite, comme il le voulait ; je ne consentis à terminer le marché que lorsque nous serions lui et moi arrivés à la rivière Jourdan, à l'endroit nommé le Saut-de-l'Élan.

— Je connais l'endroit, dit le Danite, il est à une douzaine de jours de marche de l'endroit où nous sommes.

— Oui, pour une caravane, obligée de marcher lentement et avec précaution, mais il ne faut que trois jours au plus pour un bon batteur d'estrade, et j'en possède d'excellents dans ma troupe.

— C'est juste, mais vous aviez un but en posant cette condition ?

— Pardieu ! celui d'expédier immédiatement un courrier à Dezeret, afin d'avertir le Prophète de ce qui s'était passé entre Gédéon Kild et moi ; et de lui demander si, ainsi que je le soupçonnais, une infamie, un crime peut-être, n'étaient pas cachés sous cette affaire, à laquelle je ne comprenais absolument rien.

— Très-bien ; et vous l'avez fait, sans doute ?

— Comment, si je l'ai fait ? Pardieu, le soir même, après avoir quitté le soi-disant Kild, un courrier est parti pour Dezeret porteur d'une lettre de moi ; il doit même être arrivé maintenant ; nous le retrouverons au Saut-de-l'Élan avec la réponse.

— Bravo ! que comptez-vous faire maintenant ? Avez-vous revu votre vendeur ?

— Non ; il est resté dans son camp et moi dans le mien ; mais je ne le perds pas de vue ; je le surveille avec soin ; je marche, pour ainsi dire, dans son ombre.

— Ainsi, il n'a pas de soupçons ?

— Comment en aurait-il ? Une seule chose le contrarie, c'est d'être obligé d'aller jusqu'au Saut-de-l'Élan pour terminer son marché avec moi.

— Oui, il trouve ce rendez-vous un peu trop rapproché de l'Utah.

— Peut-être est-ce cela, peut-être est-ce autre chose ? il est très-difficile de savoir ce que pense cet homme.

— Puisque vous surveillez ce misérable de si près, rien ne sera plus facile que de s'assurer de sa personne.

— Pas autant que vous le supposez.

— Pourquoi donc cela ?

— Oh ! pour une foule de raisons meilleures les unes que les autres.

— Donnez-m'en quelques-unes au moins ?

— Je ne demande pas mieux. Écoutez donc : d'abord,

il est à la tête de quatre-vingts bandits déterminés, qui ne le laisseront pas ainsi enlever dans son camp.

— Je n'avais pas songé à cela.

— C'est cependant élémentaire; de plus, nous ne pouvons rien faire avant que d'avoir la certitude que cet homme est bien celui que nous cherchons.

— Mais nous l'avons cette certitude.

— Pas le moins du monde, tout nous fait supposer que c'est lui, habits, costumes, visage, je vous l'accorde.

— Eh bien?

— Eh bien, c'est tout au plus une certitude morale; mais cela ne suffit pas au point de vue du droit et de la justice; c'est une preuve matérielle dont nous avons besoin, et celle-là nous fait complétement défaut, nous sommes obligés de l'avouer.

— Oh! si nous étions contraints de nous soumettre à toutes ces exigences...

— Vous n'exécuteriez jamais personne, n'est-ce pas? interrompit-il avec ironie; c'est possible, mais votre justice, à vous autres Mormons, n'est pas la nôtre; pour nous, il ne suffit pas, pour condamner un homme, qu'il soit présumé coupable, il faut qu'il soit prouvé qu'il l'est réellement. Harry Brown est bien fin, vous le savez; qui vous dit que l'homme que nous prenons pour lui n'est pas un individu quelconque qui, même sans en savoir les raisons ou en comprendre les conséquences, joue un rôle appris à l'avance et qu'on a payé pour le jouer?

— Cela peut être, en effet.

— Le condamneriez-vous alors ?
— Non.
— Vous voyez donc que j'ai raison.
— Que faut-il donc faire selon vous ?
— Agir de ruse ; l'attirer hors de son camp, ce qui, peut-être, ne sera pas aussi difficile que nous le supposons, en l'attaquant par son péché mignon, qui est l'avarice ; et une fois au milieu de nous, nous ne tarderons pas à voir clair dans son jeu, et à savoir à quoi nous en tenir à son égard.

— Cette idée me sourit assez ; elle est simple.

— Et par cela même a plus de chances de réussite ; règle générale, on ne parvient à tromper un trompeur émérite que par les moyens auxquels un enfant de dix ans ne se laisserait pas prendre ; seulement il faut user d'une prudence extrême : il est surtout important que votre présence dans mon camp soit complétement ignorée ; si une fois ses soupçons étaient éveillés, tout serait perdu ; il nous deviendrait impossible de mettre la main sur lui. Il faut donc vous résigner à demeurer caché dans les huttes que je vous ai destinées, et pour surcroît de précaution, consentir à changer les vêtements que vous portez, contre d'autres moins reconnaissables que je vous fournirai ; y consentirez-vous ?

— Qui veut la fin, veut les moyens ; mes compagnons et moi nous consentirons à tout ce qui pourra assurer le succès de la mission dont le Prophète nous a chargé.

— A la bonne heure, d'ailleurs ces précautions ne seront que de courte durée ; cette nuit même je commencerai les opérations contre l'homme que nous voulons surprendre. Laissez-moi faire, j'ai mon plan.

— Je me fie entièrement à vous.

— C'est ce que vous pouvez faire de mieux. Margottet, conduis ce saint personnage auprès de ses autres compagnons, et que les vêtements nécessaires leur soient immédiatement distribués. A bientôt, master Maubert.

— A bientôt, répondit le Danite en s'inclinant.

Et il suivit le lieutenant.

— Voilà une singulière aventure, dit le capitaine James Forster aussitôt que le Mormon fut sorti.

— N'est-ce pas? répondit en souriant John Griffiths.

— Que comptez-vous faire en réalité?

— Ce que j'ai dit; nous avons tout intérêt à démasquer ce misérable.

— Je ne comprends pas bien, pardonnez-moi; nous ne sommes pas les justiciers du désert que je sache?

— C'est vrai, mais il est important que nous imposions silence à la calomnie; on nous accuse de pactiser avec les pirates des prairies, et de nous associer aux misérables qui font la traite des blanches; l'arrestation de ce redoutable bandit, dont les crimes ont depuis dix ans épouvanté les États-Unis, sera le plus éclatant démenti jeté à la face de nos lâches calomniateurs.

— Avons-nous donc une si déplorable réputation?

— Eh, mon ami, nous sommes des rebelles, ne l'oubliez pas; le Gouverneur du Canada a tout intérêt à nous faire calomnier, afin de nous enlever des sympathies qui, en certaines circonstances, pourraient nous être fort utiles ; il y a dans ces contrées une population errante de chasseurs et de trappeurs beaucoup plus considérable qu'on ne le suppose; une alliance offensive avec ces braves gens doublerait nos forces; les Peaux-Rouges surtout sont nombreux ; si nous parvenions à nous entendre avec eux, nous pourrions faire beaucoup de mal à nos oppresseurs du Canada. Ce sont ces alliances qu'il faut empêcher quand même; pour atteindre ce but important, tous les moyens sont bons, et la calomnie est un des plus puissants; aussi on ne se gêne nullement pour l'employer; voilà pourquoi, malgré tous les efforts que j'ai tentés, je n'ai obtenu jusqu'à présent aucun résultat satisfaisant. La réussite de mes projets dépend d'un seul homme, et peut-être l'affaire de ce soir me permettra-t-elle de m'aboucher avec lui, et de lui prouver que tous les bruits colportés et répandus comme à plaisir sur notre compte sont faux et calomnieux.

— De quel homme parlez-vous donc?

— D'un coureur des bois, auquel les Indiens ont donné le nom bien mérité de Chercheur-de-Pistes.

— Et vous supposez que ce coureur des bois jouit d'une assez grande influence...

— Lui? interrompit-il vivement, vous ne le connaissez donc pas?

— Pardonnez-moi, je le connais beaucoup de réputation, c'est un Français, je crois, nommé Valentin Guillois.

— C'est cela même; eh bien, mon ami, cet homme est le véritable roi du désert : Peaux-Rouges et chasseurs lui obéissent sur un mot, sur un signe, il est l'arbitre de tous leurs différends et sa décision, quelle qu'elle soit, a force de loi. Rien ne se fait sans sa volonté; il n'existe pas dans toutes les prairies un homme, un seul, vous comprenez bien, qui ne lui doive de la reconnaissance pour un service rendu; aussi le dévouement que tous ces gens ont pour lui dépasse toute croyance. Le jour où il le voudra, il sera aussi puissant que n'importe quel souverain dans les déserts qu'il parcourt sans cesse; ce qu'il a détruit de bandits et de pirates est incompréhensible, il fait à sa guise la police des savanes et y fait, autant que cela est possible, régner la paix et la justice. Que je réussisse à mettre cet homme de notre côté, et la fameuse expédition du colonel Elliott ne me donnera plus la plus légère inquiétude. A propos, combien de temps avons-nous devant nous pour contrecarrer le fameux plan du gouverneur du Canada?

— Huit jours, pas davantage, vous voyez que cela presse.

— Huit jours! c'est plus qu'il ne m'en faut; j'ai le pressentiment que j'obtiendrai un bon résultat.

— Dieu le veuille!

— Croyez-moi, j'ai ferme espoir de sortir bientôt de tous nos embarras, mes pressentiments ne m'ont jamais trompé. Nous allons dîner; vous partagerez ma hutte, c'est convenu; cette nuit à onze heures je monterai à cheval et j'irai avec quelques hommes rôder aux environs du camp. de notre ami Kild-Brown. Laissez-moi faire, tout ira bien.

— Oh! je ne vous gênerai en rien, cher ami.

— Venez faire une ronde avec moi en fumant un cigare; tandis que l'on mettra la table, je tiens à vous montrer mon camp.

— Je ne demande pas mieux.

Ils allumèrent leurs cigares et sortirent.

A onze heures du soir dix cavaliers se tenaient immobiles et droits sur leur selle à l'entrée du camp.

La nuit était belle et assez claire, bien que sans lune; John Griffiths faisait ses derniers préparatifs de départ tout en causant avec son lieutenant, Hippolyte Margottet.

Celui-ci venait d'entrer.

— Eh bien! quoi de nouveau? lui demanda John Griffiths; nos éclaireurs sont-ils tous de retour?

— Le dernier vient de rentrer il y a dix minutes à peine, capitaine.

— Que disent-ils? qu'ont-ils vu?

— Pas grand'chose de bien intéressant pour nous; mais, selon toute probabilité, assez menaçant pour le capitaine Kild, et comme vous vous proposez de diriger votre reconnaissance de ce côté, à moins que vous ayez changé d'avis.....

— Non pas, interrompit Griffiths; je me propose, en effet, d'aller du côté du camp du marchand d'esclaves, j'essayerai même d'y pénétrer, si toutefois le digne capitaine me le permet.

— Puisqu'il en est ainsi, il est important que vous soyez au courant de ce qui se passe.

— Il se passe donc quelque chose ?

— Vous allez en juger. Pendant toute l'après-dîner, il y a eu des pourparlers et des allées et venues entre les chasseurs blancs de Valentin Guillois et les Indiens Corbeaux d'Ahnimicki campés près d'eux.

— Tu es sûr de cela ?

— Parfaitement sûr.

— Très-bien ; ensuite ?

— Dès le commencement de la nuit, de grands mouvements ont eu lieu parmi les Peaux-Rouges et les chasseurs ; ils se sont mêlés les uns avec les autres, puis ils se sont divisés en trois corps, et par trois chemins différents, ils se sont dirigés en file indienne vers le camp du capitaine Kild, autour duquel ils doivent être en ce moment embusqués.

— Diable ! ceci est sérieux, il me semble ?

— Très-sérieux.

— Mais tu sais que le capitaine Kild a, depuis hier, je ne sais trop pourquoi, partagé sa troupe en deux, et établi deux camps assez éloignés l'un de l'autre ? Duquel parles-tu ?

— Du premier, le plus avancé, celui dans lequel toutes les femmes sont réunies.

— Il est évident qu'une attaque est imminente, mais je ne comprends pas comment Valentin Guillois s'est mêlé à cette affaire ; quel intérêt a-t-il à ce coup de main ?

— Quant à cela, je l'ignore.

— Et moi aussi, mais je le saurai; il y a là-dessous quelque chose qu'il est important que je connaisse.

— Vous partez toujours ?

— Plus que jamais; seulement, comme nous pourrions avoir à en découdre, augmente l'escorte de quinze hommes, tu viendras avec moi ; je laisserai la garde du camp à James.

— Hein? fit celui-ci en se redressant.

Il était étendu tout habillé sur des fourrures entassées dans un coin de la hutte.

Margottet était sorti en se frottant les mains pour exécuter les ordres qu'il avait reçus.

John Griffiths expliqua en quelques mots à son ami ce qui se passait.

Celui-ci se leva aussitôt.

— Partez tranquille, John Griffiths, dit-il au capitaine, je veillerai pour vous et vous retrouverez votre camp en aussi bonne situation que vous le quittez.

— J'en suis convaincu, mon ami, répondit le capitaine en lui serrant la main.

En ce moment le lieutenant rentra, il était armé et éperonné.

— Tout est prêt, dit-il.

— Alors, partons, dit le capitaine en prenant son chapeau et son manteau.

Ils sortirent et montèrent à cheval.

Le capitaine Forster les accompagna jusqu'aux retranchements.

— Au revoir, mon cher James; bonne garde, dit Griffiths en se plaçant à la tête de la troupe.

— Soyez tranquille, bonne chance!

Ils partirent au grand trot.

— C'est étonnant, dit Griffiths au bout d'un instant à son lieutenant qui se tenait près de lui, nous glissons comme des fantômes sur la prairie sans produire le moindre bruit.

Margottet se mit à rire.

— Dame! dit-il, nous allons en reconnaissance, n'est-ce pas? Eh bien, il est de notre intérêt de ne pas être dépistés, cette nuit surtout; beaucoup d'oreilles sont ouvertes dans la montagne; j'ai cru prudent de faire envelopper les pieds des chevaux avec des morceaux de peau de bison.

— Tu as eu là une triomphante idée, mon camarade, lui dit John Griffiths, en lui frappant amicalement sur l'épaule.

Ce qui fit grand plaisir au lieutenant, lequel professait pour son capitaine une amitié allant presque jusqu'à l'adoration.

Les deux camps, c'est-à-dire celui des émigrants et celui des Bois-Brûlés, n'étaient séparés l'un de l'autre que par une distance de trois lieues et demie tout au plus.

Mais la route était excessivement difficile, surtout par une nuit sans lune; de plus les Bois-Brûlés devaient user de la plus grande prudence afin de ne pas être découverts par les Peaux-Rouges ou les Chasseurs, dont probablement les vedettes se tenaient aux aguêts.

De sorte qu'il fallut trois heures aux cavaliers pour franchir cette distance de trois lieues et demie, qui pendant le jour aurait exigé à peine le tiers de ce temps; ils n'arrivèrent donc aux environs du camp du capitaine Kild que quelques instants après deux heures du matin.

Tout à coup les Bois-Brûlés entendirent retentir avec fureur le cri de guerre des Peaux-Rouges, suivi presque immédiatement d'une fusillade bien nourrie.

— L'attaque est commencée, dit Griffiths; il est inutile d'aller plus loin; seulement, comme en ce moment l'attention de tous les assaillants doit être dirigée vers le camp et que personne ne songera à nous surveiller, dix hommes mettront pied à terre et me suivront; je tiens à voir de près comment les choses se passent; quant à vous, lieutenant, vous demeurerez ici avec le reste de la troupe; tenez-vous prêt à tout événement, si vous entendez le cri de l'orfraie, c'est que j'aurai besoin de secours, alors vous accourrez au plus vite; est-ce bien entendu?.

— Oui, capitaine; soyez prudent.

— Oui, oui, fit-il en sautant à terre.

Dix hommes, que le capitaine désigna par leurs noms, abandonnèrent leurs chevaux, lesquels furent tenus en bride par leurs camarades, et les aventuriers, leur capitaine en tête, s'enfoncèrent résolument dans la forêt.

Au fur et à mesure qu'ils s'avançaient, le bruit de la lutte se faisait entendre plus distinctement; les émigrants semblaient opposer une vigoureuse résistance à leurs ennemis.

Les Bois-Brûlés continuèrent à se rapprocher, à demi courbés et glissant comme des spectres dans les ténèbres.

Ils étaient descendus sur le sentier et marchaient maintenant droit au camp; ils voyaient la lueur des coups de feu.

Tout à coup le capitaine s'arrêta.

Tous les Bois-Brûlés firent halte.

Une vive altercation avait lieu à quelques pas seulement de l'endroit où se tenaient les aventuriers.

— Non, disait la voix grêle d'un tout jeune homme, nous ne vous suivrons pas, Brown; le lieutenant nous a dit de demeurer ici jusqu'à son arrivée.

— Le lieutenant est blessé, il ne viendra pas, répondit une voix bourrue.

— Vous mentez, reprit brièvement le jeune homme; Blue-Dewil n'est pas blessé, il va venir, j'en suis sûr.

— Maudit Pelon, veux-tu te taire! cria l'autre, sinon!...

— Bah! je ne vous crains pas, reprit le Pelon; essayez seulement de me toucher, je vous casse votre vilaine caboche d'un coup de pistolet.

— La paix, enfant, dit la voix douce et harmonieuse d'une femme; et vous, Brown, ni menaces, ni prières, taisez-vous; nous ne vous suivrons pas.

— Vous croyez cela? fit-il, d'une voix railleuse, je ne suis pas un traître, moi; le lieutenant croit m'avoir entortillé avec ses belles promesses, mais je suis plus malin que lui ! je vous dis que vous me suivrez, et cela tout de suite.

— Essayez de nous y contraindre, reprit la jeune femme.

— Ce ne sera pas long, dit le bandit.

Il siffla d'une certaine façon, aussitôt sept ou huit individus embusqués dans les bois apparurent.

— Allons, en route, de bonne volonté ou de force, reprit brutalement le bandit; le capitaine Kild vous attend, ma belle ; vous ne lui échapperez pas comme cela.

Et, donnant l'exemple à ceux qui le suivaient, il fit un mouvement pour saisir la jeune femme.

— O mon Dieu ! s'écria-t-elle avec désespoir, en se débattant, ne viendra-t-il donc personne à mon secours !

— Si, par la mordieu ! s'écria Griffiths en s'élançant, je vous sauverai, qui que vous soyez; en avant les gars !

Les aventuriers se ruèrent sur les bandits; mais ceux-ci ne les attendirent pas, ils s'élancèrent sur les flancs de la montagne et disparurent en un instant.

Un seul resta prisonnier, ce fut Brown, que Griffiths avait saisi à la gorge; le misérable fut solidement garrotté.

— Madame, dit le jeune homme avec une exquise politesse, je me nomme le capitaine John Olivier Griffiths; je commande une troupe de Bois-Brûlés! je suis un honnête homme ; il vous est impossible de rester ici, vou-

3.

lez-vous accepter pour cette nuit l'hospitalité dans mon camp? je vous jure sur l'honneur que vous y serez traitée avec tout le respect qui vous est dû, et demain nous verrons à vous rendre à vos protecteurs naturels; du reste, je ferai avertir, dès le point du jour, les personnes que vous me ferez, madame, l'honneur de me désigner.

— Je me fie à votre honneur, monsieur, répondit doña Rosario; le service que vous m'avez rendu est trop grand pour que je mette en doute votre parole; veuillez nous indiquer le chemin; les personnes qui m'accompagnent et moi, nous sommes prêtes à vous suivre.

— Oui, dit le Pelon, le capitaine Griffiths est un loyal soldat, je l'ai souvent entendu dire, nous pouvons avoir confiance en lui.

Les dames montèrent à cheval; Brown, que le capitaine tenait à conserver, fut solidement attaché sur une des mules, et on se mit en route.

— Décidément Dieu est pour moi, murmura Griffiths en aparté, tâchons maintenant de profiter de l'heureux hasard qui nous favorise si à l'improviste.

Le capitaine rejoignit sa troupe, et, vers cinq heures du matin, il rentra dans son camp.

Il installa doña Rosario et sa compagne le plus confortablement qu'il lui fut possible, salua respectueusement les deux femmes, puis il se retira.

Enfin, après avoir recommandé à Margottet de surveiller attentivement le prisonnier fait pendant la reconnaissance, le capitaine se jeta sur un monceau de fourrures et s'endormit presque aussitôt.

Il était accablé de fatigue, mais il n'avait pas perdu sa nuit.

III

OU L'ON VOIT LE PELON PARTIR EN AMBASSADE

John Griffiths dormit pendant trois heures tout au plus; lorsqu'il s'éveilla, il était environ huit heures et demie du matin.

Le soleil venait de se lever, le ciel était sans nuages, la journée promettait d'être magnifique.

Le capitaine, complétement reposé par ces trois heures de sommeil, se leva gaiement, procéda aux soins de sa toilette, fit une ronde minutieuse dans le camp afin de s'assurer que tout était dans l'ordre accoutumé, puis, se renfermant dans sa hutte avec son ami James Forster, il lui raconta dans les plus grands détails les divers événements qui avaient eu lieu pendant sa reconnaissance de la nuit précédente, et termina son récit en disant à son ami :

— Que pensez-vous de tout cela ?

— Je pense, répondit Forster sans hésiter, que le

hasard nous a singulièrement favorisés, et que depuis hier notre situation s'est beaucoup améliorée.

— C'est aussi mon avis, dit le capitaine; maintenant il nous faut jouer serré, et surtout agir avec la plus grande prudence; le drôle que j'ai arrêté est bien gardé sans doute?

— N'ayez aucune inquiétude à cet égard, j'ai donné des ordres en conséquence.

— Il est de la plus haute importance qu'il ne s'évade pas; nous aurons bientôt besoin de lui. J'étais tellement accablé de fatigue cette nuit quand je suis rentré, que j'ai oublié de donner l'ordre d'expédier des éclaireurs dans toutes les directions dès le lever du soleil, afin de nous renseigner sur les événements de cette nuit, que naturellement nous ne connaissons encore que très-imparfaitement.

— Moi qui n'étais pas fatigué, et à qui vous aviez délégué vos pouvoirs, dit en riant James Forster, j'ai, il y a une heure, expédié des batteurs d'estrade dans quatre directions différentes; vous pouvez donc être tranquille, nous ne tarderons pas à avoir des nouvelles certaines.

— Merci, mon cher James, vous m'avez rendu là un véritable service; et nos Mormons, que font-ils?

— Pas grand'chose que je sache; ils se tiennent cois, ainsi que vous le leur avez recommandé hier; ils ont changé de costume, et n'ont plus rien qui les distingue de nos chasseurs.

— Tant mieux; il est bon que jusqu'à nouvel ordre

leur présence dans le camp soit complétement ignorée.

— Que pensez-vous de Kild ou de Brown, comme il vous plaira de l'appeler, sa position doit être très-mauvaise en ce moment ?

— Je le crois ; mais c'est un gaillard bien fin ! tant qu'on ne réussira pas à s'emparer de lui, il trouvera toujours le moyen de se relever ; ce drôle est de la nature des chats qui retombent toujours sur leurs pattes ; quoique sa bande soit probablement en complet désarroi, après la rude attaque qu'il a eu à soutenir cette nuit, si on le laisse respirer, avant huit jours, il aura réuni une nouvelle troupe plus nombreuse que la première ; il ne manque pas dans le désert de bandits de toutes couleurs, qui ne demanderont pas mieux que de se mettre à sa solde, s'ils entrevoient une possibilité quelconque de rapine ou de pillage.

— Que comptez-vous faire ?

— En délivrer la contrée le plus promptement possible ; nous n'avons pas à hésiter, mon ami ; cette capture nous ouvre une des voies de salut qui nous restent ; c'est le seul moyen que nous ayons de prouver aux honnêtes gens que nous n'avons jamais été les complices de ce misérable, et de nous réhabiliter à leurs yeux.

— Prenez-y garde, mon ami, cet homme n'hésitera pas pour se défendre à dire que vous avez traité avec lui de la vente de ses esclaves.

— Eh bien, après ? que m'importe ? N'avez vous pas entendu ce que j'ai dit hier à Jonathan Maubert ? Cette vente, ou plutôt cet achat était un piége que je lui tendais, ce qu'il me sera très-facile de prouver.

— Comment cela ?

— Eh! pardieu, par la lettre que j'ai adressée à Briggam Young, et que mon courrier lui a remise déjà.

— Vous avez donc réellement expédié un courrier à Briggam Young ?

— Mais certainement ; vous en doutiez donc ?

— Ma foi, oui, je vous l'avoue.

— Ah ça, mon cher, vous me croyez donc capable de faire la traite des blanches ! Sur mon âme, je vous remercie de la bonne opinion que vous avez de moi ; vous devez bien me connaître pourtant !

— Certes, je vous connais et je vous aime, mon ami ; aussi n'ai-je pas eu un seul instant la pensée que vous me supposez.

— Quelle a donc été votre idée alors ?

— Tout simplement que vous aviez oublié d'expédier ce courrier, ce qui aurait été un grand malheur.

— Certes, mais rassurez-vous, le courrier est parti ; j'avais percé à jour le déguisement de ce drôle et j'ai joué au fin avec lui ; avant trois jours une troupe de Mormons s'embusquera au Saut-de-l'Élan ; ma justification sera éclatante ; tout ce que j'ai dit hier à Jonathan Maubert est de la plus rigoureuse exactitude.

— Dieu soit loué! vous m'enlevez un poids bien lourd de dessus la poitrine ; je vous sais si insouciant des choses qui vous sont personnelles, mon ami, que j'avais de très-vives craintes à ce sujet.

— C'est vrai, je suis insouciant, trop peut-être ; mais

pas pour ce qui touche mon honneur; grâce à Dieu, j'ai toujours su le conserver intact.

— Personne ne le sait mieux que moi, mon ami, dit James Forster en lui tendant la main que Griffiths serra.

En ce moment, la porte de la hutte, où plutôt la claie fut soulevée et le lieutenant Margottet entra.

— Ah! c'est toi, Margottet, lui dit Griffiths; quoi de nouveau?

— Tout va bien, capitaine; il y a là ce jeune homme, le serviteur des deux dames; il demande à vous parler.

— Ah! très-bien, fais-le entrer.

Margottet se pencha au-dehors.

— Venez, dit-il, le capitaine consent à vous recevoir.

Le Pelon entra et salua respectueusement les trois officiers.

— C'est vous, mon enfant, lui dit le capitaine en souriant; que désirez-vous? Sans doute vous venez de la part de votre maîtresse?

— Oui, capitaine, répondit-il.

— Est-elle un peu remise de ses fatigues de cette nuit?

— Ma maîtresse se porte très-bien, capitaine.

— J'en suis charmé; que désire-t-elle?

— Elle désire causer quelques instants avec vous, capitaine.

— Je suis complétement à ses ordres.

— Ainsi elle peut venir?

— Non pas, dit-il vivement, ce n'est pas à elle à se

déranger pour moi ; je suis son respectueux serviteur ; et puisqu'elle témoigne le désir de me voir, je serai heureux de me rendre à ses ordres.

— Ainsi, capitaine, je puis lui dire...

— Que dans dix minutes, interrompit-il en souriant, j'aurai l'honneur de lui faire ma visite.

— Merci, capitaine, je vais lui rapporter vos paroles.

— Allez, mon garçon, je vous suis.

Le Pelon salua et partit.

— Ah ! fit le capitaine, en se frottant joyeusement les mains, la partie va enfin s'engager entre Valentin Guillois et moi.

— Que parlez-vous de Valentin Guillois, et qu'a-t-il à voir dans toute cette affaire ?

— Je m'entends, dit-il finement ; je me trompe fort, ou l'arrivée de la troupe du soi-disant Kild dans nos montagnes n'est pas une des causes les moins sérieuses de la présence du Chercheur-de-Pistes dans cette contrée, où il n'est venu que très-rarement, et toujours pour des motifs de la plus haute importance ; d'ailleurs je saurai bientôt à quoi m'en tenir.

— C'est juste, cet entretien éclaircira sans doute bien des points obscurs ; allez donc, mon ami ; allez, et bonne chance.

— A tout à l'heure.

Il partit alors et se dirigea vers la hutte occupée par doña Rosario et sa fidèle miss Harriett Dumbar.

Le Pelon se tenait sur le seuil de la hutte ; lorsqu'il

aperçut le capitaine, il se hâta de prévenir sa maîtresse, puis il introduisit le visiteur.

La jeune femme était à demi couchée sur un hamac ; tous les murs de la hutte avaient été couverts de fourrures, un épais tapis cachait le sol. Un feu brûlait dans un brasero et entretenait une moite chaleur dans cette hutte faite simplement de branches entrelacées ; Harriett Dumbar se tenait assise sur un tabouret près de sa maîtresse.

La jeune femme accueillit le capitaine avec un charmant sourire et en lui tendant la main ; Griffiths se pencha respectueusement sur cette main mignonne, qu'il effleura de ses lèvres.

— Merci, lui dit-elle avec émotion, merci du service que vous m'avez rendu, capitaine.

— Señora, répondit-il, je suis le plus respectueux et le plus dévoué de vos serviteurs ; j'attends les ordres qu'il vous plaira de me donner.

— Avant de vous demander un nouveau service, capitaine, répondit-elle, il est de mon devoir de vous dire qui je suis, et de vous apprendre quelle est la personne à qui vous avez sauvé la vie ; Harriett, ma chérie, approchez un siége pour le capitaine.

La jeune fille se hâta d'obéir ; mais elle fut prévenue par le Pelon qui apporta un tabouret.

— Hélas ! madame, dit le capitaine avec un sourire triste, votre histoire, je la connais ; elle ressemble à celle de beaucoup d'autres infortunées qui ont été contraintes à subir le même sort que celui qui vous était réservé ;

la réputation du capitaine Kild est depuis longtemps faite à cet égard ; tout le monde sait dans cette contrée à quel odieux et honteux trafic il se livre ; il vous a enlevée à votre famille, et forcée à le suivre, de force, dans le but de vous vendre aux Mormons ; mais, grâce à Dieu, son ignoble calcul a été déjoué ; et maintenant vous êtes libre et à l'abri de ses cruelles persécutions.

— Hélas ! répondit doña Rosario avec un douloureux soupir, ce n'est pas le capitaine Kild qui est le plus coupable envers moi, je lui ai été vendue ; il m'a achetée, voilà tout.

— Que voulez-vous dire, madame ?

— Voici en quelques mots ma triste histoire, capitaine. Je suis née bien loin d'ici, à l'extrémité de l'Amérique du Sud, au Chili ; mon père était un gentilhomme français appartenant à la plus vieille noblesse de son pays, ma mère, une Américaine, issue de l'une des meilleurs familles du Chili ; mon frère et moi, nous vivions entre notre père et notre mère dont nous étions adorés ; un de nos parents, ennemi de mon père, fit attaquer notre hacienda par les Indiens Araucans ; l'hacienda brûla, mon père et ma mère furent massacrés par les sauvages ; et ce parent dénaturé, cause de cette terrible catastrophe, nous enleva, mon frère et moi ; nous fit quitter le Chili et nous conduisit à la Nouvelle-Orléans. Au bout de quelque temps il nous embarqua de nouveau sur un bâtiment qui nous transporta au Brésil ; mais j'ignore pour quel motif ce parent nous fit, presque tout à coup et sans que nous sachions pourquoi, quitter le Brésil et revenir à la Nouvelle-Orléans; de retour dans cette ville, cet homme nous sépara. Je ne sais ce que mon frère devint! hélas! pauvre frère, si beau, si franc et qui m'aimait tant!...

— Serait-il mort?

— Hélas! je n'en sais rien, je ne l'ai plus revu; jamais, depuis notre séparation, je n'ai reçu de ses nouvelles.

— Il était à peu près de votre âge, sans doute, señorita?

— A peu près, oui, mais un peu plus âgé que moi; s'il vit encore, et au fond de mon cœur je l'espère, il doit avoir près de vingt et un ans; il était beau, grand, bien fait, d'une douceur et d'une bonté sans égale! Hélas! mon pauvre Luis!

Il y eut un silence, doña Rosario pleurait, le visage caché dans ses mains.

— Courage, señorita, dit le capitaine au bout d'un instant; sans doute votre frère n'est pas mort, il vous sera rendu; Dieu est bon! espérez!

— Merci, señor, pour ces consolantes paroles; répondit-elle en relevant la tête et essuyant les larmes qui coulaient lentement le long de ses joues pâlies; nous étions restés seuls, orphelins, sans appui d'aucune sorte; nous avions l'un pour l'autre le saint amour que Dieu met au fond des cœurs blessés et souffrants, afin qu'ils puissent se consoler l'un l'autre; et s'encourager à souffrir sans défaillance, et sans murmures contre les coups injustes du sort; hélas! je suis seule à souffrir maintenant ; je n'ai plus ce regard ami qui me réconfortait ; cette main qui me soutenait ; cette voix tendre et si douce à mon oreille, qui me répétait sans cesse : courage, pauvre sœur ! courage ! le sort se lassera de nous frapper, un jour justice nous sera faite, nous serons heureux ! Aujourd'hui je suis seule. Mais non, je suis ingrate, j'ai des amis encore ! deux amis dévoués, qui ne m'ont jamais abandonnée, et ne m'abandonneront jamais !

— Que vous arriva-t-il, señorita, lorsque l'on vous eut séparé de votre frère ? demanda le capitaine.

— Cet indigne parent qui s'était fait notre bourreau, afin de nous ravir notre immense fortune, me plaça à la Nouvelle-Orléans, dans un pensionnat de jeunes filles, où je passai quelques mois ; ces quelques mois furent pour moi une halte dans la souffrance. J'étais aimée de mes compagnes, bien traitée par les personnes chargées de veiller sur moi ; s'il m'avait été possible d'oublier, j'aurais été heureuse ; mais, hélas ! cela m'était impossible ; cependant je sentais peu à peu la douleur s'engourdir au fond de mon cœur ; je me reprenais tout doucement à espérer ; mais le malheur, ou plutôt mon indigne parent, veillait près de moi ; je ne devais pas tarder à en avoir la preuve terrible ; un jour je me promenais avec mes compagnes aux environs de la ville ; je m'étais assise un peu à l'écart pour me livrer à mes rêveries sans être gênée par les rires joyeux de mes compagnes : tout à coup je fus saisie à l'improviste, un voile fut jeté sur mon visage et je fus brusquement enlevée ; je m'évanouis.

Quand je repris connaissance je me trouvai dans une voiture qui galopait à fond de train à travers une forêt épaisse. Que vous dirai-je de plus, capitaine; j'étais au pouvoir du capitaine Kild.

— Vous m'avez parlé, señorita, de deux amis dévoués; n'ont-ils donc rien pu faire pour vous?

— Oh! si, capitaine, ils ont fait beaucoup; depuis mon enlèvement ils ont constamment veillé sur moi sans se décourager un instant; ils ont réussi à introduire jusque dans le camp du capitaine Kild des gens à eux et dans lesquels je pouvais avoir toute confiance; un de ces hommes est le lieutenant même du capitaine.

— Blue-Dewil! s'écria Griffiths avec la plus grande surprise.

— Lui-même, fit-elle avec un charmant sourire; un autre encore, un chasseur mexicain, qui servait de guide à la caravane, Benito Ramirez.

— Le fameux batteur d'estrade?

— Oui, señor.

— Voilà qui est étrange, señorita; ces deux amis dont vous parlez sont donc bien puissants?

— Je l'ignore, señor; je sais seulement que leur dévouement pour moi n'a pas de limites.

— Pouvez vous me dire le nom de ces deux hommes, señorita?

— Certes, capitaine : le premier est un proche parent de ma mère, qui nous a vus naître mon frère et moi; il est fort riche et n'a pas hésité à se dévouer à notre salut; il se nomme don Gregorio Peralta.

— Je ne connais pas ce nom, señorita, répondit Griffiths d'un air pensif ; et l'autre ?

— L'autre, capitaine, est un Français, le frère de lait de mon père, son ami le plus ancien, le plus cher, le plus dévoué ; c'est un coureur des bois ; il se nomme Valentin Guillois.

— Valentin Guillois ! s'écria le capitaine avec explosion.

— Vous le connaissez ? s'écria doña Rosario en se redressant subitement sur son hamac.

— De réputation seulement, señorita ; je n'ai jamais eu l'honneur de me rencontrer avec lui. Oh ! si vous êtes l'amie du célèbre Chercheur-de-Pistes, vous n'avez plus rien à redouter du capitaine Kild, señorita.

— Je le croyais hier encore ; c'est dans le seul but de me sauvegarder que Valentin Guillois, avec ses chasseurs et les Indiens, a attaqué le camp ; tout était préparé pour ma fuite.

— Qui aurait réussi sans la trahison de ce misérable Brown.

— Oui, señor ; sans vous j'étais perdue.

— Oh ! vous n'avez plus rien à craindre maintenant.

— Je le sais et je vous en remercie. Tenez, capitaine, je suis une ingrate, s'écria-t-elle tout à coup avec élan.

— Vous, señorita ?

— Oui, je vous ai parlé de deux amis dévoués, je me suis trompée : j'en ai oublié un autre, le plus dévoué de tous, peut-être, un chef Indien.

— L'ami, le frère de Valentin Guillois, interrompit le capitaine; Curumilla, n'est-ce pas, señorita?

— Oui, capitaine; cet homme, j'en suis sûre, a plus fait pour ma délivrance que les deux autres, c'est mal à moi de l'avoir oublié.

— Que comptez-vous faire à présent, señorita?

— Je voudrais avertir mes amis qui, sans doute, sont au désespoir et ne comprennent rien à ma disparition; je voudrais les avertir de ce qui s'est passé, les instruire du service que vous m'avez rendu et leur dire en quel lieu et sous la protection de qui je me trouve en ce moment; j'ai, ce matin, en m'éveillant, préparé une lettre que je désirerais faire remettre le plus tôt possible à Valentin Guillois.

— Rien de plus facile, señorita; j'ignore en quel lieu se trouve en ce moment le célèbre Coureur des bois; mais j'ai dans ma troupe de hardis chasseurs pour lesquels le désert n'a pas de mystères; j'en suis convaincu, ils réussiront à le rencontrer, et cela d'autant plus promptement qu'il doit avoir lancé dans toutes les directions des gens à votre recherche.

— Voulez-vous m'accorder une grâce, caballero? lui dit-elle en souriant.

— Parlez, señorita, ne savez-vous pas que je suis tout dévoué à votre cause?

— Si, je le sais, j'en ai la conviction intime; voilà pourquoi je vous adresse cette demande : je désire que ce jeune homme qui m'accompagne soit seul chargé de porter ma lettre; il est intelligent, dévoué, il connaît le désert; de plus, il est connu de quelques-uns des hommes de Valentin Guillois et, s'il en rencontre un sur sa route, ce sera une chance de plus pour que la lettre parvienne plus tôt à celui à qui je l'adresse.

— Que votre volonté soit faite en toute chose, señorita; ce jeune homme portera cette lettre ainsi que vous le désirez; je comptais, moi aussi, écrire un mot au chasseur pour l'instruire de ce qui s'est passé; mais je préfère vous laisser agir à votre guise et demeurer complétement neutre; j'ai eu le bonheur de vous être utile, señorita, cela me suffit.

— Je crois qu'il vaut mieux que cela soit ainsi, señor; certainement, vous n'auriez jamais écrit de vous-même ce que moi j'ai écrit, dit-elle avec un sourire charmant.

— Quand voulez-vous que parte ce garçon, señorita?

— Le plus tôt possible, dit-elle.

— Afin d'être plus vite de retour?

La jeune fille sourit sans répondre.

— Soit, señorita, reprit le capitaine, il partira tout de suite, devant vous.

Le capitaine s'approcha de la porte qu'il ouvrit, et fit un signe au lieutenant Margottet, lequel se promenait gravement à quelques pas de là en fumant un cigare.

Le lieutenant se hâta d'accourir.

— Lieutenant, faites seller à l'instant un bon cheval, dit le capitaine, et, se tournant vers le Pelon : Tu sais monter à cheval, garçon? lui demanda-t-il.

— Je suis le fils d'un Gambucino! dit-il fièrement.

— Oh! alors, je suis tranquille, fit le capitaine en souriant, as-tu des armes?

— Oui, capitaine, fusil, revolvers et bowie-kniff.

— Bon; tu n'as besoin que d'une gibecière avec des vivres alors, prépare-toi; dès que le cheval sera sellé, vous le ferez conduire ici, lieutenant; on apportera en même temps une gibecière et une gourde. Allez et qu'on se hâte.

Cinq minutes plus tard, un magnifique cheval noir piaffait devant la hutte, tenu en bride par le lieutenant en personne.

— Voici la lettre, Léon, dit doña Rosario au jeune homme, dont le visage rayonnait de fierté et de joie d'être chargé de cette mission de confiance; il faut que tu la remettes à Valentin Guillois lui-même.

— Comptez sur moi, señora, répondit le jeune homme, je la lui remettrai ou je mourrai.

— Va, Léon, va, mon ami, mon frère, va et que Dieu te guide.

Le jeune homme la salua respectueusement et se mit en selle avec une légèreté et une grâce qui firent bien augurer du succès de sa mission.

Certes, s'il avait pu voir ce fier et beau jeune homme, au regard étincelant, aux gestes gracieux et si solidement campé sur son cheval, le capitaine Kild n'aurait pu reconnaître ce misérable Pelon, qu'il était accoutumé à traiter avec tant de mépris.

C'est qu'alors le jeune homme était esclave, il jouait

un rôle, au lieu que maintenant il était libre et il sentait qu'il était homme.

Il prit congé de doña Rosario par un salut respectueux, s'inclina devant le capitaine, et, mettant son cheval au galop de chasse, il sortit du camp, dont les barrières s'étaient ouvertes devant lui.

Cinq minutes plus tard, il avait disparu au loin dans la plaine.

— Voilà un joli garçon et qui me plaît beaucoup, dit gaiement le capitaine, et, se tournant vers doña Rosario : Êtes-vous satisfaite, señorita, ajouta-t-il, ai-je bien tenu mes promesses de cette nuit?

— Oh! oui, señor, vous êtes loyal et généreux, et ma reconnaissance pour vous est grande.

— A présent, je n'ai plus qu'à vous engager à prendre patience, tout dépend de votre courrier.

— J'attendrai son retour avec confiance, señor.

Le capitaine salua respectueusement doña Rosario, et se retira après avoir touché de ses lèvres la main qu'elle lui tendait.

— O señora, dit Harriett Dumbar dès qu'elle fut seule avec sa maîtresse, que Léon est devenu beau tout à coup!

Doña Rosario l'embrassa en souriant.

— C'est qu'il est de la race des aigles, répondit-elle; maintenant qu'il est libre, il sent que les ailes lui poussent.

Nous abandonnerons pendant quelque temps le camp des Bois-Brûlés et nous nous attacherons aux pas du Pelon.

Le jeune homme ne s'était pas vanté, en répondant fièrement au capitaine : je suis le fils d'un Gambucino ; non-seulement il montait à cheval comme un centaure, ce qui est commun au Mexique, mais encore, malgré sa jeunesse, il avait à peine dix-huit ans, il possédait une connaissance approfondie du désert.

Les courses nombreuses faites en compagnie de son père qui, la plupart du temps, l'emmenait dans ses expéditions, l'avaient de bonne heure familiarisé avec toutes les difficultés de la vie de coureur des bois ; il savait découvrir une piste et la suivre, et, ce qui était plus précieux encore, se diriger presque à coup sûr dans les forêts les plus sombres, comme dans les prairies couvertes des plus hautes herbes.

De plus, il était brave, prudent, avisé, connaissait parfaitement le maniement des armes qu'il portait et dont il se servait en véritable chasseur.

Doña Rosario avait donc eu raison de mettre sa confiance en lui.

Après avoir quitté le camp des aventuriers, le Pelon continua à galoper jusqu'à ce qu'il se trouvât complétement isolé dans la plaine.

Alors il s'arrêta et essaya de s'orienter.

Les herbes poussaient drues dans la prairie ; elles étaient si hautes, que c'était à peine si, en se haussant sur ses étriers, le jeune homme, qui cependant avait une belle taille, parvenait à faire émerger sa tête au-dessus de ces grandes herbes. Le calme le plus profond régnait dans la prairie, nul bruit n'en troublait le silence.

Le jeune homme connaissait parfaitement la position des divers camps ; il essaya de déterminer leur situation exacte, afin de pouvoir, dans son esprit, rétablir la position de celui des chasseurs, vers lequel il voulait se diriger.

Ce fut un travail long et difficile, mais dont cependant probablement il sortit à son honneur, car un sourire de satisfaction plissa ses lèvres.

— C'est vers le nord-est qu'il faut me diriger, dit-il ; en ayant soin de tenir toujours ouvert un peu sur ma droite l'écartement de ces deux hauts sommets ; dont l'un est évidemment le Voladero de l'Ours-Gris, que Blue-Dewil m'a décrit si souvent et dont il me parlait encore hier pendant la marche, en me le désignant du doigt avec intention ; c'est là sans doute que j'aurai des nouvelles de l'homme que je cherche ; Blue-Dewil ne fait ni ne dit jamais rien sans raison. Rendons-nous donc au Voladero de l'Ours gris ; mais d'abord, afin d'être dispos et de n'avoir plus besoin de m'arrêter, je vais déjeuner, car j'ai grand'faim ; d'ailleurs, ajouta-t-il en levant les yeux vers le soleil ; il est près de dix heures et demie.

Après avoir raisonné ainsi, le Pelon, fort satisfait de ses conclusions, mit pied à terre, enleva le mors à son cheval, lui donna la provende que l'animal se mit à attaquer à pleine bouche, puis il s'assit sur l'herbe, posa son fusil à portée de sa main, ouvrit sa gibecière, étala avec complaisance ses provisions devant lui, et commença à manger comme on mange à son âge, c'est-à-dire de fort bon appétit.

4.

Tout en mangeant et sans perdre un coup de dent, le jeune homme réfléchissait profondément; ce qui ne l'empêchait pas de tenir les oreilles au guet, afin de saisir le moindre bruit suspect.

Mais rien ne troublait le calme majestueux de l'immense océan de verdure, au fond duquel il était pour ainsi dire submergé.

Il termina donc paisiblement et sans être inquiété son déjeuner qui, du reste, ne dura pas plus de vingt minutes.

Le cheval et le cavalier se trouvèrent avoir terminé leur repas en même temps.

Le jeune homme renferma les vivres qui lui restaient dans sa gibecière, but un coup à sa gourde, remit le mors à son cheval et sauta en selle.

Après avoir jeté un regard investigateur autour de lui, il se remit en route en coupant la plaine en biais, afin de se mettre dans la direction qu'il avait résolu de suivre.

Il marcha ainsi pendant près de deux heures, sans que rien ne vînt troubler la monotonie de son voyage.

Au bout de deux heures, il atteignit le couvert; une immense forêt s'étendait devant lui; le jeune homme, après avoir attentivement examiné l'écorce des arbres, certain de ne pas s'être trompé, s'enfonça résolûment sous le couvert, en suivant une sente de bêtes fauves assez large pour que plusieurs cavaliers pussent y passer de front.

Du reste, des cavaliers avaient récemment passé là;

les sabots des chevaux étaient encore visiblement tracés dans la terre molle de la sente.

Le jeune homme s'avançait ainsi avec des précautions extrêmes, lorsqu'un bruit assez fort et ressemblant à la course désordonnée d'une bête fauve, se fit entendre à une assez courte distance de l'endroit où il se trouvait; puis, presque aussitôt, un coup de feu retentit suivi immédiatement d'un cri de douleur et d'un blasphème.

Le Pelon tressaillit, il lui avait semblé reconnaître la voix de l'homme qui avait crié.

Le jeune homme fit entrer son cheval au milieu des fourrés, dans lesquels il disparut aussitôt, mit pied à terre, attacha solidement son cheval et, armant son fusil, il se glissa comme un serpent à travers les halliers.

Après avoir marché pendant quelques instants, un bruit de voix lui fit dresser l'oreille; bientôt il fut assez proche pour entendre ce qui se disait.

— Ah! Demonio! disait une voix railleuse, je te tiens cette fois!

— Pas encore! répondit une autre voix sur le même ton; c'est toi, chien, qui vas mourir!

Le Pelon continuait d'avancer avec une précaution extrême; il aperçut alors deux hommes; l'un était embusqué derrière un arbre; celui-là, le jeune homme ne put le voir, mais sa voix l'avait fait tressaillir; quant à l'autre, il était à demi-couché derrière son cheval mort et tenait son fusil épaulé; celui-ci, le jeune homme le reconnut avec un frémissement de haine, c'était le *Chacal*.

Les deux ennemis se trouvaient occuper chacun l'extrémité opposée d'une clairière de peu d'étendue.

Le Pelon obliqua légèrement sur la gauche, de façon à se trouver directement à la droite du bandit; il épaula son fusil, et sortant bravement du couvert sous lequel il était abrité :

— Tu mens, Chacal! cria-t-il résolûment, c'est toi qui vas mourir.

Le bandit releva légèrement la tête, et reconnaissant le jeune homme :

— Ah! serpent! s'écria-t-il, à toi d'abord!

Mais avant qu'il eût eu le temps de changer la direction de son arme, le jeune homme, qui savait à qui il avait affaire, lâcha la détente.

Le coup partit, le bandit roula sur le sol sans pousser un cri, la balle lui avait fracassé le crâne.

Au même instant, l'homme qui se tenait embusqué derrière un arbre s'élança les bras ouverts au-devant du jeune homme en criant d'une voix étranglée par l'émotion :

— Mon fils! mon fils!

— Mon père! s'écria le Pelon.

Et ils tombèrent dans les bras l'un de l'autre.

— Qu'est-ce qu'il y a donc? demanda tout à coup une voix railleuse, on se tue et on s'embrasse ici! Qu'est-ce que cela signifie ?

Les deux hommes se retournèrent.

Blue-Dewil, les deux mains appuyées sur le canon de son fusil, les examinait d'un air narquois.

— Cela signifie, maître Blue-Dewil, dit le Gambucino, dont le visage était inondé de larmes, cela signifie que je viens de retrouver mon fils.

— Et de tuer le Chacal du même coup ; excellente affaire ; et moi qui me hâtais d'accourir pour vous donner un coup de main ; ce n'était pas la peine de me tant presser.

— Ce n'est pas moi qui ai tué le Chacal.

— Qui donc alors ?

— C'est moi, maître Blue-Dewil, dit le jeune homme en s'inclinant.

— Tu as bien fait, garçon ; c'est un mauvais drôle de moins, répondit le lieutenant ; j'ai toujours dit que l'on ferait quelque chose de toi.

Le père et le fils s'embrassèrent.

— Ah ça, continua Blue-Dewil, comment diable te trouves-tu ici ?

— Je cherche Valentin Guillois.

— Pourquoi faire ?

— Pour lui remettre une lettre très-pressée.

— Et tu massacres les bandits en faisant tes commissions ? Sais-tu ce qu'est devenue doña Rosario ?

— Ne me l'aviez-vous pas confiée, lieutenant ?

— Oui, fit-il en fronçant le sourcil ; et je commence à croire que j'ai eu tort.

— Ne vous hâtez pas de m'accuser, lieutenant ; vous vous en repentiriez bientôt.

— Pourquoi cela ?

— Parce que je ne l'ai pas quittée une seconde.

— Est-ce bien vrai ce que tu me dis là ?

— Mon fils ne sait pas mentir, dit nettement le Gambucino.

— Je le sais ; aussi je le crois, répondit Blue-Dewil.

— La lettre que je porte au Chercheur-de-Pistes est de doña Rosario.

— Elle est donc en sûreté ?

— Oui, mais ce n'est pas la faute de Brown, votre homme de confiance, car il vous a lâchement trahi.

— J'en ai eu le soupçon ; ah ! le misérable ! si jamais il tombe entre mes mains...

— Ce sera facile, il est prisonnier.

— Que s'est-il donc passé ?

— Valentin Guillois vous le dira ; conduisez-moi auprès de lui.

— C'est juste ; laisse-moi visiter les poches de ce drôle et je suis à toi.

Le lieutenant retourna consciencieusement les poches du Chacal, s'empara d'un portefeuille gonflé de papiers, puis, revenant près du jeune homme :

— En route, dit-il, nous avons une longue course à faire ; as-tu un cheval ?

— Oui, caché là tout près.

— Tant mieux, mets-toi en selle et partons.

IV

RETOUR AU VOLADERO DE L'OURS-GRIS

Lorsque Valentin Guillois avait appris la disparition incompréhensible de doña Rosario, il avait été saisi d'une violente douleur.

Benito Ramirez était comme fou.

Blue-Dewil lui-même, l'homme froid et sévère, dont l'impassibilité ne se démentait jamais, était en proie à une surexcitation nerveuse d'autant plus effrayante, qu'il craignait intérieurement d'être la cause indirecte de cette terrible catastrophe, à cause de la confiance qu'il avait mise, peut-être à la légère, dans un homme qui ne lui avait jamais donné de véritables garanties de fidélité.

Comme le voit le lecteur, Blue-Dewil n'était pas loin de la vérité. En effet, si Brown n'avait pas réussi à remettre la malheureuse jeune fille entre les mains du capitaine Kild, ce n'était pas faute d'avoir essayé de le faire.

Il fallait immédiatement se mettre à la poursuite des ravisseurs de la jeune fille. Malheureusement Valentin Guillois était retenu par des devoirs impérieux ; il fut donc obligé de confier à d'autres le soin de faire ces recherches : Belhumeur, Blue-Dewil, Benito Ramirez, Navaja le Gambucino, s'élancèrent dans des directions différentes avec l'ardeur de limiers prenant la voie.

Valentin Guillois remarqua avec surprise que Curumilla ne témoigna aucun désir de se mettre à la recherche de la jeune fille.

Cependant lorsque la disparition de doña Rosario avait été constatée, le Chef, après avoir sérieusement étudié les empreintes laissées devant la grotte par les ravisseurs, s'était jeté dans les fourrés qu'il avait explorés avec la plus minutieuse attention ; puis, après une absence de plus d'une demi-heure, le Chef avait reparu.

— Eh bien, Chef? lui avait demandé Valentin.

— Très-bon! avait répondu Curumilla, avec une expression singulière.

Et il avait continué sa route vers le camp.

Valentin n'avait pas insisté ; il connaissait le Chef depuis trop longtemps pour songer à lui faire la plus légère observation ; il savait que Curumilla était dévoué autant que lui-même aux malheureux enfants de don Luis ; il supposa que le Chef mûrissait un projet dans sa tête et il se tut.

Tous deux rentrèrent au camp.

La résistance avait cessé; les Indiens Corbeaux se livraient au pillage avec toute l'ardeur de voleurs émérites. Valentin les laissa faire.

Anhimicki avait scrupuleusement tenu les conventions du traité fait avec Valentin: aucune femme n'avait été menacée ni même insultée par un mot ou par un geste; elles se tenaient groupées dans un angle du camp sous la surveillance de deux chasseurs.

Les malheureuses tremblaient à la fois de terreur et de froid; il était urgent de leur venir en aide.

Valentin prit le chef Corbeau à l'écart, et tous deux causèrent pendant quelques minutes à voix basse, puis ils se séparèrent en se serrant la main.

Valentin avait tout simplement demandé à Anhimicki de laisser les femmes et les enfants reprendre les vêtements qui leur appartenaient.

Le chef Corbeau, très-satisfait du concours que les chasseurs lui avaient prêté, et tout enorgueilli du triomphe qu'il avait obtenu sur ceux qu'il considérait comme ses ennemis; charmé de plus de l'abandon que Valentin lui avait fait de tout le butin, s'était montré de bonne composition et avait accédé gracieusement à la demande du Chercheur-de-Pistes.

Anhimicki comprenait de quel avantage il était pour lui de ne pas se brouiller avec son puissant allié; intérieurement il savait très-bien, que livré à ses propres forces, jamais il n'aurait réussi à s'emparer du camp des chasseurs; il se hâta donc de donner l'ordre à ses guerriers de respecter scrupuleusement tous les objets appartenant aux femmes et aux enfants.

Cet ordre fut obéi à la lettre.

Les vêtements des femmes se trouvaient entassés dans deux wagons qui furent aussitôt mis à part.

Valentin Guillois réunit les chasseurs ; il fit charger les paquets sur plusieurs mules ; puis, après avoir fait ses adieux au Chef Corbeau, il s'éloigna avec sa troupe, au milieu de laquelle, les femmes et les enfants étaient placés.

Les chasseurs prirent aussitôt la direction du Voladero de l'Ours-Gris.

La distance était assez rapprochée.

Le Voladero formait à peu près le sommet du triangle formé par les camps indiens, celui des Bois-Brûlés et celui des émigrants.

La première fois que les chasseurs avaient rencontré les émigrants, ceux-ci se trouvaient à environ six lieues en arrière du Voladero ; obligés dans leur marche à de nombreux détours, et ne s'avançant que très-lentement, les émigrants n'avaient dépassé que de deux lieues et demie tout au plus le Voladero, à la hauteur duquel ils étaient obligés de se tenir, pour arriver à la rivière Jourdan ; le trajet, heureusement pour les femmes et, les enfants, n'était donc pas long ; cependant elles ne l'accomplirent qu'au prix de fatigues et de difficultés extrêmes.

Les malheureuses femmes ne savaient entre les mains de qui elles étaient tombées ; elles se figuraient n'avoir fait que changer de maîtres ; aussi leur terreur était-elle extrême et marchaient-elles en pleurant et sanglotant, sans qu'il fût possible de les consoler.

Ce à quoi du reste les chasseurs ne s'occupaient que médiocrement ; car ils avaient fort à faire à se diriger dans les ténèbres ; et surtout à empêcher les mules de rouler au fond des précipices, qu'elles étaient contraintes de côtoyer continuellement.

Enfin, vers sept heures du matin, on atteignit le Voladero.

Valentin avait été obligé de faire de nombreux détours afin de trouver une entrée par laquelle les femmes pussent pénétrer sans trop de peine dans les souterrains.

Le chasseur fit allumer de grands feux dans plusieurs grottes communiquant entre elles ; les femmes et les enfants furent placés dans la grotte la plus éloignée. On étendit de l'herbe sèche et des couvertures pour leur faire des lits ; leurs vêtements furent déchargés dans cette grotte et mis à leur disposition, puis, sur l'ordre de Valentin, les chasseurs se retirèrent, et les laissèrent libres de se livrer au sommeil, dont elles devaient avoir un si grand besoin, après tant de fatigues.

Valentin Guillois s'installa avec tous ses chasseurs dans la grotte que le lecteur connaît déjà ; un quart d'heure plus tard, excepté le Chercheur-de-Pistes assis près d'un feu, la tête dans la main et livré à de profondes et tristes réflexions, tous les habitants du Voladero étaient plongés dans un lourd sommeil.

Vers dix heures du matin Belhumeur rentra.

Valentin releva la tête.

Le chasseur vint s'asseoir près de lui.

— Quoi de nouveau? lui demanda Valentin au bout d'un instant.

— Pas grand'chose, une certitude seulement.

— Laquelle?

— Doña Rosario et les personnes qui l'accompagnent ne sont pas retombées aux mains du capitaine Kild.

— Qui vous fait supposer cela, mon ami? demanda vivement Valentin.

— Ce n'est pas une supposition, c'est une certitude.

— Alors comment l'avez-vous acquise?.

— Je me suis mis sur la piste des bandits ; d'abord j'avais étudié les empreintes laissées autour de la grotte dans laquelle doña Rosario s'était réfugiée ; les empreintes me conduisirent dans la forêt où je ne tardai pas à les perdre complétement sans qu'il me fût possible de les retrouver ; je les abandonnai donc pour me mettre sur la piste des bandits.

En ce moment Curumilla se leva et vint s'accroupir près du feu.

Le chasseur, après avoir échangé une poignée de main avec le Chef, continua son récit.

— Cette piste me conduisit au nouveau camp établi par le capitaine et placé dans une position très-habilement choisie ; il est presque inexpugnable.

— Comment, le Capitaine a établi un nouveau camp?

dit Valentin avec surprise ; il ne doit pas cependant avoir beaucoup de monde avec lui.

— Vous vous trompez, mon ami, il en a plus que vous ne supposez ; remarquez qu'on a tué très-peu de bandits ; après les premiers coups de feu ils se sont débandés, ont fui dans toutes les directions ; mais aussitôt le péril passé, le sang-froid leur est revenu, et l'instinct de la conservation aidant, ils ont retrouvé les traces de leur deuxième camp et ont rallié ; leur capitaine, qui entre parenthèse, a réussi à sauver tous ses objets les plus précieux.

— Combien croyez-vous qu'il lui reste d'hommes ?

— De quarante-cinq à cinquante.

— Tant que cela ?

— Songez que ce n'est que la moitié à peu près de leur premier effectif.

— C'est juste ; ainsi vous êtes certain que doña Rosario n'est pas dans ce nouveau camp ?

— Très-certain, il n'y a pas une seule femme.

— Pourtant vous n'avez pas pénétré dans le camp ?

— Je m'en suis bien gardé.

— Comment alors avez-vous pu savoir cela ?

— Très-facilement ; le capitaine a envoyé quelques hommes pour faire des abatis, afin de dégager les abords de son camp ; je me suis emparé à l'improviste de l'un des travailleurs, et, le couteau sur la gorge, je l'ai interrogé ; le drôle a bien essayé de résister et de se débattre, mais finalement il a été contraint d'obéir ; il m'a avoué que toutes les femmes avaient été enlevées par les Indiens; et comme je lui disais que je ne le croyais pas et que je le piquais un peu fort de la pointe de mon couteau, il me dit : Vous n'avez qu'à regarder, il n'y a dans tout le camp qu'une seule tente à un seul piquet, et encore elle n'est pas tout à fait installée, où voulez-vous que des femmes, s'il y en avait avec nous, puissent se cacher? C'était vrai, je fus obligé d'en convenir, et comme j'avais promis la vie sauve à ce drôle, je me contentai de lui donner quelques bourrades et je le lâchai; puis je suis revenu près de vous, pensant vous donner une bonne nouvelle, ou tout au moins, un renseignement qui vous serait agréable; c'est déjà quelque chose d'avoir la certitude que ce vieux drôle de capitaine Kild n'a pas ressaisi sa proie.

— Oui, et je vous remercie, Belhumeur, vous avez fait pour le mieux, mon ami ; ce renseignement a vraiment sa valeur; mais, hélas! que sera devenue la pauvre enfant pendant cette horrible nuit ?

— Elle n'était pas seule, mon ami.

— Je le sais, une autre jeune fille comme elle l'accompagnait, il y avait aussi un jeune homme, presque un enfant.

— Blue-Dewil prétend que cet enfant est très-brave, très-intelligent, très au fait des choses du désert, et surtout dévoué à doña Rosario.

— Je l'admets, mon ami ; mais quelle protection efficace aura-t-elle pu trouver près de cet enfant ?

— Le fait est, dit Belhumeur en hochant la tête, que cela me semble assez difficile.

Le Castor parut en cet instant.

— D'où venez-vous donc, mon ami? lui demanda Valentin.

— Je viens de faire une battue aux environs et je crois que j'ai eu raison.

— Expliquez-vous.

— Après avoir fureté dans les halliers et les broussailles pendant assez longtemps, la pensée me vint de monter dans cette espèce de niche que l'on nomme, je ne sais trop pourquoi, la Chaire-du-Diable, et du haut de laquelle on domine tous les environs aussi loin que la vue peut s'étendre.

— Eh bien?

— Eh bien, j'ai aperçu dans le défilé du Bison-Rouge une longue file de cavaliers qui s'avancent sur quatre de front avec une allure toute militaire, ce qui m'a assez inquiété; malheureusement le brouillard qui couvre les bas-plateaux et s'élève des vallées m'a empêché de les distinguer aussi clairement que je l'aurais voulu; seulement j'ai cru les reconnaître pour des Bois-Brûlés; et ce qui m'a inquiété, c'est que par la direction qu'ils suivent, ils passeront inévitablement à moins de cent pas de l'endroit où nous sommes.

— Oh! oh! fit Valentin en fronçant le sourcil, voilà qui est sérieux.

Curumilla se leva.

— Pas inquiet pour l'Eglantine des bois, dit-il, c'est ainsi que le Chef nommait doña Rosario, pas inquiet, mon frère verra bientôt.

— Vous savez donc quelque chose, Chef? s'écria Valentin avec émotion.

— Pourquoi Curumilla ignorerait-il, n'a-t-il pas des yeux? Curumilla sait tout. Valentin suppose-t-il que Curumilla serait ici s'il ne savait pas? que mon frère ne soit plus inquiet de l'Eglantine des bois; bientôt grande joie pour lui.

Après avoir soigneusement examiné son fusil le Chef se dirigea vers l'entrée de la grotte.

— Où va mon frère? demanda Valentin.

— Curumilla, bons yeux, répondit le Chef, il va reconnaître les cavaliers aperçus par le Castor.

— Bon, mon frère n'oublie rien; répondit en souriant Valentin.

— Pardieu! vous avez là une excellente idée, Chef, lui dit le Castor.

L'Indien fit la grimace qui lui tenait lieu de sourire, puis il sortit.

— Maintenant, dit Valentin en se levant, je crois qu'il serait temps de nous occuper de ces pauvres femmes que nous avons été assez heureux pour délivrer cette nuit.

— Oui, fit observer Belhumeur, car je les suppose fort effrayées de leur nouvelle situation; d'autant plus qu'elles ignorent encore en quelles mains elles sont tombées.

— Le plus pressant serait, je crois, de leur donner des vivres, reprit Valentin; malheureusement je suis si préoccupé de mes propres affaires, que j'ai complétement oublié de leur en faire préparer.

— Ne vous inquiétez pas de cela, Valentin ; dit le Castor, j'y ai songé, moi ; je n'ai pas voulu, dans l'état où je vous voyais, vous tourmenter de ces détails ; si Belhumeur consent à me donner un coup de main, nous pourrons leur distribuer du biscuit, de la bouillie de maïs, de la venaison froide, des pommes de terre cuites sous la cendre et un peu d'eau de Smilax ; cela suffira pour le premier repas, plus tard nous verrons à nous arranger autrement.

— Oui, fit Belhumeur ; il s'agit d'aller au plus pressé.

— Je vous remercie, Castor, de m'avoir si bien remplacé, dit Valentin ; je vous avoue que pendant cette affreuse nuit je n'avais plus la tête à moi.

— Bon, je comprends cela, mon ami, répondit le Castor ; mais les paroles du Chef ont dû vous tranquilliser.

— En effet, mon ami, car je sais que Curumilla est un homme sur les lèvres duquel un mensonge n'a jamais trouvé place ; maintenant je suis rassuré et j'attends avec patience.

— Dieu n'abandonne jamais les braves gens, dit Belhumeur ; j'étais convaincu qu'il n'arriverait rien de fâcheux à doña Rosario.

Valentin sourit avec mélancolie.

— Aide-toi, le ciel t'aidera, dit le proverbe, murmura le Chercheur-de-Pistes ; nous avons fait notre devoir, attendons avec confiance ce que Dieu décidera.

Il y eut un instant de silence, puis il reprit en se levant :

— Allons rassurer ces malheureuses femmes.

5.

— Et surtout les nourrir.

— Venez, Belhumeur, dit le Castor.

Tous deux sortirent d'un côté, tandis que Valentin se dirigeait vers la grotte dans laquelle les femmes avaient été placées.

Lorsqu'elles aperçurent le Chasseur, elles s'approchèrent de lui tremblantes, mais déjà presque rassurées par l'expression de sympathique bonté répandue sur sa franche et loyale physionomie.

— Mesdames, dit Valentin en français, langue que toutes ces jeunes filles comprenaient, bannissez toute crainte, vous n'êtes tombées au pouvoir ni de bandits ni de marchands d'esclaves ; cette nuit, en attaquant le camp du capitaine Kild, nous n'avions pas d'autre but que celui de vous soustraire à son pouvoir et de vous rendre à vos familles qui sans doute vous pleurent et désespèrent de vous revoir jamais.

Des pleurs et des sanglots l'interrompirent. Valentin laissa à cette douloureuse émotion le temps de se calmer, puis il reprit:

— Vous êtes libres, je voudrais dès aujourd'hui vous reconduire aux établissements; mais de graves motifs me contraignent à différer pendant quelques jours encore votre retour dans vos familles ; rassurez-vous donc, reprenez votre gaieté, et, s'il est possible, votre heureuse insouciance; avant peu vous serez dans les bras de vos parents; je vous donne ma parole d'honnête homme et de loyal chasseur que vous n'avez plus rien à redouter ni de votre odieux ravisseur ni de personne; et que vous trouverez en nous des amis et des protecteurs dévoués ; nul dans le désert n'a jamais, Peau-Rouge ou Visage-Pâle, osé mettre en doute la parole de Valentin Guillois.

— Valentin Guillois ! s'écrièrent toutes les femmes en joignant les mains ; vous êtes Valentin Guillois !

— Oui, reprit-il simplement ; et, je vous le répète, vous pouvez vous fier à ma parole.

— Oui, monsieur, répondit une jeune fille au nom de ses compagnes, nous avons foi en vous ! Votre nom nous est connu ! Souvent nous l'avons entendu prononcer et toujours comme étant celui d'un honnête homme ; nous nous fions entièrement à votre promesse ; l'immense service que vous nous rendez, nous ne l'oublierons jamais ; nous vous en conserverons une éternelle reconnaissance.

— Ainsi, dit-il en souriant, vous attendrez sans trop d'impatience l'heure du départ, que, je me hâte de vous le dire, je presserai autant que cela me sera possible.

— Placées sous la sauvegarde de votre honneur, monsieur, nous ne serons ni inquiètes, ni impatientes ; nous savons que vous ferez réellement ce que vous nous promettez si loyalement.

— A la bonne heure, fit-il en se frottant légèrement les mains ; et pour commencer, vous allez déjeuner ; car vous devez avoir faim.

— Les bonnes paroles que vous nous avez dites nous ont rendu l'appétit ; répondit en souriant la jeune fille qui, jusque-là avait parlé au nom de ses compagnes.

— Voici précisément deux de mes compagnons qui vous apportent des vivres ; dit Valentin en désignant les deux chasseurs qui entraient chargés de victuailles.

— Approchez, approchez, mesdames ; dit Belhumeur en riant.

— Un instant encore, dit Valentin ; mesdames, reprit-il, ces deux chasseurs vous fourniront chaque jour les vivres nécessaires, que nous vous laisserons le soin d'assaisonner à votre goût ; cela vous occupera, et vous fera paraître le temps moins long ; fit-il en souriant ; vous êtes libres de vous promener dans ces grottes, mais je ne vous engage pas à essayer d'en sortir, dans l'intérêt de votre sûreté ; j'ai fait déposer ici, ajouta-t-il en montrant l'amas de paquets de toutes sortes et de toute grandeur, empilés dans un coin de la grotte, les vêtements et les différents objets qui vous appartiennent ; vous n'aurez qu'à chercher chacune votre bien. Aucun des hommes de ma troupe ne viendra vous déranger ni vous tourmenter ici, excepté moi, quelquefois, pour prendre de vos nouvelles ; et ces deux chasseurs, mes amis, qui veulent bien se charger de vous fournir chaque jour, le bois, l'eau, les torches et les vivres qui vous sont nécessaires ; le logis n'est pas somptueux, il est même un peu triste, mais il est sûr ; je vous le répète, dans quelques jours vous le quitterez pour retourner dans vos familles. Nous nous entendons bien maintenant, n'est-ce pas ?

— Oh ! oui, monsieur.

— Nous sommes heureuses.

— Nous vous remercions de votre générosité.
— Notre reconnaissance sera éternelle.
— Que Dieu vous récompense !

Ces différentes paroles s'échappaient à la fois de tous ces cœurs si gonflés de tristesse quelques instants auparavant, et que maintenant la joie inondait.

— C'est bien, reprit-il en souriant ; et maintenant, bon appétit, buvez, mangez et ne vous inquiétez de rien ; bientôt vos souhaits les plus chers seront accomplis.

Et saluant ces pauvres femmes auxquelles il venait de rendre l'espérance, c'est-à-dire presque le bonheur ; et qui se pressaient autour de lui avec une joie naïve et confiante ; il se retira, laissant le Castor et Belhumeur procéder à la distribution des vivres.

Les chasseurs s'étaient éveillés, ils vaquaient aux travaux du matin ; c'est-à-dire que les uns avaient été soigner les chevaux dans les grottes spéciales où on les tenait renfermés, les autres, allaient chercher de l'eau, du bois sec ; quelques-uns enfin s'occupaient activement à préparer le repas du matin.

Lorsque Valentin Guillois parut dans la grotte, la plus grande activité y régnait. Chacun s'occupait sérieusement de son affaire, sans tumulte et presque sans bruit.

L'arrivée du Chercheur-de-Pistes fut saluée par d'unanimes acclamations, chacun s'empressait autour de lui pour lui serrer la main et lui souhaiter le bonjour ; Valentin répondait en souriant et avait un mot aimable pour tous.

Vers midi le repas se trouva prêt et le déjeuner commença.

Les chasseurs s'étaient groupés par huit ou dix et mangeaient ensemble en riant et en plaisantant.

Valentin Guillois, Belhumeur et le Castor étaient seuls autour d'un feu; eux aussi mangeaient, mais silencieusement et d'un air préoccupé.

Ce fut Belhumeur qui rompit le silence.

— A propos, dit-il, il nous manque du monde; je ne parle pas du Chef, je sais où il est allé; mais je ne vois, ni Navaja, ni l'ex-lieutenant du capitaine Kild, comment le nommez-vous donc déjà, Valentin?

— Blue-Dewil; dit le chasseur.

— C'est cela, Blue-Dewil, ni Benito Ramirez; est-ce qu'ils ne sont pas encore revenus?

— Non, pas encore.

— Voilà qui est singulier, fit Belhumeur.

— Eh, tenez, quand on parle du loup, on en voit la queue, dit le Castor. Voici Ramirez.

En effet le jeune homme entrait en ce moment; il vint s'asseoir silencieusement entre Belhumeur et le Castor, mais au lieu de se mettre à manger il demeura triste, sombre et absorbé dans ses réflexions.

— Vous n'avez rien découvert? lui demanda Valentin.

— Rien; répondit le jeune homme avec découragement.

— Allons, mon cher Octavio; dit le chasseur en lui posant doucement la main sur l'épaule; ne vous laissez pas abattre ainsi; soyez homme!

— Je souffre, j'ai le cœur brisé! murmura-t-il avec découragement, en hochant la tête.

— Courage, ami, doña Rosario est en sûreté; il ne lui est rien arrivé de fâcheux.

— Vous en êtes certain? s'écria-t-il en relevant vivement la tête.

— Très-certain.

— Comment le savez-vous? demanda-t-il avec insistance vous avez de ses nouvelles?

— Je ne le sais pas; mais j'ai de ses nouvelles.

— Vous parlez par énigmes.

— Je parle comme je peux, mon ami.

— Mais enfin qui vous a donné de ses nouvelles?

— Curumilla.

— Le Chef, notre ami?

— Lui-même.

— Il a donc vu doña Rosario?

— Je ne le crois pas.

— Alors comment peut-il savoir qu'elle est sauve?

— Ceci je l'ignore; à part une courte reconnaissance, Curumilla, si actif et toujours si pressé de se mettre en avant, ne m'a pas quitté une seconde.

— En effet; dit Ramirez d'une voix sombre; j'ai remarqué cela; cette conduite m'a paru extraordinaire de sa part.

— Et à moi aussi.

— Est-ce que le Chef haïrait doña Rosario?

— Vous êtes fou, mon ami; il l'aime, presque autant que je l'aime moi-même.

— Soit ; mais puisque, à part cette courte reconnaissance que je me rappelle parfaitement, il ne vous a pas quitté, comment a-t-il pu savoir ?

— Ah ! voilà ce qui me confond ; Curumilla possède des moyens d'investigations que je ne puis comprendre ; depuis près de vingt-cinq ans que nous vivons côte à côte, le fait qui se présente aujourd'hui s'est présenté plus de cent fois, et jamais il ne s'est trompé ; ce qu'il m'a annoncé, s'est toujours réalisé avec une exactitude mathématique, qui déroute tous mes calculs et toutes mes suppositions.

— Mais enfin que vous a-t-il donc annoncé, mon ami ?

— Il m'a dit, il y a une heure à peine, là, où nous sommes assis : Ne vous inquiétez pas, j'ai bien vu ; doña Rosario est en sûreté ; aujourd'hui, vous aurez de ses nouvelles et vous la verrez.

— Il a dit cela ?

— En propres termes, ces messieurs étaient présents.

— C'est vrai, firent les deux chasseurs.

— Pourquoi ne s'est-il pas expliqué davantage ?

— Carumilla est un homme prudent ; il ne dit jamais que ce qu'il trouve convenable de dire.

— Et vous ajoutez foi à ces nouvelles ?

— Entièrement ; je sais quelles sont vraies ; Curumilla ne voudrait pas me tromper ; jamais le mensonge n'a souillé ses lèvres ; pensez-vous que vous me verriez aussi résigné et presque gai, si je n'étais pas convaincu que le Chef m'a dit vrai ?

— C'est juste, pardonnez-moi.

— Faites donc comme moi, mon ami ; reprenez courage ; attendez avec patience la réalisation des promesses du Chef. Mangez, ne serait-ce que pour vous soutenir ; soyez homme.

— Vous avez raison, votre calme me fait honte ; vous ne parleriez pas comme vous faites, si vous redoutiez un malheur.

— A la bonne heure ! vous comprenez à la fin ; fit le Chasseur en riant.

— Allons, je ne sais pourquoi, votre conviction me gagne ; je me sens tout autre que je n'étais il y a un instant ; je sens l'espérance rentrer dans mon cœur ; oh ! que c'est bon, que c'est doux d'espérer, mon cher Valentin ; l'espérance c'est la vie, c'est la joie, c'est le bonheur !

— Bravo ! voilà comment j'aime vous entendre parler ; à votre santé !

— A la vôtre ; eh bien, oui, s'écria-t-il avec passion, pourquoi ne l'avouerai-je pas ? vous avez changé en joie ma tristesse ; car vous êtes un grand médecin et un bon ami, Valentin.

— Et vous, vous êtes un fou, Octavio ; répondit le chasseur en riant.

Le repas, si mal commencé, se continua presque gaiement.

Le déjeuner était terminé, on allumait les pipes, lorsqu'un certain bruit se fit entendre au dehors, et trois hommes entrèrent dans la grotte.

Ces trois hommes étaient Blue-Dewil, Navaja le Gambucino et le Pelon.

— Le Pelon! s'écria Ramirez en laissant tomber de surprise la cigarette qu'il était en train d'allumer.

Navaja semblait à moitié fou; la joie le faisait délirer; il riait et pleurait à la fois; et à chaque instant il serrait, à l'étouffer, son fils dans ses bras, et l'embrassait en répétant d'une voix joyeuse :

— C'est mon fils, compagnons! mon fils Léon, qu'on m'avait enlevé! un brave enfant, il a tué le Chacal! embrasse-moi, petit; encore! encore! il y a si longtemps que nous sommes séparés! pauvre Léon, il a bien souffert; il a tué le Chacal, le bandit allemand! brave Léon! c'est mon fils, señor Valentin; n'est-ce pas qu'il est beau et grand et fort? embrasse ton père, petit! ton père qui t'a si longtemps pleuré!

Puis peu à peu cette effervescence se calma; le Gambucino s'assit, appuya la tête dans ses mains, et se mit à regarder son fils avec une expression d'indicible amour, tandis que de grosses larmes coulaient le long de ses joues brunies, sans qu'il songeât à les essuyer.

Pendant ce temps, Ramirez disait à Valentin :

— C'est le Pelon, le jeune homme qui accompagnait doña Rosario, il doit savoir où elle est; faut-il l'interroger?

— Il sait où elle est; dit alors Blue-Dewil; il ne l'a pas quittée un instant; c'est un brave enfant; il vient de la part de doña Rosario; sur son chemin il a rencontré le Chacal, un des plus féroces bandits du capitaine Kild, et ma foi, il l'a tué roide d'une balle dans le crâne.

— Il a une tête intelligente et une physionomie heureuse, dit Valentin qui, depuis quelques instants, examinait attentivement le jeune homme ; il me plaît beaucoup, il semble loyal.

— Il l'est, appuya Blue-Dewil ; malgré son âge, on peut avoir confiance en lui.

— Interrogez-le donc, reprit nerveusement Ramirez.

— Vous avez raison ; c'est ce que j'aurais dû faire beaucoup plus tôt ; mais il n'y a pas de temps perdu ; approchez, jeune homme ; ajouta-t-il, en s'adressant au fils du Gambucino.

— A vos ordres, monsieur ; répondit le jeune homme en s'avançant et saluant avec politesse.

— Vous avez, m'a-t-on dit, à me parler de la part d'une personne qui vous envoie vers moi ?

— Oui, monsieur, répondit le Pelon, si vous êtes M. Valentin Guillois.

— Je suis Valentin Guillois, mon ami, parlez donc.

— Je suis chargé par ma maîtresse, doña Rosario de Prébois-Crancé de vous remettre une lettre.

— Votre maîtresse, ainsi que vous la nommez ; répondit en souriant Valentin, est-elle en bonne santé ?

— Sa santé est excellente, monsieur ; d'ailleurs, si vous voulez être assez bon pour prendre connaissance de cette lettre, vous apprendrez probablement tout ce que vous désirez savoir.

Il sortit la lettre de sa ceinture où il l'avait cachée, et il la présenta à Valentin.

Celui-ci la prit d'une main que l'émotion faisait légèrement trembler et, invitant du geste le Pelon à le suivre, il se retira près de la large déchirure qui servait de fenêtre à la grotte, et décacheta la lettre qu'il commença aussitôt à lire.

Cette lecture fut longue; Valentin lorsqu'il l'eut terminée, la recommença; il semblait peser chaque mot, étudier chaque phrase; son visage ordinairement calme et impassible changeait à chaque instant d'expression. Ses amis, qui de loin l'examinaient curieusement, étaient complétement déroutés.

Le chasseur replia enfin la lettre qu'il serra avec soin dans sa poitrine, et regardant le jeune homme bien en face :

— Pouvez-vous dire la vérité ? lui demanda-t-il.

— Je n'ai jamais menti; répondit-il nettement.

— C'est bien; fit lentement Valentin ; je me fie à vous ; ce que m'écrit doña Rosario est-il vrai ?

— J'ignore ce que ma maîtresse vous écrit, monsieur, mais si elle vous dit dans sa lettre que Brown l'avait trahie; que sans le capitaine Griffiths, qui est venu généreusement à son secours, elle était perdue; que le capitaine la traite avec les plus grands égards et le plus profond respect; que c'est lui qui, sur sa demande, s'est empressé de me fournir les moyens de me rendre auprès de vous; que le capitaine Griffiths est un grand cœur et un loyal chasseur; si ma maîtresse vous dit tout cela, elle ne vous écrit que la plus stricte vérité.

Valentin Guillois avait écouté le jeune homme avec

la plus sérieuse attention; lorsqu'il se tut, il demeura un instant pensif, puis posant sa main sur l'épaule du Pelon, tandis qu'il rivait son regard sur celui du jeune homme :

— Je vous crois, lui dit-il; vous ne me mentez pas; venez, nous allons aller ensemble auprès de votre maîtresse.

— Vous la rendrez bien heureuse, monsieur; répondit le Pelon avec joie; elle désire vivement vous voir.

— C'est bien, venez; surtout bouche close.

Le jeune homme s'inclina.

Valentin se rapprocha du feu.

— Mes compagnons, dit-il, doña Rosario est en sûreté, je me rends près de elle; bientôt elle sera, je l'espère, au milieu de nous. Permettez-moi de ne pas vous en dire davantage quant à présent; cela ne m'est pas permis; don Octavio, mon ami, encore quelques heures de patience, je vous le demande au nom de notre amitié.

— Je vous obéirai; répondit tristement le jeune homme.

— Surtout que personne ne me suive. Venez, Léon.

— Vous emmenez mon fils ! s'écria le Gambucino.

— Oui, mon ami, répondit Valentin; ne voulez-vous pas me le confier?

— A vous ! oh ! señor, le père et le fils vous appartiennent !

Le Pelon embrassa son père et suivit Valentin.

Cinq minutes plus tard, tous deux se lançaient à

fond de train dans la direction du camp des Bois-Brûlés.

— Qu'est-ce que cela signifie? murmura Ramirez.

— Patience; répondit avec un sourire Blue-Dwil qui l'avait entendu.

VI

DANS LEQUEL JOHN GRIFFITHS ET VALENTIN GUILLOIS S'EXPLIQUENT

La distance qui séparait le Voladero de l'Ours Gris du camp des Bois-Brûlés fut franchie sans qu'un seul mot fut échangé entre les deux cavaliers.

Valentin repassait dans sa tête les termes de la lettre que doña Rosario lui avait écrite; et essayait de torturer les phrases dont s'était servie la jeune fille, pour en trouver le sens caché.

Valentin était convaincu de bonne foi que cette lettre avait été dictée à la jeune fille par le chef des Bois-Brûlés, et qu'elle n'était nullement l'expression réelle de sa pensée.

Cette lettre devait cacher un piége.

Le chasseur mettait son esprit à la torture pour trouver quels étaient les motifs qui avaient pu engager le capitaine Griffiths à lui faire écrire cette lettre et dans de telles conditions.

Malgré lui, un grand travail s'opérait dans sa pensée; parfois il était sur le point d'ajouter foi à ce que lui écrivait doña Rosario, et alors la conduite du capitaine Griffiths lui apparaissait sous son jour véritable, c'est-à-dire ce qu'elle était réellement, généreuse et loyale.

Mais tout à coup il hochait la tête et murmurait :

— C'est impossible ! cet homme joue un rôle; il cherche à me tromper; la ravisseur de doña Dolorès de Castelar, l'aventurier qui trafique sans pudeur avec ce misérable capitaine Kild et lui achète de malheureuses jeunes filles, que plus tard il livrera aux Mormons, n'est pas, ne saurait être un honnête homme ; il veut me tromper, il joue un rôle, mais lequel ?

Et il s'enfonçait de nouveau dans ses réflexions.

En effet, les griefs que le chasseur articulait contre le capitaine John Griffiths étaient de la plus haute gravité.

Le rapt de doña Dolorès de Castelar, enlevée à sa famille, lui paraissait injustifiable.

Les relations commerciales du chef des Bois-Brûlés avec le capitaine Kild, dans le but de livrer aux Mormons de malheureuses jeunes filles, ravies par force à leurs familles éplorées; ce trafic honteux fait cyniquement à la vue de tous, rendait le caractère de John Griffiths plus odieux encore aux yeux de Valentin.

Et pourtant, il comprenait, il sentait instinctivement qu'il y avait au fond de tout cela quelque chose de sombre, de mystérieux, qui lui échappait, et, malgré lui, le doute entrait peu à peu dans son âme.

Un mot résuma le travail étrange qui s'était fait dans son esprit depuis la réception de la lettre de doña Rosario.

— Qui sait ? murmura-t-il ; nous verrons !

Déjà il n'affirmait plus ; il doutait ; il était prêt à écouter la défense du capitaine ; peut-être, dans le fond de son cœur, désirait-il le trouver innocent et pouvoir l'absoudre.

Il avait ainsi, presque sans en avoir conscience, franchi un pas immense.

C'est que Valentin Guillois était, avant tout, une nature loyale, un caractère droit ; qu'il n'avait de parti pris en rien, et que, en toutes choses, il recherchait avec passion la vérité.

Quant au Pelon, il ne se donnait pas la peine de réfléchir ; il galopait gaiement auprès de Valentin, tout fier et tout heureux d'avoir si bien accompli la mission dont sa maîtresse l'avait chargé ; et tout à la joie de la revoir en lui ramenant le chasseur.

Il était près de trois heures de l'après-dîner, lorsque les deux cavaliers atteignirent le camp.

Les sentinelles les laissèrent approcher presque jusqu'aux pieds des retranchements.

Le Pelon se fit reconnaître.

— Ah ! c'est vous ! dit une sentinelle.

— Oui, master Cornick, répondit le jeune homme, je désire rentrer.

— Je n'y vois aucun inconvénient; quelle est la personne qui est avec vous?

Le jeune homme allait répondre, Valentin l'arrêta.

— La jeune dame à laquelle vous avez rendu un si grand service, dit-il, m'a fait prier par ce jeune homme de venir la voir, pourrai-je être admis en sa présence?

— Pourquoi non? répondit le vieil aventurier; cette dame est, grâce à Dieu, maîtresse de ses actions et libre de recevoir qui bon lui semble; laissez-moi prévenir le lieutenant pour la régularité; puis je vous ouvrirai la barrière, et vous serez libre d'aller voir cette dame.

Il se tourna alors vers un de ses camarades.

— Prie le lieutenant Margottet de venir un instant ici; lui dit-il.

Le lieutenant Margottet n'était pas loin, au bout de cinq minutes il arriva.

Le vieux Cornick le mit, en deux mots, au courant de ce qui se passait.

— C'est bien, dit le lieutenant; ouvrez la barrière et laissez passer ces deux personnes.

Valentin et le Pelon entrèrent.

Sans lui laisser le temps de renouveler sa demande, le lieutenant dit au chasseur, en le saluant avec courtoisie :

— Vous désirez voir doña Rosario de Prébois-Crancé, monsieur?

— Oui, monsieur, répondit Valentin en lui rendant son salut, est-ce possible?

— Comment, si c'est possible, monsieur ? rien n'est plus facile, au contraire ; suivez ce jeune homme, qui est attaché, je crois, au service de cette dame ; il vous conduira près d'elle.

— Mille grâces, monsieur.

— Trop heureux de vous être agréable, monsieur.

Les deux hommes se saluèrent courtoisement et le lieutenant s'éloigna, tandis que Valentin suivait le Pelon.

Tout en traversant le camp dans toute sa longueur, pour arriver à la hutte habitée par doña Rosario, Valentin Guillois, qui s'y connaissait, admira l'ordre, la discipline et surtout la propreté qui régnaient dans ce camp de Bois-Brûlés.

Ce n'était ni une halte de bandits, ni un campement d'aventuriers, mais un véritable bivouac de soldats, remplissant avec soin leurs devoirs militaires.

Cette première vue causa une surprise mêlée de satisfaction au Chercheur-de-Pistes.

— Ils ne m'attendaient pas ; murmura-t-il, ils ne jouent donc pas un rôle ; sur ma foi, ce sont de véritables soldats ; est-ce que ce que l'on dit des confédérés de la Rivière-Rouge serait vrai ? Attendons, ne nous pressons pas de juger.

Le Pelon avait pris les devants pour avertir sa maîtresse de l'arrivée du chasseur.

Lorsque celui-ci s'arrêta devant la hutte, il vit doña Rosario l'attendant debout sur le seuil.

Il se hâta de s'avancer à sa rencontre ; il était pâle, ému ; la jeune fille était le vivant portrait de sa mère ;

en l'apercevant, le chasseur avait été frappé au cœur ; il avait cru revoir cette Rosario qu'il avait tant aimée ; qu'il aimait tant encore ; jeune et belle comme elle était lorsqu'il l'avait vue pour la dernière fois.

— Rosario ! s'écria-t-il d'une voix brisée par l'émotion, mon enfant chérie, je vous retrouve donc enfin !

— Valentin, mon second père, mon seul ami ! C'est donc vous, vous voilà, oh ! mon Dieu ! mon Dieu !

Et elle tomba à moitié évanouie dans ses bras.

Le chasseur la porta, comme il aurait fait d'un enfant, dans l'intérieur de la hutte.

— Remettez-vous, au nom du ciel ! s'écria-t-il, vous m'effrayez.

— Ne craignez rien, c'est la joie, le bonheur ; répondit-elle en souriant à travers ses larmes ; j'ai tant souffert depuis la mort de mon père et de ma mère !

— Pauvre chère enfant ! répondit-il avec émotion.

— La joie ne tue pas ; sans cela je serais morte, il y a un instant, en vous apercevant, mon père.

— Oui, appelez-moi ainsi, ma Rosario chérie ; répondit-il, en couvrant son front et ses cheveux de baisers, je veux être un père pour vous ; hélas ! je ne remplacerai pas celui que vous avez perdu, ajouta-t-il, en essuyant les larmes qui coulaient le long de ses joues ; mais au moins, j'en ai l'espoir, j'assurerai votre bonheur, pauvre chère enfant.

— Oh ! vous êtes bon et je vous aime ; lorsque tout à l'heure je vous ai aperçu de loin, je vous ai reconnu tout de suite.

— Mais pourtant vous ne m'aviez jamais vu, chère enfant.

— Je vous ai vu souvent avec les yeux du cœur, et ceux-là ne trompent pas; à peine mon frère et moi étions-nous en âge de comprendre, que notre père nous conduisit devant un portrait de vous, qu'il avait fait de souvenir et qui était d'une ressemblance frappante, et il nous dit d'une voix émue : Ce portrait est celui de mon frère, de l'homme que j'aime le plus au monde; à qui votre mère et moi nous devons le bonheur; aimez-le, chérissez-le, chers enfants; les événements nous ont séparés, mais si, un jour, je venais à vous manquer, il reviendrait; et vous retrouveriez en lui un père aussi tendre que celui que vous auriez perdu.

— Il vous a dit cela? s'écria Valentin en fondant en larmes et éclatant subitement en sanglots.

Son émotion était trop forte; cette vigoureuse nature était domptée, brisée, pantelante; cette organisation si puissante succombait au coup terrible de cette joie douloureuse, qu'il lui était enfin donné d'éprouver, après tant d'années d'une douleur muette et concentrée; la plaie de son cœur s'était rouverte sous le poids des souvenirs; et il pleurait, faible et abattu comme un enfant.

— Oui; répondit doña Rosario, émue de cette immense souffrance, et séchant ses larmes sous les baisers, il nous disait cela chaque jour; et ce que notre père nous disait, notre mère nous le répétait après lui; aussi nous avons grandi en vous aimant toujours

6.

davantage ; et lorsque le malheur nous a frappés, mon frère et moi, au lieu de désespérer, nous avons dit, en nous embrassant, pauvres orphelins abandonnés de tous : prenons courage, si Valentin, notre second père, vit encore, si Dieu nous l'a conservé, il nous sauvera.

— Bien vrai ! bien vrai ! s'écria-t-il avec âme, vous avez espéré en moi ?

— Vous voyez bien que nous avions raison, mon père, puisque nous voilà et que vous m'avez retrouvée !

— Oui, mais êtes-vous réellement libre ici, dans ce camp, Rosario ? répondit-il, d'une voix sombre.

— Oui, mon père, je suis libre et honorée ; répondit-elle sans hésiter ; le capitaine Griffiths s'est conduit envers moi en véritable gentleman ; sans lui, j'étais perdue.

— Ainsi, tout ce que vous m'avez écrit est bien vrai, ma chérie ?

— Tout, oui, mon père ; je n'ai qu'un regret ; c'est de n'avoir pu, dans cette lettre, vous exprimer toute la reconnaissance que j'éprouve pour le galant homme qui, bien que ne me connaissant pas, n'a point hésité à me porter secours ; et à me sauver des mains des bandits qui m'entraînaient.

— Bien, mon enfant, puisque les choses sont ainsi, je remercierai le capitaine Greiffiths et croyez-moi, ma chérie, il ne regrettera pas le service qu'il vous a rendu.

— Merci, mon père, mais vous ne me parlez pas de

mon frère; est-ce qu'il ne serait pas près de vous?

— Hélas non, mon enfant; cependant j'espère en avoir bientôt de bonnes nouvelles.

— Pauvre Luis! murmura la jeune fille avec des larmes dans la voix; que sera-t-il devenu, hélas!

— Rassurez-vous, chère enfant, peut-être est-il sauvé, lui aussi.

— Le croyez-vous? s'écria-t-elle vivement.

— J'ai toute espèce de raisons pour le supposer, ma chère Rosario.

— Comment cela?

— Nous sommes deux qui travaillons à votre délivrance: moi qui me suis spécialement occupé de vous, et l'autre...

— Quel autre, mon père? interrompit-elle curieusement.

— Un vieil ami de votre famille; un parent de votre mère, qui vous a vus naître, votre frère et vous; et qui vous aime.

— Don Gregorio Peralta! s'écria-t-elle joyeusement.

— Lui-même, vous l'avez deviné, chère enfant.

— Non; répondit-elle avec un charmant mouvement de tête; mon cœur me le disait; oh! s'il s'est chargé de retrouver mon frère, il réussira, j'en suis sûre.

— Et moi aussi, car il vous est entièrement dévoué.

— Oh! oui, il nous a toujours bien aimés; c'est lui, n'est-ce pas, qui vous a instruit de l'horrible malheur qui nous a frappés?

— Oui, chère enfant, c'est lui.

— Je m'en doutais! et tout à coup elle s'écria avec élan : Oh! mon père, je crois que je vais recommencer à être heureuse!

— Je ferai tous mes efforts pour que vous ne vous trompiez pas, chère enfant. Voyons, mon enfant, maintenant que nous avons repris un peu de sang-froid, voulez-vous que nous causions sérieusement?

— Dites, mon bon père, mon cher Valentin, je vous écoute en fille obéissante; si mon autre père et ma bonne mère nous voient du ciel où ils veillent sur leur enfant, ils doivent être bien heureux de notre réunion; ils savent que maintenant le malheur ne peut plus m'atteindre.

— Oui, mon enfant, bien heureux, car rien ne leur est caché, et ils lisent dans mon cœur comme dans le vôtre; votre place n'est pas ici, chère enfant, au milieu de ces soldats et entourée de dangers de toutes sortes.

— C'est vrai, mon père.

— Consentiriez-vous à quitter ce camp et à me suivre?

— C'est mon plus vif désir; est-ce que vous hésitez à m'emmener?

— Non pas, mais je voulais connaître votre volonté.

— J'ai accepté une protection loyale et honorable, mon père; mais à présent que vous êtes venu, que vous êtes ici, je dois et je veux partir avec vous; n'êtes-vous pas ma seule famille?

— Hélas! ce n'est que trop vrai, pauvre enfant.

— Seulement vous me permettrez, n'est-ce pas, d'emmener avec moi cette jeune fille, mon amie qui m'est dévouée?

— Je ne me séparerai pas de vous, maîtresse, dit Harriett Dumbar en lui prenant la main qu'elle baisa; n'est-il pas convenu que je resterai toujours avec vous?

— Ne craignez rien, jeune fille, dit Valentin en souriant, les amis de mon enfant sont les miens; vous et le Pelon, vous accompagnerez doña Rosario.

— A la bonne heure! fit-elle en frappant joyeusement dans ses mains; je savais bien que votre père adoptif consentirait à ce que je restasse près de vous.

— Aimable folle! dit doña Rosario en l'embrassant.

— Chère enfant; reprit Valentin; faites vos préparatifs de départ, tandis que, de mon côté, j'irai remercier le capitaine Griffiths du service qu'il vous a rendu.

— Ce qui n'empêchera pas que je le remercierai, moi aussi, avant que de partir, n'est-ce pas, mon père? il a été si bon et si généreux pour moi.

— Certainement, mon enfant, vous le devez; à bientôt.

— Eh bien! vous partez sans m'embrasser?

— Oh! pardon, pardon, mon enfant! s'écria-t-il en la prenant dans ses bras.

Il sortit.

— Hélas! hélas! murmura-t-il, elle ressemble trop à sa mère; ce nom de père qu'elle me donne me brise le cœur.

Il s'approcha du Pelon qui, après avoir pansé les

deux chevaux, était en train de leur donner à manger, et il lui demanda où était la hutte du capitaine.

— Tenez, répondit le jeune homme, voilà le lieutenant qui se promène là-bas ; il vous conduira, moi, je ne sais pas où il est.

— Merci, dit Valentin.

Et il se dirigea vers le lieutenant Margottet qui, tout en fumant un cigare, faisait sa ronde habituelle à travers le camp.

Le lieutenant, en voyant Valentin Guillois se diriger vers lui, s'était décidé à venir à sa rencontre.

Les deux hommes se saluèrent.

— A quoi puis-je vous être bon, monsieur ? demanda le lieutenant.

— Je désirerais, monsieur, voir le capitaine Griffiths, seulement j'ignore où je pourrai le trouver.

— Et vous voudriez savoir où est son logement ?

— C'est cela même, monsieur, et de plus, s'il consent à me recevoir.

— Rien de plus facile que d'être renseigné sur ces deux points, monsieur ; veuillez me suivre, je vous prie.

— Je vous suis.

Les deux hommes traversèrent alors le camp en biais et, au bout de cinq ou six minutes, ils s'arrêtèrent devant une hutte assez grande, séparée des autres et devant laquelle se tenait un Bois-Brûlé, le fusil à la main.

— C'est ici, monsieur, dit le lieutenant ; veuillez attendre une seconde, je vais prévenir mon capitaine.

— Faites, monsieur, répondit Valentin.

Au bout d'un instant le lieutenant reparut.

— Entrez, monsieur, s'il vous plaît, dit-il, le capitaine est à vos ordres.

— Je vous remercie, monsieur, dit Valentin.

Et il entra.

Le capitaine était seul, couché de tout son long sur une immense carte des montagnes Rocheuses, qu'il était en train de pointer avec des épingles à têtes de différentes couleurs.

En apercevant le chasseur, il se releva et le salua avec courtoisie.

C'était la première fois que ces deux hommes se trouvaient face à face.

Ils s'examinèrent curieusement; un coup d'œil leur suffit pour se juger et s'apprécier réciproquement.

Valentin sentit se fondre, comme la glace sous le souffle bienfaisant du soleil, les préventions qui lui restaient encore contre le capitaine.

De son côté, John Griffiths, à la vue de cette noble et loyale physionomie, éprouva le désir de se faire estimer et aimer de cet homme, dont chacun dans le désert, chantait si haut les louanges.

Le Chasseur salua et prit le siége que le capitaine lui offrait.

— A qui ai-je l'honneur de parler, monsieur? demanda le capitaine en s'asseyant à son tour.

— Capitaine, répondit le chasseur, je suis la personne à laquelle la dame que vous avez si généreusement sauvée a envoyé ce matin un courrier.

— Alors vous êtes Valentin Guillois ! s'écria-t-il. Ah ! monsieur, ajouta-t-il avec émotion, je suis bien heureux de vous voir.

— Je suis en effet Valentin Guillois, capitaine ; mais comment pouvez-vous le savoir ?

— Mon Dieu, monsieur, tout simplement parce que cette dame, ce matin, m'a fait prier de lui faire une visite et, après m'avoir dit que vous étiez son père adoptif, m'a témoigné le désir de vous envoyer une lettre par un courrier à elle.

— Ce que vous lui avez gracieusement accordé, capitaine.

— De quel droit m'y serais-je opposé, monsieur ? Cette dame, en acceptant l'hospitalité que j'ai été trop heureux de lui offrir, ne s'est nullement placée sous ma dépendance.

— Vous ne vous trouverez donc pas froissé, capitaine, si, en quittant votre camp, j'emmène cette dame avec moi ?

— Froissé, moi, et pourquoi donc, je vous prie, monsieur ? n'êtes-vous pas le père adoptif de cette dame ?

— En effet, capitaine.

— Par conséquent, vous êtes son tuteur et son protecteur naturel ; c'est un droit que nul ne peut vous contester ; sa place est près de vous, monsieur, et, pour ma part, je vous l'affirme, je serai heureux de la voir placée sous votre protection toute-puissante.

Après cet échange de paroles, il y eut un assez long silence.

Chacun des deux hommes semblait en proie à une vive émotion intérieure.

Ce fut Valentin Guillois qui se décida à reprendre le premier la parole.

— Voulez-vous, capitaine, dit-il nettement, que nous parlions franc, comme deux hommes d'honneur que nous sommes?

— Je ne demande pas mieux, monsieur, répondit le capitaine, dans l'œil duquel passa un éclair.

— Je vous donnerai l'exemple; ne vous offensez pas, je vous prie, de ce que je vais vous dire.

— Ne sommes-nous pas convenus d'être francs? d'ailleurs, monsieur, ajouta-t-il avec un sourire triste; de vous, je puis tout entendre.

— Je vous remercie, capitaine; je n'abuserai pas, soyez-en convaincu, de la latitude que vous me donnez; depuis bientôt trois mois que je suis dans les montagnes Rocheuses, j'ai beaucoup entendu parler de vous.

— En mal, n'est-ce pas, monsieur?

— Je l'avoue; on racontait deux histoires, qui m'avaient inspiré contre vous presque de l'aversion; vous voyez que je suis franc.

— Oui, monsieur, et vous avez raison; quelles sont ces deux histoires?

— La première se rapporte à une dame, que vous êtes accusé d'avoir fait enlever violemment, pour en faire votre maîtresse ou, peut-être pis encore, la livrer aux Mormons.

— Oh! la calomnie! murmura le jeune homme; oui, c'est vrai, monsieur, j'ai fait enlever cette dame; c'est une faute, une action honteuse, j'en conviens; mais je l'aimais, monsieur, la passion m'aveuglait, j'étais fou! cette dame, je voulais, non pas en faire ma maîtresse, non pas la livrer aux Mormons, mais l'épouser si j'étais assez heureux pour réussir à lui faire partager mon amour; voilà la vérité vraie, monsieur, tout le reste n'est que mensonge. Je ne cherche ni à pallier, ni à excuser un acte injustifiable; je rétablis les faits, voilà tout; pendant tout le temps que cette dame est demeurée dans mon camp, elle n'a cessé de me traiter avec le plus hautain mépris; et pourtant, je n'eus jamais la pensée d'abuser de sa situation, j'amais je n'ai cessé d'avoir pour elle tout le respect, et tous les égards qui lui sont dus.

— Ce que vous dites est vrai, monsieur; doña Dolorès de Castelar l'a déclaré elle-même, devant moi, à plusieurs reprises, après que j'eus réussi à la faire échapper de votre camp; elle n'a même pas de haine contre vous, elle vous plaint et vous excuse presque; son dernier mot, en me quittant pour retourner au Mexique, sous l'escorte de son fiancé, fut celui-ci : Je suis convaincue que le capitaine Griffiths est un galant homme; mais la passion insensée qu'il a conçue pour moi l'a rendu fou; quand il pourra réfléchir, il sera le premier à regretter sa conduite odieuse envers moi.

— Oh! elle avait raison de parler ainsi, dit-il avec émotion ; il y a longtemps déjà que je regrette cruellement ce que j'ai fait.

— Voulez-vous que nous passions au second grief? celui-ci, pour moi, est maintenant sans importance ; l'amour l'excuse suffisamment à mes yeux.

— Passons donc au second grief, monsieur; quant à celui-là, je vous avoue en toute humilité que j'ignore complétement quel il peut être, monsieur ; parlez, je vous prie?

— Ce second grief, monsieur, est beaucoup plus sérieux que le premier, je crois qu'on vous a calomnié ; j'éprouve pour vous une telle sympathie, que je serais désespéré qu'il y eût un mot de vrai dans ce que l'on rapporte.

— Vous m'effrayez réellement, monsieur, parlez vite, je vous prie, que prétend-on donc?

— On dit, monsieur, que vous entretenez des relations commerciales avec le plus abominable bandit de la prairie ; que vous faites, de compte à demi, la traite des blanches, au profit des Mormons.

— Ainsi, on prétend que je suis l'associé de ce misérable Kild?

— On l'affirme, monsieur.

Le jeune officier éclata d'un rire, tellement vrai et tellement nerveux, que Valentin Guillois en demeura tout interloqué.

— Pardon, monsieur, pardon de cette inconvenance, dit le capitaine, lorsque son accès fut un peu calmé ;

mais l'accusation est tellement bouffonne que je n'ai pu résister ; ma foi, j'ai éclaté malgré moi.

— Comment bouffonne? fit le capitaine avec la plus grande surprise.

— Eh mordieu! oui, monsieur, vous allez en juger, et tout d'abord connaissez-vous bien le capitaine Kild ou soi-disant tel?

— Mais... je le crois, monsieur.

— Alors vous savez que cet homme est un scélérat de la pire espèce; qu'il a assassiné le véritable Kild pour se mettre à sa place.

— Je sais que c'est un bandit nommé...

— Harry Brown, n'est-ce pas?

— C'est cela même.

Le capitaine ouvrit un coffret en fer placé sur une table, y prit un papier, et le présentant tout ouvert au chasseur.

— Lisez, lui dit-il.

Valentin le lut.

— Bien, lisez ces trois autres, reprit le capitaine.

Après avoir lu attentivement les trois papiers, Valentin les rendit au capitaine, et le saluant en même temps qu'il lui tendait la main.

— Pardonnez-moi, lui dit-il, j'ignorais.

— Mais vous savez maintenant, n'est-ce pas?

— Je sais, monsieur, que vous êtes un homme loyal et honnête; je sais que vous avez sauvé la vie de ma fille adoptive, qui est ce que j'aime le plus au monde; je vous demande votre amitié comme je vous offre la mienne, heureux si vous voulez l'accepter.

— Oh! de grand cœur, monsieur! s'écria le jeune homme avec élan.

— Maintenant vous pouvez compter sur moi comme je compterai, à l'avenir, sur vous.

Les deux hommes se serrèrent la main; tout était dit entre ces deux fières et loyales natures; le pacte était conclu.

— Je vous ai fait bien souffrir reprit Valentin au bout d'un instant.

— C'est vrai, monsieur, mais vous m'avez si généreusement récompensé, que la joie m'a fait oublier la souffrance.

— Maintenant que nous nous entendons, car nous nous entendons, n'est-ce pas, capitaine?

— Ah! oui, je vous le jure.

— Merci; vous me permettrez donc de prendre congé de vous; la nuit vient, et j'ai ma fille et sa camériste avec moi.

— Ne feriez-vous pas mieux, monsieur, d'accepter l'hospitalité pour cette nuit? demain à l'aube vous partirez.

Valentin réfléchit un instant.

— Non, dit-il, c'est impossible, j'ai promis à mes amis de revenir; ils ne savent pas où je suis, ils seraient inquiets; il faut que je parte.

— Soit, je n'insisterai pas, monsieur; mais je ne vous laisserai pas vous éloigner ainsi seul, pendant la nuit, surtout avec deux femmes à défendre; ce serait tenter Dieu; les bandits foisonnent dans la prairie en ce moment; le capitaine Kild doit se tenir aux aguets, prêt à tenter un mauvais coup, si l'occasion lui en était offerte; convenez avec moi que celle-ci serait excellente pour lui.

— Vous avez raison; si j'étais seul, cela ne m'embarrasserait guère, mais je conviens qu'avec deux femmes c'est fort difficile; mais que faire?

— Ceci, tout simplement, je vais vous donner une escorte, avec laquelle je vous réponds que vous passerez partout.

— Pardieu, vous avez raison; eh mais, attendez donc; si au lieu que ce soit moi qui accepte votre hospitalité, vous acceptiez la mienne? nous aurions tout le temps de causer non-seulement en route, mais encore pendant toute la nuit, de vos affaires, auxquelles maintenant je m'intéresse fort; et qui malheureusement, je crois, sont un peu embrouillées, et cela beaucoup par ma faute; c'est une idée cela, qu'en pensez-vous, capitaine?

— J'accepte de grand cœur, monsieur, c'est moi qui vous escorterai.

— A la bonne heure, voilà qui arrange tout.

— Dans quelques minutes, nous pourrons partir; Lacour, Lacour!

Le domestique du capitaine parut.

— Prévenez le capitaine James Forster, et le lieutenant Margottet de se rendre ici tout de suite. Vous sellerez deux chevaux doux pour dames, et vous harnacherez Sultan, mon cheval noir. Allez, ne perdez pas de temps.

Le domestique sortit.

Un instant plus tard, le capitaine Forster et le lieutenant arrivèrent.

— Mon cher James, dit le capitaine, j'ai l'honneur de vous présenter monsieur Valentin Guillois.

— Le Chercheur-de-Pistes, répondit le capitaine Forster en s'inclinant avec courtoisie ; j'ai beaucoup entendu parler de monsieur, je suis heureux de le connaître.

— Monsieur Valentin Guillois, j'ai l'honneur de vous présenter mon second, le capitaine James Forster.

Les deux hommes se saluèrent et se serrèrent la main.

— Quant à mon lieutenant, vous le connaissez déjà.

— J'ai eu l'avantage de voir monsieur ; répondit Valentin en souriant.

— Lieutenant, faites monter vingt hommes à cheval, et choisissez-les bien, reprit le capitaine en s'adressant à Margottet ; il faut qu'ils soient aux barrières dans un quart d'heure.

— Dans un quart d'heure, ils y seront, capitaine ; répondit le lieutenant en s'inclinant.

Et il sortit.

Le capitaine se tourna alors vers le capitaine Forster.

— Mon cher James, lui dit-il, je reconduis monsieur Valentin Guillois chez lui, ne m'attendez donc pas avant demain ; monsieur Valentin Guillois veut bien m'accorder l'hospitalité pour cette nuit ; je vous cède donc le commandement du camp.

— Partez sans crainte, John Griffiths, répondit le capitaine ; je ferai bonne garde pendant votre absence.

— Je le sais, mon ami, et je vous en remercie ; à propos, surveillez bien nos Mormons, et ne manquez pas d'envoyer des batteurs d'estrade, pour essayer de découvrir le campement de ce drôle de Kild et le surveiller.

— Cela sera fait, mon ami.

En ce moment le Pelon entra.

— Señor, dit-il à Valentin Guillois, la señora est prête, les chevaux sont sellés et les mules chargées.

— C'est bien, répondit Valentin ; priez la señora d'attendre quelques minutes encore.

Le Pelon salua et se retira aussitôt.

— Mon cher James, dit le capitaine, je vous quitte ; bonne garde, surtout contre les Peaux-Rouges.

— Rouges ou blancs seront reçus avec tous les égards qui leur sont dus, répondit en riant le capitaine Forster ; rapportez-vous en à moi pour cela, mon ami.

— J'y compte bien, répondit Griffiths en riant.

On sortit ; le cheval du capitaine attendait, tenu en main par Lacour.

Le capitaine se mit en selle.

— A demain, dit-il à son ami.

— A demain, répondit celui-ci.

Valentin Guillois avait été rejoindre doña Rosario ; la jeune fille commençait à être inquiète de cette longue attente ; la vue du chasseur lui rendit toute sa tranquillité.

Valentin lui expliqua en quelques mots ce qui se passait, puis il aida les deux jeunes femmes à se mettre en selle.

Dix minutes plus tard, il avait rejoint le capitaine Griffiths aux barrières.

On partit.

Le trajet se fit paisiblement; aucun incident ne vint troubler le voyage; vers sept heures du soir, on atteignit le Voladero de l'Ours gris.

En pénétrant dans la grotte, grande fut la surprise de Valentin Guillois, lorsque, dans la première personne qui s'avançait à sa rencontre, il reconnut son vieil ami, Don Gregorio Peralta.

VII

OU CURUMILLA BAT L'ESTRADE POUR SON COMPTE
PARTICULIER.

Ainsi que nous l'avons dit plus haut, Curumilla avait quitté la grotte, dans le but de reconnaître les étrangers signalés par le Castor et qui, selon lui, d'après la direction qu'ils suivaient, devaient passer à une centaine de pas à peine du Voladero de l'Ours gris.

Le Chef était un guerrier très-prudent; jamais il ne sortait de la grotte ou y rentrait sans fouiller avec soin les environs, afin de s'assurer qu'aucun espion n'était embusqué au milieu des rochers, dans le but de découvrir l'entrée de la forteresse des chasseurs.

Cette fois comme toujours, l'Indien, avant de s'éloigner, procéda à ses investigations habituelles.

Au bout de quelques minutes de minutieuses recherches, ses sourcils se froncèrent tout à coup, et il se baissa vers la terre ; il venait de découvrir, à peine marqué sur l'humus formant le sol à cet endroit, l'empreinte nettement dessinée d'un pied humain, invisible, pour d'autres yeux moins clairvoyants que les siens.

Le Chef examina cette empreinte pendant quelques secondes avec la plus sérieuse attention ; ce n'était pas la marque d'un pied indien, ni la trace d'un mocksens, c'était le dessin d'un soulier garni de clous, semblable à ceux que portent les gens qui habitent les établissements de la frontière ; les chasseurs de Bisons et les coureurs des bois, ne se servent pas de cette chaussure lourde et fatigante ; tous ont adopté le mocksens beaucoup plus commode et plus léger dont se servent les Peaux-Rouges.

Les Bois-Brûlés eux aussi, ont adopté cette chaussure.

Il n'y avait donc pas de doute à avoir ; un émigrant, un des bandits du capitaine Kild, était venu là et cela, il y avait peu de temps, car l'empreinte était encore toute fraîche.

D'où venait cet homme ? où allait-il ?

Voilà ce qu'il fallait savoir.

Quant à ce qu'il était, cela ne faisait pas l'ombre d'un doute pour Curumilla.

C'était un espion des marchands d'esclaves.

Seulement les recherches étaient loin d'être faciles.

Excepté un espace de cinq ou six pieds carrés, où l'humus s'était amoncelé dans le creux d'un rocher, partout jusqu'à une très-grande distance, on ne trouvait que des pierres et la roche vive.

Cependant le Chef ne se découragea pas.

C'était un trop habile batteur d'estrade pour ne pas être au courant de toutes les ruses du désert.

Cette empreinte isolée se trouvait sur la limite extrême du désert, la pointe du pied était tournée vers la forêt.

Curumilla, en remarquant cette direction, se mit à rire silencieusement selon son habitude.

— Trop de ruse, murmura-t-il; pas assez de finesse, bon pour visages pâles, pas tromper Indien !

Il s'étendit sur le sol et rampant comme un serpent, il se mit à explorer le terrain pouce à pouce, ligne à ligne.

Après un long examen fait, pour ainsi dire, à la loupe, le chasseur aperçut sur le rocher, à sept pieds environ de l'empreinte et, directement dans sa direction, une ligne d'un noir plombé, excessivement tenue, ressemblant à une éraflure faite par un instrument en fer qui aurait légèrement glissé.

Le chef sourit, et revint sur ses pas.

Un arbre immense s'élevait sur l'extrême limite du couvert et lançait ses branches dans toutes les directions; une de ces branches se trouvait au-dessus juste de l'empreinte.

Curumilla leva les yeux vers cette branche et l'examina; mais elle n'offrait, en apparence, rien d'extraordinaire. Le chasseur indien hocha la tête et sembla réfléchir un instant.

Tout à coup il se leva, s'approcha de l'arbre et, après

en avoir fait le tour, il se mit à grimper résolument après.

Il ne lui fallut que deux ou trois minutes pour atteindre les branches, là, il s'arrêta et regarda attentivement autour de lui.

Un sourire de satisfaction orgueilleuse plissa ses lèvres ; il s'avança sur la branche qui se trouvait dans la direction de l'empreinte et, arrivé à un certain endroit, il s'arrêta ; il venait de reconnaître une place où l'écorce était légèrement écorchée, comme par le frottement d'un objet quelconque.

Il descendit aussitôt de l'arbre ; tout lui était expliqué.

Un, ou plusieurs hommes étaient venus, en passant d'arbre en arbre jusqu'à la limite du couvert ; les traces de leur passage étaient parfaitement visibles dans les branches froissés et tordues.

Ces hommes, arrivés à la limite du couvert, voyant qu'ils ne pouvaient aller plus loin, avaient passé une corde, un lasso probablement, autour de la branche la plus forte et la plus avancée vers les rochers ; puis ils s'étaient laissé glisser sur le sol en prenant la précaution de se retourner du côté de l'arbre.

Une fois à terre, il, ou ils, s'ils étaient plusieurs, au moyen d'un long bâton ferré, avaient sauté sur les rochers par un bond prodigieux ; de là, la ligne d'un noir plombé aperçue par le chef.

Maintenant où était cet homme ou ces hommes ? cela n'inquiétait que très-médiocrement Curumilla ; il savait qu'il le ou les retrouverait facilement; ils pouvaient se blottir au milieu de cet immense chaos de rochers, mais il leur était impossible de s'échapper ; de l'autre côté de ces rochers il y avait un précipice d'une profondeur immense; ce que sans doute ignoraient les espions, qui se trouvaient ainsi, sans le savoir, positivement dans une impasse, ou pour mieux dire, un traquenard.

Le Chef, après avoir examiné son fusil, s'avança en rampant vers les rochers au milieu desquels il se glissa, regardant de tous les côtés, et s'arrêtant par intervalles pour prêter l'oreille aux plus légers bruits.

Il atteignit enfin un endroit où il pouvait d'un seul regard embrasser toute l'étendue des rochers.

Alors il eut devant les yeux un spectacle étrange, qui le remplit de surprise, presque d'admiration.

Deux hommes avaient attaché solidement un lasso autour d'une roche, précisément au-dessus de la large fissure servant de fenêtre à la grotte, où les chasseurs étaient réunis; l'un de ces deux hommes s'était attaché le lasso autour de la ceinture et avec une audace véritablement effrayante, il s'était suspendu au-dessus de l'abîme insondable du Voladero, dans le but de voir ce qui se passait dans la grotte.

Au moment où Curumilla les aperçut, l'homme attaché au lasso remontait au niveau du sol, et aidé par son compagnon, il venait de poser le pied sur la plateforme.

Curumilla lui laissa le temps de bien reprendre son

équilibre, et pendant qu'il s'occupait à détacher le lasso qui lui serrait la ceinture, le Chef épaula son fusil dans la direction de son compagnon, celui qui l'avait aidé à remonter, et lâcha la détente.

Le bandit, blessé en pleine poitrine, fit un bond énorme et disparut dans le gouffre béant en poussant un horrible cri d'agonie.

Le Chef, après avoir placé une nouvelle cartouche dans son fusil pour remplacer celle qu'il avait si bien employée, s'avança, sans se presser, vers le second bandit, qui le regardait s'approcher en tremblant de tous ses membres, et donnant les signes de la plus grande épouvante.

— Mon frère est las, dit le Chef dès qu'il fut près de lui; très-fatigant d'être pendu par la ceinture à un lasso; très-dangereux aussi, lasso peut se casser et alors on tombe dans le gouffre.

Le bandit le regardait sans paraître comprendre ce qu'il lui disait.

Curumilla se mit à rire.

— Bon se reposer après grand travail, reprit-il; mon frère, bien tranquille, se reposera longtemps.

Tout en parlant ainsi Curumilla avait débarrassé le bandit de ses armes qu'il avait jetées dans le précipice; ensuite il avait détaché le lasso; puis, sans que le bandit songeât à résister, il s'était mis à le garrotter avec une adresse et une habileté qui témoignaient d'une longue expérience.

Enfin lorsque son prisonnier fut dans l'impossibilité

de faire le plus léger mouvement, il le bâillonna avec le plus grand soin, et l'enlevant sur ses robustes épaules avec autant de facilité que s'il n'eût été qu'un enfant, il transporta le bandit dans une fente de rocher, où il était impossible de rien voir autour de soi, et le posant à terre avec précaution :

— Là, dit-il, bien tranquille, personne dérangera ; dormir en attendant ; Chef reviendra bientôt, à revoir.

Il laissa là le bandit ; jeta un regard circulaire sur l'immense étendue de pays qui se déroulait devant lui ; puis il descendit de la plate-forme du Voladero, et plaçant son fusil sous le bras gauche, à la mode indienne, il se mit définitivement à la recherche des cavaliers qui lui avaient été signalés ; fort satisfait en apparence du résultat de sa première opération.

Le Chef marchait résolûment en avant ; seulement il marchait à la mode indienne ; c'est-à-dire sans suivre aucune sente tracée, à vol d'oiseau, sans jamais s'écarter de la ligne droite.

Cette manière de voyager a beaucoup de bon ; d'abord elle abrége considérablement le chemin, et par conséquent supprime les détours et diminue les distances ; seulement elle n'est pas à la portée de tout le monde ; il faut avoir un jarret de fer et une vigueur peu commune, pour voyager de la sorte ; ne pas craindre le vertige et posséder une sûreté de coup d'œil, et une souplesse dans les pieds, comparables aux chamois, aux chèvres et aux assathas, pour se risquer ainsi sur les pentes les plus abruptes et les corniches les plus étroites; suspendu comme en équilibre au-dessus des profonds abîmes.

Le Chef, sans paraître même y songer, se jouait avec une audace extraordinaire des difficultés, en apparence insurmontables qui, à chaque instant, se dressaient sur ses pas; rien ne pouvait ralentir sa marche d'une rapidité extrême; aussi en une heure et demie au plus, avait-il accompli un trajet qui, à tout autre que lui, aurait nécessité trois et même quatre heures.

Il était environ onze heures lorsqu'il déboucha dans une clairière assez vaste, traversée par un ruisseau peu profond; ses eaux, d'une transparence extrême, fuyaient avec un doux murmure, sur un lit de cailloux, entre deux rives bordées de nénuphars et autres plantes aquatiques.

Le Chef explora la clairière d'un regard perçant; puis satisfait, sans doute, du calme profond qui régnait autour de lui, il ramassa du bois mort, l'entassa en forme de bûcher à une légère distance du ruisseau, et alluma du feu; puis, au bout de quelques instants, lorsque ce feu fut bien pris, il ouvrit sa gibecière, en retira quatre ou cinq magnifiques pommes de terre, qu'il glissa sous la cendre; forma un large lit de braise ardente sur lequel il posa plusieurs tranches de venaison et, allumant son calumet, il s'accroupit sur le sol auprès du feu et se mit à fumer tranquillement, son fusil posé à terre à portée de sa main.

Une vingtaine de minutes s'écoulèrent ainsi; tout en

fumant, le Chef surveillait attentivement la cuisson de ses tranches de venaison, qu'il retournait de temps en temps avec la pointe de son couteau ; enfin lorsque son déjeuner lui parut cuit à point, le chasseur retira de sa gibecière une galette ou deux de biscuit et une assiette de bois.

Il commença par enlever les pommes de terre qui avaient cuit tout doucement sous la cendre ; il les pela avec soin et les posa près de lui sur une feuille en guise de plat ; il retira ensuite les tranches de venaison, les disposa proprement sur l'assiette de bois, et se disposa à entamer son déjeuner.

Au moment où il allait porter le premier morceau à sa bouche, un léger bruit se fit entendre sous le couvert ; le Chef sourit comme s'il se fût attendu à ce qui allait se passer, et il tourna légèrement la tête.

Un chasseur venait d'émerger du couvert et s'avançait à pas de loup, le canon du fusil en avant et le doigt sur la gâchette.

— Hug ! dit Curumilla, sans s'émouvoir.

— Le Chef ! s'écria avec surprise le chasseur qui n'était autre que notre vieille connaissance Pawlet.

— Mon frère est le bienvenu ; reprit le Chef en montrant d'un geste hospitalier le feu et les vivres.

Pawlet désarma son fusil, le redressa et s'approchant vivement de l'Indien, il lui tendit la main en lui disant d'une voix cordiale :

— Bonjour, Sagamore, je suis heureux de vous rencontrer.

— Mon frère le chasseur partagera la venaison de son ami? reprit gracieusement Curumilla.

— Volontiers, Chef, je ne ferai pas de cérémonies avec vous qui êtes un vieil ami; d'autant plus que je meurs de faim; répondit le chasseur qui s'installa joyeusement en face de l'Indien.

Tous deux attaquèrent alors les vivres auxquels ils livrèrent un brillant assaut; cependant lorsque son appétit fut à peu près calmé, le chasseur rompit le silence, que jusque-là il avait religieusement gardé, pour se livrer à son opération masticatoire.

— Savez-vous, Chef, dit-il, que c'est un bien heureux hasard qui me fait vous rencontrer, je commençais à ne plus trop savoir où j'allais.

— Le chasseur est dans la bonne direction; son ami l'attendait.

— Comment, Chef, vous m'attendiez? ce n'est pas possible?

— Curumilla, bons yeux, a vu beaucoup de cavaliers; il a dit, bon, Pawlet revient au Voladero; le Chef ira au-devant de lui; mon frère voit.

— Parfaitement, Chef, je suis forcé de me rendre à l'évidence, mais je ne comprends pas.

— Qu'est-ce que mon frère ne comprend pas?

— Dame, nous devions revenir trois, nous revenons cent; comment le Chef a-t-il pu savoir que son ami était parmi les cavaliers?

— Pawlet est très-joyeux; il plaisante avec son ami; très-bien.

— Mais non, Chef, je ne plaisante pas le moins du monde; je ne comprends pas du tout comment vous m'avez reconnu.

— Le chasseur a rencontré la Tête-Grise dans la montagne; il s'est joint à lui pour lui servir de guide; voilà.

— C'est la pure vérité, Chef, mais comment pouvez-vous savoir cela?

— Curumilla, bons yeux, il a vu la Tête-Grise et le jeune Condor des Andes, que la Tête-Grise a retrouvé; grande joie pour Valentin quand il verra le fils du Grand-Aigle.

— Tout ce que vous dites est vrai, Chef.

— Curumilla n'a pas la langue fourchue; il est venu au-devant de son ami pour le guider à son tour.

— Vous avez eu une excellente idée, Chef; je vous en remercie du fond du cœur; et, là-bas, qu'y a-t-il de nouveau?

— Nouvelles très-bonnes, mon frère verra.

Pawlet n'insista pas, il connaissait le Chef; il savait qu'il était impossible de l'obliger à dire ce qu'il ne voulait pas.

— Pourquoi Pawlet seul ici? reprit Curumilla au bout d'un instant.

— Je marche en batteur d'estrade pour reconnaître le terrain et choisir le lieu de la halte; nos amis sont encore à une lieue en arrière.

— La clairière bonne pour la halte.

— Parfaitement; nous nous y arrêterons; sommes-nous encore bien loin du Voladero?

Curumilla leva les yeux vers le ciel et sembla se livrer à un calcul mental, puis il répondit à son compagnon :

— Cavaliers ne pouvoir suivre chemin indien, obligés beaucoup de détours; arriveront au Voladero au coucher du soleil.

— Très-bien, fit le chasseur en se frottant les mains; vous resterez avec nous, n'est-ce pas, Chef?

— Curumilla restera avec ses frères les chasseurs pâles, répondit l'Indien avec un geste rempli de majesté; il a promis de leur servir de guide, il tiendra sa parole.

— Alors tout va bien ; je puis allumer les feux, dit gaiement le chasseur.

— Son frère l'aidera, fit Curumilla.

Ils se mirent aussitôt à ramasser du bois mort, ce qui n'était pas difficile, la clairière en était remplie.

En moins d'une demi-heure, une dizaine de feux assez éloignés les uns des autres furent allumés et lancèrent joyeusement leurs longues gerbes de flammes vers le ciel.

Puis ce devoir accompli, les deux hommes reprirent gaiement place, l'un près de l'autre, devant le feu allumé d'abord par Curumilla, et se mirent à fumer tranquillement en attendant l'arrivée de la caravane.

Leur attente ne fut pas de longue durée, dix minutes plus tard, les premiers cavaliers pénétraient dans la clairière.

Ce fut une joyeuse surprise pour don Gregorio Peralta, et une grande joie pour don Luis lorsqu'ils aperçurent Curumilla.

Tous les chasseurs connaissaient depuis longtemps le Chef ; c'était à qui lui ferait le plus de fête.

Lorsque le Chef eut répondu à toutes les félicitations, rendu toutes les poignées de mains que l'on s'empressait de lui donner, libre enfin de ses mouvements, il s'approcha de don Gregorio Peralta et de don Luis, qui attendaient avec une vive impatience, que leur tour vînt de renouveler connaissance avec lui.

Don Luis en apercevant le vieux et fidèle compagnon de son père, l'ami de celui à qui il devait sa délivrance et celle de sa sœur, car bien qu'il ignorât ce qui s'était passé, cette délivrance pour lui ne faisait pas un doute ; don Luis, disons-nous, en proie a une vive émotion se jeta, les yeux pleins de larmes, dans les bras de cet homme, qu'il considérait comme faisant partie de sa famille.

L'impassibilité du Chef ne tint pas devant un aussi éclatant témoignage de reconnaissance de la part du jeune homme ; pour la première et dernière fois de sa vie peut-être, il sentit rouler des larmes dans ses yeux, et couler le long de ses joues, sans qu'il essayât de les retenir, ou de les essuyer.

Il rendit au jeune homme les caresses que celui-ci lui prodiguait, et d'une voix que l'émotion faisait trembler :

— Ooah ! dit-il, le Condor des Andes, est bien le fils du Grand-Aigle ! son cœur est bon ; le Wacondah sourit en le voyant, ce sera un grand guerrier dans sa nation ; il a le cœur du Lion et l'âme de la Colombe, terrible et doux à la fois; Curumilla est heureux de le voir; il l'aime comme il aimait son père; comme il aime Valentin.

Lorsque la première émotion fut enfin calmée, les trois hommes s'assirent à l'écart, autour du feu de Curumilla; don Gregorio Peralta, que dévorait une secrète inquiétude, demanda au Chef ce qui s'était passé.

Celui-ci, loin de se renfermer dans la réserve qu'il avait montrée envers Pawlet, ne fit aucune difficulté pour raconter à don Gregorio et à don Luis tout ce qui s'était passé et tout ce que Valentin avait fait depuis son arrivée dans les montagnes Rocheuses.

Ce récit, fait dans les plus grands détails, causa une vive joie aux deux hommes.

— Je vais donc revoir ma sœur! s'écria don Luis avec émotion; je vais aussi connaître cet homme, si bon, si généreux, à qui notre père nous a légués, ma sœur et moi, comme à un second père, et qui ne s'est encore révélé à nous que par des bienfaits si grands, que la reconnaissance et le dévouement le plus absolu ne suffiront jamais à nous acquitter noblement.

— Valentin aimait le Grand-Aigle et le Lis-Rosé; il aime ses enfants, qu'il considère comme étant les siens; pas de reconnaissance envers un père; amour filial suffit.

— Oui, vous avez raison, Chef, s'écria vivement le jeune homme; c'est véritablement de l'amour filial que j'éprouve pour Valentin Guillois, pour mon second père!

— La Tête-Grise ne racontera-t-il pas au Chef comment il est parvenu à retrouver et à sauver le jeune Condor des Andes ? demanda Curumilla.

— Si, je vais tout vous dire, Chef ; et vous verrez que dans toute cette affaire, autant pour doña Rosario que pour don Luis, il y a réellement quelque chose de providentiel.

— Le Wacondah est grand et bon, répondit-il doucement en levant le bras vers le ciel ; il aime et protége les bons cœurs ; que la Tête-Grise parle, les oreilles d'un Chef sont ouvertes.

Don Gregorio, à son tour, raconta alors dans tous ses détails les émouvantes péripéties de son voyage à Saint-Louis du Missouri, et la façon, réellement extraordinaire, dont il avait retrouvé don Luis et avait obtenu qu'il fût immédiatement remis en liberté.

Curumilla prêtait la plus sérieuse attention à ce récit ; lorsque don Gregorio arriva à l'épisode de la révolte des noirs de la plantation de Josuah Lewis, le visage du Chef, qui s'était rembruni, sembla s'épanouir.

— Hug ! dit-il en serrant la main du jeune homme avec une énergie fébrile ; jeune tête, grand cœur ; le Condor des Andes ne peut vivre qu'en liberté, l'esclavage n'est pas fait pour lui.

Mais, lorsque don Gregorio Peralta arriva à la scène du théâtre et à la vengeance éclatante que, devant tous, le jeune homme avait tirée de son bourreau, l'enthousiasme du Chef ne connut plus de bornes ; il tremblait de tous ses membres, ses regards lançaient de fulgurants éclairs.

Il se leva, en proie à une surexcitation étrange, saisit le jeune homme dans ses bras et, le serrant à l'étouffer, en même temps qu'il l'embrassait avec passion :

— Bon, s'écria-t-il, le jeune aigle ressemble à son père, encore plus de cœur que de visage ; il est terrible aux méchants, doux pour les bons et les malheureux ; Valentin Guillois sera fier d'un tel fils, Curumilla aussi sera son père.

Puis le Chef s'accroupit de nouveau, cacha sa tête dans ses mains, et sanglota pendant quelques minutes.

Les deux hommes étaient confus et attristés de cette émotion extraordinaire chez un tel homme ; leur inquiétude était grande ; ils craignaient presque un malheur, et n'osaient se communiquer leurs appréhensions.

Mais après quelques minutes, le Chef releva la tête ; son visage avait repris toute sa froide dignité et son impassibilité indienne, dont il ne devait plus se départir désormais.

— Hug, dit-il, que la Tête-Grise pardonne ; Curumilla vieillit ; il a le cœur d'un enfant, quand on lui parle de si belles actions ; maintenant c'est fini, que mon frère continue.

Don Gregorio reprit alors son récit, qu'il termina sans que le Chef l'interrompit une seule fois.

— Je crois, dit-il en terminant, que maintenant que nos deux enfants sont délivrés, il est probable que les chasseurs que j'ai engagés vont nous devenir inutiles.

— Peut-être, répondit Curumilla en hochant la tête.

— Que voulez-vous dire, Chef?

— Rien, reprit-il.

— Cependant vous semblez ne pas partager mon opinion?

— Curumilla est un Chef, il ne parle que lorsqu'il le faut; la Tête-Grise ne le sait-il pas?

— Je sais que vous êtes très-discret, Chef, et que si vous ne me répondez pas autre chose, c'est que probablement vous ne jugez pas convenable de le faire.

— Très-bon.

— Puisqu'il en est ainsi, avant que de prendre une détermination quelconque, j'en causerai avec Valentin Guillois.

— Ooah! la Tête-Grise parle bien; Curumilla, Chef, Sagamore dans sa nation; Valentin, seul Sagamore des chasseurs pâles, lui dire ce que convient faire.

— Je vous comprends, Chef, je suivrai donc votre conseil.

— Tête-Grise, grande sagesse.

La conversation continua ainsi pendant quelque temps.

Curumilla raconta comment, lorsqu'il avait quitté la grotte du Voladero de l'Ours Gris, il avait trouvé une piste, et comment cette piste lui avait fait découvrir deux bandits, dont il avait tué l'un, garrotté et mis l'autre en lieu sûr, afin de le retrouver au retour.

Don Luis ne se lassait pas d'écouter parler Curumilla, pour lequel il éprouvait une sympathie et une admiration profondes.

Le Chef était le premier Indien qu'il voyait ; jusqu'alors il s'était figuré les Indiens, comme étant assez semblables aux nègres, et occupant un degré inférieur sur les échelons de la grande échelle de la famille humaine.

Il se figurait que c'étaient des sauvages ivrognes et pillards, sans aucune notion du bien ou du mal ; essentiellement voués aux instincts des brutes au milieu desquelles ils vivaient ; ne se rapprochant de l'homme que par la forme extérieure, et n'étant en réalité que des bêtes féroces, incapables d'un sentiment de générosité.

La vue du Chef, si calme, si posé, si aimant, si beau, si loyal et surtout si véritablement sage, bouleversait toutes ces idées préconçues ; il ne savait plus ce qu'il devait croire, ou ne pas croire ; mais il se figurait que Curumilla était une exception heureuse à la règle générale, et que les autres Indiens étaient bien réellement tels qu'il l'avait cru d'abord.

Il ne demeura pas longtemps dans ce doute ; par leur conversation, Don Gregorio et Curumilla lui firent bientôt comprendre que les Indiens ne se distinguaient des blancs que par la couleur de la peau, mais, qu'en réalité ils avaient les mêmes passions, les mêmes vertus et les mêmes vices, que tous les autres membres de la grande famille humaine.

Certitude qui causa au jeune homme, nous devons le constater, un vif sentiment de plaisir.

L'heure de se remettre en marche arriva ; le campement fut abandonné.

Curumilla avait pris la direction de la colonne, qu'il guidait avec une adresse et une habileté remarquables.

Au bout de trois heures de marche, les chasseurs n'étaient plus qu'à une demi-lieue environ du Voladero, dont la masse sombre et accidentée se détachait en vigueur sur le ciel, et dominait tous les pics environnants.

— Je crois, mon vieil ami, dit affectueusement don Luis, que nous ne tarderons pas à arriver au Voladero.

— Dans une heure; pas avant; répondit froidement Curumilla.

— Comment, tant que cela?

— Oui, au coucher du soleil.

— Mais voyez donc, nous en sommes tout près?

— Mon fils le croit.

— Mais, il me semble, Chef?

— Mon fils se trompe.

— Je partage l'avis du Chef, dit don Gregorio.

— Visages pâles, grande médecine, petite expérience.

— Que voulez-vous dire, Chef, je ne comprends pas?

— Le chef veut dire, mon cher Luis, dit don Gregorio en riant, que, nous autres blancs, nous sommes théoriquement très-savants, mais que dans la pratique nous sommes de grands ignorants; je vous avoue que je partage un peu son opinion.

— Voilà qui est flatteur pour nous! fit le jeune homme en riant.

— Voulez-vous en avoir une preuve?

— Ma foi, oui, je ne demande pas mieux.

— Eh bien, priez le Chef de vous expliquer comment

nous sommes en réalité assez éloignés du Voladero, que vous vous imaginez être si rapproché.

— Vous entendez, Chef, voulez-vous me faire ce plaisir?

— Le jeune Aigle plaisante, il le sait aussi bien que Curumilla.

— Je vous assure que non.

— Expliquez, expliquez, Chef, reprit don Gregorio; Luis dit la vérité; les jeunes gens ont besoin de leçons, celle-là lui servira.

Curumilla regarda le Chacarero, et sur un signe que celui-ci lui fit en souriant, il se tourna vers le jeune homme.

— Que mon fils écoute, lui dit-il; mon fils est jeune, son regard n'est pas encore accoutumé aux montagnes, il voit mal; dans les montagnes les grandes masses absorbent les petites qui disparaissent; les accidents de terrain rendus invisibles, empêchent la perspective réelle; les hauts sommets, se faisant, pour ainsi dire, des gradins étagés sans solution de continuité, forment presque corps avec eux et se posent ainsi au premier plan; ce qui annihile les dégradations de lumière indispensables pour se rendre bien compte des distances véritables qui existent d'un point à un autre; ainsi, que mon fils regarde; ne voit-il pas, d'instant en instant, se détacher de la masse et s'en trouver maintenant assez éloignés, des accidents de terrain qui il y a dix minutes, un quart d'heure à peine, semblaient former corps avec la montagne du Voladero?

8.

— En effet, Chef, je ne me rendais pas compte de cela, maintenant je comprends. C'est cependant facile, comment se fait-il que je n'y ai pas songé, Chef ?

— Parce que mon fils est jeune, répondit en souriant Curumilla; il n'a pas encore pris l'habitude du désert; ses yeux ne voient pas bien, ils sont trop accoutumés à l'horizon retréci des villes; l'expérience pourra seule lui apprendre à bien se servir de ses yeux.

— C'est parfaitement juste, dit le jeune homme en riant; l'expérience me manque; mais je crois qu'elle me viendra bientôt, si Valentin Guilloïs et vous, vous consentez à m'instruire et faire de moi un homme.

— Bon, qu'importe cela à mon fils? le jeune Aigle est riche; il est habitué à l'existence des villes en pierre des visages pâles; la vie du devoir serait trop pénible et trop dure pour lui.

— C'est possible; mais cette vie d'aventures doit avoir des charmes étranges; on se sent vivre dans les hautes savanes; on a jeté loin de soi les liens avec lesquels la civilisation garrotte si étroitement les membres de sa grande association; on est libre, on est son maître ! s'écria-t-il avec enthousiasme; et l'on est heureux, parce que loin des hommes, de leurs basses méchancetés, de leurs mesquines rivalités et de leurs lâches trahisons, on vit sans crainte sous le regard de Dieu ! Les fatigues et les souffrances ne sont rien, que l'assaisonnement indispensable aux joies ineffables que réserve à ceux à qui il est permis d'en jouir, cette existence de liberté sans limites !

— Allons, allons, calmez-vous, tête folle! dit en riant don Gregorio ; cette existence ne sera jamais la vôtre, heureusement pour vous, et pour ceux qui vous aiment.

— Qui sait? dit gaiement le jeune homme, qui sait?

Curumilla l'examina un instant à la dérobée, hocha la tête et se tut.

Il y eut un silence qui se prolongea assez longtemps entre les trois interlocuteurs.

On continuait toujours à marcher bon pas; bien qu'il fût à pied, Curumilla allait aussi rapidement que les cavaliers; don Gregorio lui avait offert un cheval, mais le Chef l'avait refusé, il préférait marcher.

Le soleil baissait rapidement à l'horizon; la nuit commençait à monter des vallées, et à envahir les plateaux inférieurs.

— Avec quel plaisir je vais embrasser Valentin! dit don Gregorio.

— Et moi donc! s'écria vivement don Luis.

— Valentin n'est probablement pas au Voladero; dit Curumilla.

— Comment, il est absent? s'écrièrent les deux hommes avec un vif désappointement.

— Encore un retard! ajouta douloureusement don Luis.

— Est-il donc en expédition?

— Il rentrera dans la soirée, mes frères le verront; dit Curumilla, sans répondre à la question de don Gregorio.

— Vous nous le promettez, Chef? s'écria le jeune homme.

— Curumilla ne ment pas, ce qu'il dit est; Valentin rentrera ce soir à la grotte, il faut être patient; que mes frères continuent à marcher, Curumilla les rejoindra bientôt.

— Où allez-vous donc?

— Chercher le prisonnier.

Il disparut au milieu des rochers; au bout de dix minutes, il était de retour, portant son prisonnier sur son épaule.

Quelques instants plus tard, on atteignit la grotte.

Valentin Guillois était absent. Le lecteur sait où il était allé, et pour quel motif.

VIII

DANS LEQUEL ON APPLIQUE LA LOI DE LYNCH

La première entrevue fut des plus touchantes.

Valentin Guillois, èn voyant le fils de son ami, si beau, si fier et si brave, ne pouvait s'empêcher de l'admirer ; dès le premier moment, il se sentit pris pour le jeune homme, non-seulement d'une vive sympathie, mais d'une profonde amitié.

Pour la première fois, depuis bien des années, le Chasseur, en serrant dans ses bras les deux enfants de son frère de lait, se sentit réellement heureux.

Lorsque son émotion fut un peu calmée, Valentin présenta le capitaine John Griffiths à ses amis, en proclamant hautement devant tous l'immense service que lui avait rendu le chef des Bois-Brûlés ; les chasseurs lui firent alors l'accueil le plus sympathique.

Un camp fut établi, devant la grotte, pour les chasseurs amenés par don Gregorio, et les Bois-Brûlés du capitaine Griffiths.

Puis les deux prisonniers furent mis en lieu de sûreté, mais enfermés séparément ; nous disons les deux prisonniers, parce que, en sus du bandit que Curumilla avait surpris, le capitaine Griffiths, à la prière de Valentin Guillois, n'avait fait aucune difficulté de lui livrer Brown ; il n'était pas d'ailleurs fâché de s'en débarrasser ; on l'avait amené, solidement attaché, en travers sur une des mules chargées des bagages de doña Rosario.

Le souper fut très-gai ; seul Benito Ramirez, ou plutôt don Octavio Vargas, faisait tache dans la joyeuse réunion ; non à cause de sa tristesse, mais par sa mine mélancolique.

Doña Rosario avait à peine semblé l'apercevoir et n'avait échangé avec lui qu'un regard, un seul ; c'était bien peu, pour un amour aussi profond que celui du jeune homme.

Mais Octavio Vargas n'était pas une nature vulgaire ; rejeté sur le second plan, et en apparence négligé par celle qu'il aimait, il avait pris son mal en patience, comprenant qu'il fallait céder le pas aux affections de famille et aux épanchements de l'amitié, sachant bien que son tour ne tarderait pas à arriver, et qu'alors il serait amplement récompensé par la jeune fille de cet apparent abandon.

Après le souper, doña Rosario fut conduite par Valentin lui-même, dans une grotte spécialement préparée pour elle, et dont, par ses ordres, on avait fait une délicieuse retraite; après avoir mis un baiser au front de la jeune fille, il se retira, la laissant en compagnie de sa dévouée camériste et surtout amie, Harriett Dumbar.

Aussitôt, sans que personne le lui eût ordonné, Léon, le fils du Gambucino, avait étendu une peau de loup devant la claie fermant la grotte servant d'appartement à la jeune fille; et s'était établi, sentinelle volontaire, pour veiller sur son sommeil, et être prêt à exécuter les ordres qu'il lui plairait de lui donner.

Quant à don Luis et à don Gregorio, Valentin leur avait dit gaiement:

— A la guerre comme à la guerre, mes amis, voici des fourrures, un amas de feuilles odorantes : il fait chaud, une nuit est bientôt passée; vous êtes fatigués, dormez; demain nous causerons; ce soir, vous avez besoin de repos

Curumilla avait disparu aussitôt après le souper, en compagnie de Pawlet et du Castor, qui était dans le ravissement des magnifiques cadeaux que son camarade lui avait remis de la part de don Pablo Hidalgo.

Le Chef indien, auquel aucun événement, si grave qu'il fût, ne pouvait faire oublier les affaires sérieuses que, sans cesse, il roulait dans sa pensée, avait probablement conçu quelque nouveau projet à l'exécution duquel il avait d'abord associé Pawlet et le Castor; mais auquel, après avoir quitté la grotte, il adjoignit don Octavio Vargas, qu'il rencontra, marchant au clair de la lune comme une âme en peine, afin de se distraire des pensées tristes qui le tourmentaient.

Le jeune homme avait accueilli, avec un mouvement de joie, la proposition du Chef; c'était un moyen efficace de donner le change à ses pensées.

Les quatre hommes, après s'être un instant consultés à voix basse, se mirent définitivement en marche et bientôt ils disparurent dans la nuit.

Nous les abandonnerons provisoirement, et nous retournerons dans la grotte.

Tous les chasseurs dormaient, étendus çà et là, sauf Belhumeur, Navaja et Blue-Dewil, qui fumaient silencieusement, accroupis devant le feu, et Valentin Guillois et John Griffiths, qui, retirés à l'écart, causaient à voix basse avec une certaine animation.

Cette conversation secrète entre les deux hommes se prolongea fort avant dans la nuit; il était plus d'une heure du matin lorsqu'elle se termina par ces mots adressés par Valentin Guillois au capitaine Griffiths :

— Mon cher capitaine, les dettes d'honneur sont comme les dettes de jeu, elles se payent dans les vingt-quatre heures ; d'ailleurs, le temps presse d'après ce que vous m'avez dit?

— C'est vrai, fit le capitaine avec un sourire assez mélancolique; il presse même beaucoup.

— Eh bien, laissez-moi faire, roulez-vous dans votre manteau et dormez sur les deux oreilles, reprit-il en lui serrant la main; à votre réveil, il y aura du nouveau.

— Que voulez-vous faire ?

— Ceci me regarde, mon ami ; à bientôt et bon espoir.

Valentin se rapprocha alors du feu ; le Gambucino et Belhumeur dormaient, seul Blue-Dewil veillait encore.

— Où donc est le Chef, demanda Valentin ?

— Je ne sais, répondit Blue-Dewil ; aussitôt après le souper, il est parti en compagnie de Pawlet et du Castor.

— Bon, il rumine quelque projet, laissons-le agir à sa guise, les bénéfices seront pour nous, dit gaiement Valentin ; le Chef est trop sage pour agir à la légère.

— J'ai un mot à vous dire, voilà pourquoi j'ai résisté jusqu'à présent au sommeil.

— C'est donc grave ?

— Très-grave, vous allez en juger.

— Attendez donc un instant, je suis à vous. Holà, Belhumeur, Navaja ! éveillez-vous, paresseux !

— Bon ! paresseux, parce que l'on dort la nuit ! dit en riant Belhumeur, tout en se frottant les yeux ; il n'y a que vous pour avoir de pareilles idées, Valentin.

— Voilà ! dit le Gambucino, en bondissant sur ses pieds.

— Mes compagnons, reprit Valentin, sellez, je vous prie, trois chevaux tout de suite ; et choisissez-les bons, nous partons.

— A la bonne heure, si c'est pour une expédition, c'est plaisir, dit Belhumeur.

Les deux chasseurs quittèrent alors la grotte.

— Maintenant je vous écoute, reprit Valentin, en s'adressant à Blue-Dewil.

— Curumilla a fait un prisonnier aujourd'hui, dit l'ex-lieutenant du capitaine Kild.

— Oui, il me l'a dit.

— Savez-vous quel est ce prisonnier?

— Comment le saurais-je? Je ne l'ai même pas vu, mon ami.

— C'est vrai, d'ailleurs vous ne l'auriez pas reconnu; eh bien, je le reconnais, moi.

— Ah! ah! qui est-ce donc?

— Votre ennemi mortel, selon toutes probabilités.

— Vous êtes certain de cela?

— Je crois l'être.

— Ainsi, selon vous, ce serait...

— Don Miguel Tadeo de Castel Leon.

— Il serait possible! oh! ce serait trop de bonheur! gardez-vous de le laisser échapper! il faut redoubler de vigilance!

— Rapportez-vous-en à moi pour faire tout ce qui convient, vous savez que j'ai l'habitude de ces affaires-là.

— C'est vrai, dit en riant Valentin.

En ce moment Belhumeur reparut.

— Les chevaux sont prêts; on vous attend, dit-il à Valentin.

— C'est bien, répondit-il, me voici, et il ajouta en s'adressant à Blue-Dewil: Veillez, pendant mon absence.

— Mes mesures sont prises; soyez tranquille, monsieur, je réponds du prisonnier.

Valentin jeta un dernier regard du côté du capitaine;

John Griffiths, enveloppé dans son manteau, s'était endormi le dos appuyé contre la paroi de la grotte.

Le chasseur sortit suivi de Belhumeur.

En traversant le camp des chasseurs de Don Gregorio, Valentin aperçut Tom Trick et Johnson, causant ensemble avec une certaine animation.

Il s'approcha d'eux et les salua.

— Eh mais! s'écria Tom Trick, voici maître Valentin; il nous mettra d'accord, lui.

— Qu'y a-t-il donc? demanda Valentin.

— Pas grand'chose, répondit Johnson; cependant je crois que Tom Trick a eu tort de ne pas vous demander l'autorisation.

— Mais puisque cela pressait, double mulet! s'écria Tom Trick avec colère.

— C'est égal, quand on est engagé, on ne doit rien faire sans l'autorisation de ses Chefs, je ne connais que cela; riposta nettement l'autre; nous ferions de belle besogne si chacun s'avisait d'agir à sa guise.

Tom Trick se sentait serré de près par la logique de son adversaire, il ne savait trop que répondre; mais bientôt il crut avoir trouvé un argument sans réplique et s'écria d'un air triomphant:

— C'est vrai, Valentin Guillois est notre Chef, don Gregorio nous l'a dit assez souvent, et il aurait oublié de nous le dire, que ce serait tout de même; mais Curumilla est un Chef aussi, Valentin est là pour me démentir; dans bien des expéditions que nous avons faites avec lui, il nous a souvent répété : Obéissez à

Curumilla comme vous le feriez à moi-même, hein! que dis-tu de cela, ergoteur?

— Mes compagnons, fit Valentin, il me semble que mieux vaudrait que l'un de vous m'expliquât en deux mots ce dont il s'agit, de cette façon je pourrais vous mettre d'accord.

— C'est juste, vous avez raison, maître Valentin, dit Tom Trick; pour lors vers huit heures du soir, le Chef a quitté le camp en compagnie de Pawlet, du Castor et d'un autre que je ne connais pas; il allait tenter quelque coup de main, c'est sûr.

— En effet, je le sais, interrompit Valentin en souriant, le Chef n'aime pas rester à rien faire; continuez.

— Ah ! bien, alors si vous le savez, cela va tout seul, reprit le chasseur; c'est bon, voilà que, un peu après minuit, Pawlet arrive tout courant et tout effaré : Mes enfants, nous dit-il, quarante hommes tout de suite par ordre de Curumilla, surtout hâtez-vous, cela chauffe.

— Vous les avez donnés? s'écria vivement Valentin.

— A l'instant ; est-ce que j'ai mal fait?

— Non pas, au contraire ; si Curumilla a fait demander ce secours, c'est qu'il en avait un besoin pressant.

— Oui, il n'est pas homme à déranger les gens pour rien, surtout lorsqu'ils sont fatigués et qu'il le sait.

— Très-juste; il y a-t-il longtemps que ce secours est parti?

Une heure environ, tous à pied, et ils dévalaient à

travers les sentes comme une troupe de bisons effarouchés ; il fallait les voir courir, je ne vous dis que cela, master Valentin.

— Très-bien, compagnon ; vous avez raison tous les deux, vous Tom Trick, vous avez bien fait d'obéir à l'ordre de Curumilla, qui est un autre moi-même, et vous, Jonhson, avez bien agi, en soutenant en véritable chasseur qu'il faut de la discipline et ne jamais rien prendre sur soi ; ainsi, mes compagnons, vous voilà d'accord et bons amis, je l'espère ; au revoir et bonne garde.

Il s'éloigna, et se dirigea vers l'endroit où les chevaux attendaient. Dix minutes plus tard, Valentin Guillois et ses compagnons s'éloignaient à toute bride.

La nuit s'écoula paisiblement.

Au lever du soleil, les chasseurs se levèrent et commencèrent à vaquer à leurs occupations ordinaires du matin.

Don Gregorio et don Luis furent assez étonnés de ne pas apercevoir Valentin Guillois.

Blue-Dewil, à qui ils s'informèrent, leur dit que Valentin avait quitté la grotte vers une heure du matin en compagnie de deux chasseurs et qu'il ne tarderait pas, selon toutes probabilités, à être de retour.

Les deux hommes, assez peu satisfaits de ce renseignement un peu vague, se rendirent dans leur camp afin de s'assurer que tout était en ordre.

Ils y trouvèrent John Griffiths, surveillant les travaux du matin de ses hommes, et s'informant des événements de la nuit.

Tout à coup un grand bruit se fit entendre au dehors et on aperçut une nombreuse troupe de Peaux-Rouges qui arrivaient au galop; en tête de cette brillante cavalcade s'avançait Valentin Guillois, ayant à sa droite Belhumeur et à sa gauche Navaja le Gambucino.

Le gros des cavaliers fit halte à une portée de pistolet du camp.

Valentin Guillois, Belhumeur, Navaja et une dizaine d'Indiens que l'on reconnaissait pour des Chefs, continuèrent seuls à s'avancer.

Les chasseurs ouvrirent l'entrée du camp, puis ils se rangèrent à droite et à gauche, afin de recevoir les arrivants avec les honneurs auxquels leur rang leur donnait droit.

Lorsque Valentin et les chefs Indiens eurent pénétré dans le camp, le Chercheur-de-Pistes les invita gracieusement à mettre pied à terre.

— Mes frères les Sachems sont les bienvenus dans mon camp, dit-il avec courtoisie; ils sont chez leur ami.

Puis il procéda aux présentations des principaux chasseurs : don Gregorio, don Luis, etc. ; lorsque le tour de John Griffiths arriva, il le prit par la main.

— Voici le grand Chef des Bois-Brûlés, dit-il ; nous nous étions mépris sur son compte : il confirmera à mes frères ce que je leur ai dit en son nom ; je le tiens maintenant pour un véritable ami des Peaux-Rouges.

— Il ne saurait en être autrement, dit le capitaine en s'inclinant avec un affectueux sourire; les Bois-Brûlés n'ont pas oublié leur origine, ni ce que leurs pères ont dû à la généreuse protection des Peaux-Rouges.

Les Sachems s'inclinèrent avec une courtoisie un peu froide.

— Les Sachems, dit le Couteau-Rouge au nom des autres Chefs, sont les frères et les amis du grand Chasseur pâle, ils ont cru à sa parole et ils sont venus pour entendre les paroles du Chef des Bois-Brûlés, tout prêts à enterrer la hache entre eux et lui s'ils ont eu tort et se sont mépris sur ses intentions ; les Sachems n'en veulent qu'aux Blancs pillards qui envahissent leur territoire ; ils sont prêts à la paix comme à la guerre.

John Griffiths s'inclina et fit un pas en arrière.

Il en avait été dit assez dans une première entrevue ; une question aussi sérieuse ne pouvait être discutée qu'en conseil.

— Pendant que mes jeunes hommes prépareront la hutte dans laquelle aura lieu le grand conseil-médecine, les Chefs prendront place autour du feu ; ils fumeront le calumet avec lui, et partageront la venaison, et l'eau de feu des chasseurs.

Les Sachems s'inclinèrent et allèrent s'accroupir auprès du feu, en compagnie de Valentin, de don Luis, de don Gregorio, de Blue-Dewil et de quelques-uns des principaux chasseurs.

Belhumeur, à qui Valentin avait fait connaître ses intentions, s'occupa de faire exécuter ses ordres ; le plus important était de ne pas laisser soupçonner aux Peaux-Rouges l'existence des grottes et des souterrains ;

tous les chasseurs sans exception se rendirent donc au camp ; seules les femmes demeurèrent dans les grottes, mais avec injonction expresse de ne pas se risquer au dehors ; du reste l'annonce seule de la présence des Peaux-Rouges, suffit pour les engager à la prudence et à retenir leur curiosité.

Pendant qu'une vingtaine de chasseurs s'occupaient activement à construire la hutte du conseil, d'autres, conduits par Navaja, allèrent fraterniser avec les guerriers indiens demeurés au dehors, et leur porter tous les rafraîchissements dont ils pouvaient avoir besoin.

Ces guerriers, au nombre d'une cinquantaine environ, appartenant à diverses tribus et marchant sous le Totem de différents Chefs, s'étaient déjà installés ; ils avaient allumé du feu, mis leurs chevaux au piquet et établi un camp provisoire.

Les Sachems, tout en conservant cette impassibilité de commande, masque éternel destiné à dissimuler leurs sentiments, ne laissaient pas dans leur for intérieur d'éprouver une surprise extrême ; tout ce qu'ils voyaient les étonnait étrangement ; ils étaient loin de s'attendre à voir Valentin Guillois à la tête d'une troupe aussi considérable de ces chasseurs blancs, dont ils avaient depuis longtemps appris à redouter l'adresse et l'indomptable courage ; tout cela rehaussait encore le Chercheur-de-Pistes dans leur esprit et leur faisait comprendre l'importance de son alliance.

Sous le coup de cette impression favorable aux projets du chasseur, les manières des Indiens d'abord un peu sèches et un peu guindées, s'adoucirent peu à peu, et ne tardèrent pas à devenir courtoises et même gracieuses.

Un incident imprévu acheva de les rendre tout à fait cordiales.

Soudain de grands cris de joie s'élevèrent à l'entrée du camp, et une nombreuse troupe de chasseurs déboucha de la forêt, ayant à sa tête Curumilla, Pawlet et le Castor.

Ces chasseurs conduisaient au milieu d'eux une quinzaine d'individus aux faces patibulaires, couverts de sang et de boue, et pour la plupart blessés.

— Attachez ces chiens à des piquets, et veillez sur eux jusqu'à ce qu'on décide de leur sort, dit Curumilla.

Cet ordre fut aussitôt exécuté.

Le Chef vint alors s'asseoir auprès du feu, entre deux des principaux Sachems Peaux-Rouges, qui s'écartèrent avec empressement pour lui faire place, et se hâtèrent de lui présenter leurs calumets.

Le Chef accepta d'abord celui d'Ahnimicki dont il tira quelques bouffées de fumée, puis il le lui rendit avec un sourire de remercîment, et prit celui que lui tendait le Couteau-Rouge.

Tout le monde faisait silence ; les chasseurs s'étaient respectueusement groupés en arrière et formaient un large cercle autour des Chefs.

Curumilla fuma le calumet jusqu'à ce que le tabac fût consumé, puis il secoua la cendre sur l'ongle du

9.

pouce de sa main gauche, jeta cette cendre dans le feu et rendit le calumet au Couteau-Rouge.

Quelques minutes s'écoulèrent ensuite pendant lesquelles Curumilla sembla se recueillir, puis il releva la tête et étendant le bras droit en avant :

— Que mes frères écoutent, dit-il, un Chef va parler.

Tous les assistants s'inclinèrent silencieusement.

— Curumilla connaissait le nouveau camp des pirates des montagnes ; il savait dans quelle position presque inexpugnable le chef de ces voleurs et de ces chiens des Visages-Pâles avait établi ce nouveau camp; mais Curumilla est un Sagamore, le Wacondah le protége, il sourit à ce qu'il fait parce qu'il sait que Curumilla ne défend jamais que les causes justes ; aidé par ses jeunes hommes et un certain nombre des guerriers Bois-Brûlés du capitaine Griffiths, qui lui ont prêté un concours très-loyal et très-utile dont il les remercie, il est parvenu, en rampant comme un serpent, à s'introduire dans le camp des pirates qui dormaient du sommeil de l'ivresse. Le combat a été terrible, le carnage horrible et sans pitié, deux Bois-Brûlés et un chasseur sont morts, plusieurs blessés légèrement, à la vérité ; mais le camp a été brûlé, tous les pirates tués, excepté trois qui ont réussi, protégés par *Maboya*, l'esprit du mal, à s'enfuir dans les ténèbres ; les seuls survivants je les ai amenés ici, pour que les Chefs prononcent sur leur sort ; les richesses entassées dans le camp, et qui proviennent des rapines de ces misérables, sont tombées entre mes mains. Le Chercheur-de-Pistes décidera ce qu'il convient d'en faire. J'ai dit.

Il y eut un silence.

— Quels sont les bandits qui se sont échappés? demanda Valentin au bout d'un instant, mon frère les connaît-il?

— Curumilla les connaît, répondit le chef; ce sont les plus coupables. Le premier est l'homme nommé le capitaine Kild, l'autre, un bandit nommé Lingot, et le troisième, un simple pirate, mais ils sont isolés, ils ont tout perdu, sauf leurs armes; les fontes en fer-blanc, toutes gonflées des papiers et des *colliers* de Kild, sont entre les mains de Curumilla; les loups sont libres, mais ils ne peuvent plus mordre, leurs dents sont arrachées; bientôt il seront forcés comme des taureaux sauvages. Dix guerriers Bois-Brûlés, commandés par un vaillant chasseur pâle, nommé Benito Ramirez, se sont mis à leur poursuite; ils ne tarderont pas à s'emparer d'eux.

— Chef, dit alors Valentin d'une voix grave, je vous remercie de l'immense service que vous avez rendu à la cause de l'humanité, en purgeant le désert de cette horde de bandits et de misérables, qui étaient la terreur du désert. Les richesses que vous avez conquises et qui proviennent d'une source impure, ne sauraient demeurer entre nos mains; on nous accuserait de n'avoir attaqué ces bandits que pour nous en emparer et pour en jouir; il ne faut pas qu'un tel et si odieux soupçon puisse nous atteindre.

— Non, non! s'écrièrent tous les chasseurs ; nous n'en voulons pas.

— Elles saliraient nos mains, continua Valentin Guillois; on ne peut donc leur donner qu'une seule destination : nos frères Rouges ont surtout eu à souffrir des déprédations et des rapines de ces misérables ; offrons-leur ces richesses qui leur appartiennent presque, et qui s'épureront en passant par leurs mains ; consentez-vous à cette donation, compagnons?

— Oui ! s'écrièrent les chasseurs d'une seule voix ; Valentin a raison, que tout le butin soit donné à nos alliés, les Peaux-Rouges.

— Mes frères les Sachems ont entendu, que décident-ils ?

— Les chasseurs pâles sont braves et généreux, dit le Couteau-Rouge; Valentin aime véritablement les guerriers Peaux-Rouges, il est plus que leur allié, il est leur ami, leur frère. Les Sachems sont honorés de recevoir ce riche cadeau de la main des chasseurs pâles, ils l'acceptent et ils se souviendront de la générosité et de la loyauté du grand chasseur des visages pâles. J'ai dit.

Tous les autres Sachems baissèrent affirmativement la tête.

— Que tous les ballots soient immédiatement transportés au campement de nos frères les guerriers rouges ; dit Valentin.

Belhumeur se leva, fit signe à quelques chasseurs de le suivre, et il s'éloigna aussitôt.

Il y eut un nouveau silence.

Ce fut Valentin Guillois qui le rompit.

Il se leva et s'adressant aux Chefs Peaux-Rouges et à ceux des chasseurs assis autour du feu :

— Il nous reste un dernier devoir à remplir, dit-il d'une voix triste, un devoir terrible, mais que l'humanité nous ordonne de ne pas différer : les prisonniers sont là, blessés, sanglants, attendant que nous décidions de leur sort ; leur situation est affreuse ; il est de notre devoir de la faire cesser le plus tôt possible. Vous savez de quels crimes odieux ces hommes se sont rendus coupables ; c'est à vous, mes amis et mes alliés, qu'il appartient de décider de leur sort. Parlez, prononcez leur arrêt ; et s'adressant au Couteau-Rouge : à vous d'abord, Chef.

Le Couteau-Rouge et tous les autres Chefs Indiens, excepté Curumilla, furent pour la torture et la mort au milieu de souffrances horribles ; Curumilla et les autres Chefs Blancs pour la mort sans tortures.

Valentin s'adressa alors aux chasseurs groupés en arrière.

— Le lynch ! s'écrièrent-ils d'une seule voix.

— C'est bien, dit Valentin, ils mourront ; mais les voix étant plus nombreuses pour la mort simple et d'ailleurs nous autres, visages pâles, n'ayant pas la coutume de torturer nos ennemis, et l'humanité nous ordonnant de ne voir dans la mort d'un coupable qu'un acte de justice et non une vengeance, les prisonniers seront soumis à la loi du juge Lynch et pendus jusqu'à ce que mort s'ensuive. Qu'on prépare tout pour l'exécution.

On se leva.

Les arbres ne manquaient pas; au bout de dix minutes les ordres de Valentin Guillois étaient exécutés.

Les prisonniers furent amenés au pied des arbres destinés à servir de poteaux. Ils ne firent aucune résistance; ils étaient tellement abattus qu'ils ne semblaient même pas avoir conscience du sort qui les attendait; ils se laissèrent jeter autour du cou le fatal nœud coulant, sans paraître même s'en apercevoir.

Les arbres choisis étaient deux chênes immenses, aux branches desquels des lassos avaient été passés.

Il y avait dix-sept prisonniers.

Lorsque tout fut prêt, que les chasseurs se furent placés sur les lassos afin de les hâler tous à la fois en courant, Valentin Guillois étendit le bras et d'une voix triste :

— Que Dieu ait pitié de ces malheureux, dit-il; œil pour œil, dent pour dent, telle est la loi terrible des prairies; que justice soit faite! Lynchez!

A peine ce dernier mot fut-il prononcé que les dix-sept prisonniers semblèrent s'envoler dans les airs tant leur ascension fut rapide.

Pendant deux ou trois minutes les misérables s'agitèrent dans les dernières convulsions de l'agonie, puis leurs mouvements se ralentirent; ils demeurèrent immobiles.

Pendant vingt minutes, les assistants de cette justice expéditive demeurèrent sombres et muets autour des deux chênes qui portaient de si horribles fruits.

Puis, au bout de ce temps, certains que ces malheureux étaient bien morts, Valentin fit un signe.

Les lassos glissèrent sur les branches et les cadavres retombèrent doucement sur le sol.

Une large fosse avait été creusée à l'avance.

Les cadavres furent enlevés et portés dans cette fosse où on les étendit tout habillés les uns auprès des autres, sans même se donner la peine de fouiller dans leurs poches; mais au moment où la terre allait être rejetée sur les corps des condamnés, Blue-Dewil se pencha à l'oreille de Valentin et lui dit quelques mots à voix basse.

— C'est juste, répondit celui-ci; et s'adressant aux chasseurs : Retournez les poches de ces malheureux, dit-il; si vous trouvez des papiers, apportez-les moi.

Cet ordre fut exécuté avec assez de répugnance.

Toutes les poches des bandits non-seulement contenaient des sommes considérables en or que les chasseurs refusèrent de s'approprier et qu'ils jetèrent en en tas sur le sol, mais encore tous portaient sur eux des liasses de papiers.

— Avais-je raison? dit Blue-Dewil en les prenant des mains de Valentin et les serrant précieusement.

— C'est vrai, mon ami, je n'y avais pas songé; répondit le chasseur d'un air triste.

La terre fut rejetée sur la fosse; on y plaça de grosses

pierres afin d'en éloigner les bêtes féroces ; et tout fut dit pour ces misérables.

Sur un signe de Valentin, un chasseur ramassa dans son zarapé l'or dédaigné et le lui apporta.

— Que mon frère partage cet or entre les Sachems, dit Valentin au Couteau-Rouge ; il est à lui et à eux.

Le Chef ne se fit pas prier pour accepter ce riche butin, dépouille *in extremis* des misérables qui venaient d'en payer de leur vie la possession ; séance tenante, l'or fut partagé entre tous les Chefs dont les regards étincelaient de convoitise.

Puis, cela fait, on revint près du feu.

Le repas du matin était prêt, repas somptueux cette fois.

Valentin Guillois connaissait les Peaux-Rouges ; il savait comment il fallait les traiter, pour en obtenir ce qu'il désirait.

Une table grossière avait été confectionnée avec quelques planches clouées sur des pieux plantés en terre ; cette table était couverte de venaison, d'énormes pâtés, de jambons d'ours, de conserves de toutes sortes que l'on n'avait eu qu'à faire chauffer, de monceaux de biscuits, etc., etc., et ce qui acheva de charmer les Sachems et faillit leur faire perdre leur impassibilité, d'une foule de bouteilles de vin, de rhum, de visky et de liqueurs de toutes sortes.

Sur l'invitation gracieuse de Valentin, les Sachems et les autres convives prirent place sur des bancs confectionnés de la même façon que la table et le repas commença, servi par des chasseurs ; à la prière de Valentin, ils avaient consenti à remplir cet office.

La gloutonnerie et l'ivrognerie des sauvages sont proverbiales ; ces hommes qui, lorsqu'ils sont sur le sentier de la guerre ou sur celui de la chasse, supporteront, sans se plaindre, les plus grandes privations et se montreront d'une sobriété extraordinaire, lorsqu'ils trouvent l'occasion de manger ou de boire à leur volonté, oublient toute retenue et se livrent à des excès honteux.

Ce qu'ils engloutissent de vivres et de boissons passe toute croyance ; ils semblent insatiables ; tant qu'il reste quelque chose à manger ils ne s'arrêtent pas ; si fâcheuses que doivent en être, pour eux, les conséquences, ils oublient tout pour se livrer, avec une frénésie que rien ne contient, à ces deux passions réellement bestiales.

Mais Valentin Guillois poursuivait un but qu'il voulait atteindre ; il avait agi en conséquence.

Le repas était copieux ; rien n'avait été négligé pour en faire un véritable festin ; mais tout avait été calculé de façon, la capacité des convives étant bien connue, de ne pas leur laisser dépasser, en vivres et en boissons, une certaine limite, qui n'était plus, peut-être, complétement du sang-froid, mais qui pour des hommes comme les Peaux-Rouges n'était pas encore de l'ivresse.

A un moment donné les convives s'aperçurent avec désespoir que tout leur manquait à la fois ; ils n'avaient plus une seule bouchée à se mettre sous la dent, plus une goutte de vin ou de liqueur pour apaiser leur soif.

Valentin s'excusa le mieux qu'il put ; il avait prodigué toutes ses provisions pour faire honneur à ses hôtes ; il ne lui restait absolument rien.

Bon gré, mal gré, les Sachems furent contraints d'accepter ces excuses, d'ailleurs ils avaient formidablement bu et gloutonnement mangé ; ils prirent leur mal en patience, et même ils poussèrent la courtoisie jusqu'à remercier Valentin et à le plaindre de ne plus avoir rien de toutes ces bonnes choses, qu'il leur avait si généreusement offertes.

Précisément en ce moment, et comme pour couper court à cet incident si regrettable pour les Sachems qui ne se trouvaient qu'à demi rassasiés, un chasseur vint avertir Valentin que la hutte du conseil était enfin complétement terminée.

Valentin attendait cette nouvelle avec une vive impatience, il se hâta de prévenir les Sachems.

Ceux-ci voyant qu'il leur était impossible de continuer à boire ou à manger, se décidèrent enfin à se lever de table et à tenir ce que l'on appelle un grand *Conseil médecine*.

Nous avons eu déjà l'occasion, dans plusieurs de nos précédents ouvrages, de détailler tout au long les cérémonies usitées dans ces conseils qui sont considérés comme très-importants par les Peaux-Rouges ; nous ne les retracerons donc pas ici ; nous nous bornerons à constater que le but que se proposait Valentin Guillois fut complétement atteint.

Les Sachens, séduits par la générosité de Valentin Guillois, et encore sous le coup de l'excellent repas qu'ils achevaient à peine de manger, écoutèrent avec une bienveillance marquée les observations, du reste fort justes et fort vraies, que leur donna le Chef des Bois-Brûlés; ils comprirent que loin d'avoir en lui un ennemi, ils trouveraient, au contraire, un ami très-utile ; comme, grâce à Dieu, les Peaux-Rouges ne sont pas des politiques de parti pris, à la mode européenne, que lorsqu'ils ont tort, ils ne font aucune difficulté de l'avouer et de le reconnaître franchement, les Sachems, entraînés de plus par un éloquent discours de Valentin, non-seulement firent la paix avec les Bois-Brûlés, mais encore, apprenant que ceux-ci faisaient la guerre aux Anglais, leurs plus redoutables et leurs plus implacables ennemis, ils contractèrent séance tenante une alliance offensive et défensive avec le capitaine Griffiths ; alliance dans laquelle Valentin Guillois voulut entrer, ce qui porta au comble la satisfaction des Peaux-Rouges.

L'alliance conclue, Valentin informa ses alliés de ce qui se passait; et de l'importance, pour le succès de leurs projets, de prendre immédiatement l'offensive, afin de surprendre l'ennemi par un coup de vigueur qui le déconcerterait et lui ferait perdre tous ses avantages.

La délibération fut longue, enfin on tomba d'accord.

Il fut arrêté que le lendemain, deux heures après le coucher du soleil, tous les contingents.Rouges, Bois-brûlés et Blancs se réuniraient au Val de la Folle-Avoine pour élire les chefs principaux et marcher en avant contre l'ennemi.

IX

OÙ SE PRÉPARENT DE GRANDS ÉVÉNEMENTS

Le capitaine Griffiths reconnut bientôt combien Valentin Guillois avait eu raison de ne pas perdre un instant pour amener les Peaux-Rouges à oublier leurs préventions, et à conclure un traité avec lui.

A peine deux heures s'étaient-elles écoulées depuis le départ des Chefs Indiens, Griffiths, après s'être longtemps entretenu avec le Chercheur-de-Pistes, se préparait à monter à cheval pour rejoindre son camp, lorsque tout à coup arriva une estafette envoyée par le capitaine James Forster.

Cette estafette était venue avec une rapidité extrême; elle portait des nouvelles d'une très-grande importance.

John Griffiths ouvrit la dépêche d'une main fébrile, la parcourut rapidement des yeux et la passant à Valentin Guillois :

— Lisez lui dit-il.

Cette dépêche annonçait que le colonel sir Georges Elliot, à la tête de six cents cavaliers, n'était plus qu'à huit lieues du Voladero de l'Ours Gris; qu'il marchait avec une rapidité extrême; que le lendemain probablement il atteindrait, vers onze heures du matin, avec ses troupes, le défilé de la Passée des Bisons.

— Que pensez-vous de cela? demanda le capitaine, lorsque Valentin Guillois lui rendit la dépêche après l'avoir lue.

— Je pense, mon cher capitaine, répondit le chasseur en riant, que nous avons bien fait de nous hâter, et que Dieu est pour nous.

— Oui, en effet, son doigt est visible en tout ceci, répondit le jeune homme avec émotion. Oh! mon ami, ajouta-t-il en lui pressant chaleureusement la main, c'est à présent que je vois, que je comprends tout ce que je vous dois.

— Allons donc! dit affectueusement Valentin; oubliez-vous donc que vous avez sauvé ma fille adoptive?

— Oui, répondit-il avec âme; mais vous, mon ami, vous me sauvez plus que la vie, vous me sauvez l'honneur!

— Bon, bon, ne songeons plus à cela, dit gaiement Valentin; préparons-nous à faire notre devoir en gens de cœur; demain sera un grand jour pour les confédérés de la rivière Rouge. Un mot avant tout.

— Parlez.

— De combien d'hommes disposez-vous?

— En tout?

— Non, prêts à mettre en ligne.

— Quatre cents environ; j'avais deux cent quatre-vingt-dix hommes, le capitaine Forster m'a amené un renfort de cent cinquante hommes; je laisserai une trentaine d'hommes pour garder mon camp : je serai donc à la tête de quatre cents et quelques hommes.

— Fort bien, de leur côté les Peaux-Rouges sont à peu près aussi nombreux, peut-être même un peu plus; quant à moi, je mets à votre service deux cents chasseurs, les plus braves et les plus expérimentés de toutes les prairies du grand *Farwest*, ce qui nous donne un millier d'hommes, presque le double de l'effectif de l'ennemi. Voulez-vous me permettre de vous soumettre un plan, ou pour mieux dire, une pensée qui m'est venue? je ne suis pas un grand stratégiste, mais j'ai été soldat en France, et j'ai une certaine expérience de la guerre du désert.

— Parlez, parlez! vous savez que je ne ferai rien sans votre assentiment.

— Vous auriez tort, mon idée peut être mauvaise.

— Je n'en crois pas un mot; mais d'abord voyons-la?

— Vous connaissez sans doute le défilé de la Passée-des-Bisons?

— Sur le bout du doigt.

— Très-bien; alors vous savez que c'est un large entonnoir de près d'une lieue de long, fortement encaissé entre deux montagnes boisées, dont les pentes sont assez rudes.

— Parfaitement.

— Vous savez aussi que ce défilé, du côté où il débouche dans la vallée de la Folle-Avoine, aboutit à des marécages profonds et d'autant plus perfides, qu'ils sont cachés sous une herbe verte et très-drue, et que ces marécages sont traversés par une chaussée large de vingt pieds à peine.

— Non ; je vous avoue que j'ignorais complétement cette particularité.

— Un nombre infini de sentes, connues seulement des chasseurs, sillonnent ces marais dans tous les sens.

— Oh ! oh ! cette position est merveilleuse, il me semble ?

— N'est-ce pas ? Eh bien supposons que je m'embusque moi avec mes chasseurs dans ces marais, qu'à une demi-lieue environ en avant du défilé, du côté de la plaine de la Folle-Avoine, j'établisse une barricade solide derrière laquelle se placeront mes plus adroits tireurs ; supposons que la moitié de nos Peaux-Rouges, et la moitié, ou plutôt le tiers de vos Bois-Brûlés garnissent les deux pentes boisées du défilé ; supposons de plus que le reste des Peaux-Rouges et la moitié des Bois-Brûlés s'embusquent en arrière du défilé, ce qui est facile ; enfin, que le reste de votre troupe se place en arrière de la barricade afin de soutenir mes tirailleurs ; les Anglais pénètrent dans le défilé ?

— Ils sont accueillis par un feu roulant ?

— Non pas, rien ne bouge au contraire ; ils traversent le défilé sans coup férir et débouchent dans la vallée ; lorsqu'ils sont bien engagés sur la chaussée, de tous les points du marais dont ils ne soupçonnent pas l'existence, la fusillade éclate ; ils veulent débusquer les tirailleurs ; vous voyez d'ici la conséquence de ce mouvement : après avoir combattu comme des lions les ennemis insaisissables qui les déciment, car les Anglais sont braves et se battent bien, ils se résignent à reculer et à rentrer dans le défilé ; c'est alors que les tirailleurs embusqués sur les pentes commencent à leur tour à les fusiller, tandis que vous les chargez en queue et que moi je les charge en tête. Que pensez-vous de cette idée ? en y réfléchissant, en la creusant avec soin il y a peut-être quelque chose à en faire ?

— Mais, mon ami ! s'écria Griffiths avec enthousiasme, ce qu'il vous plaît de nommer modestement une idée est tout simplement un plan magnifique.

— Alors vous pensez qu'avec quelques modifications ?

— Je me garderai bien d'y rien changer ; les Anglais sont perdus sans rémission.

— Eh bien, sur ma foi ! dit le chasseur en se frottant joyeusement les mains, je vous avoue que telle est aussi ma pensée ; seulement je n'étais pas fâché d'avoir votre avis.

— Je suivrai ce plan depuis A jusqu'à Z ; il nous assure la victoire.

— Je suis charmé qu'il vous convienne ; maintenant retournez au plus vite dans votre camp, et à demain.

— A demain et merci ; vous venez de compléter votre œuvre ; c'est à vous seul que je devrai cet éclatant succès. Merci encore une fois ; je n'oublierai aucune des obligations que j'ai contractées envers vous ; sur ma foi, vous êtes mon bon génie. Oh ! pourquoi ne vous ai-je pas connu plus tôt !

— Allez donc, éternel rabâcheur ! dit en riant Valentin, on vous attend avec impatience là-bas.

— C'est juste, je m'oublie ; à demain.

— A demain !

Le capitaine se mit en selle et s'éloigna au galop, suivi par son escorte, qui depuis longtemps déjà attendait l'ordre de partir.

Lorsque le capitaine eut complétement disparu ainsi que son escorte, Valentin rentra dans la grotte ; il avait hâte de voir doña Rosario, que depuis la veille il n'avait pas aperçue.

La jeune fille était dans la première grotte assise entre son frère et don Gregorio Peralta, Harriett Dumbar était couchée à ses pieds, le Pelon accroupi devant le feu épiait les regards de sa maîtresse, afin de prévenir ses moindres volontés.

En apercevant Valentin, la jeune fille se leva vivement, accourut vers lui, et lui nouant les bras autour du cou, elle l'embrassa en lui disant avec une moue charmante :

— Bonjour, père, c'est donc ainsi que vous oubliez votre fille ? je ne vous ai pas encore embrassé aujourd'hui ; voyons, pourquoi ne vous ai-je pas vu plus tôt ?

— C'est bien malgré moi, chère enfant, répondit Valentin en lui rendant ses caresses; mais don Gregorio et votre frère ont dû vous dire...

— Oui, oui, reprit-elle d'un air mutin, ils m'ont dit une foule de choses que je n'ai pas comprises; mais rien ne peut empêcher un père d'embrasser son enfant.

— Bien, Rosario, bien, ma sœur; gronde-le, il le mérite, s'écria don Luis en riant; sortez-vous de là, père?

— Le fait est que si vous vous mettez tous les deux contre moi, répondit Valentin avec bonhomie, je serai obligé de passer condamnation, et de m'avouer coupable.

— Voilà ce que c'est que d'avoir des enfants, dit en riant don Gregorio.

— Et qui ne l'aimeront plus et le rendront très-malheureux s'il continue ainsi, dit doña Rosario de son air le plus mutin.

— Halte-là, petite sœur, tu vas trop loin! s'écria don Luis gaiement; je l'aimerai toujours quoi qu'il fasse.

— Eh moi donc! fit-elle; il le faudra bien, puisque mon allié naturel m'abandonne si vite.

La causerie se continua ainsi pendant longtemps.

Doña Rosario avait une question sur les lèvres, mais elle n'osait pas la formuler; Valentin riait sous cape et taquinait gaiement la jeune fille.

Le Chef entra.

— Ah! voilà Curumilla, s'écria la jeune fille en lui tendant son front; bonjour, Chef.

— Le Lis-Rosé sourit, il est content ; Curumilla est heureux ; il aime le Lis-Rosé et le jeune Aigle.

— Nous le savons ; nous aussi nous vous aimons, Chef ; répondit-elle.

— Ah ! ah ! vous voici, Chef, dit Valentin, d'où venez-vous donc ?

— J'ai accompagné le Couteau-Rouge pendant une lieue ; grand guerrier le Couteau-Rouge, il aime Valentin ; tous les guerriers contents, très-riches à présents ; ils se battront bien contre les Habits-Rouges.

— Je l'espère.

— Oui, bien vrai, très-satisfaits ; que veut le chasseur pâle à son ami ?

— J'ai un service à vous demander.

L'Indien se mit à rire.

— Un service, dit-il ; Valentin et Curumilla, les doigts de la main, même volonté ; que mon frère parle.

— Vous savez que demain il me faut quitter la grotte avec les chasseurs.

— Oui, pour battre Habits-Rouges.

— C'est cela ; mais je laisse ici don Gregorio, doña Rosario, et les pauvres femmes que nous avons si providentiellement sauvées.

— Curumilla comprend, pas de soucis, Valentin partir tranquille, emmener les guerriers ; le Chef demeurera au Voladero, il veillera sur la Tête-Grise, le Lis-Rosé et les *Ciualts* pâles. Rien arriver mauvais ; Curumilla défendra le Lis-Rosé.

— Bien, Chef, je le savais ; je connais votre cœur, merci.

Et il lui serra la main.

— Pardon, dit Blue-Dewil, qui depuis un instant se tenait debout près de Valentin; si vous me le permettez, je resterai, moi aussi; je tiens à surveiller nos deux prisonniers, et surtout à prendre entière connaissance des papiers que Curumilla m'a remis, ainsi que de ceux qui se trouvaient dans les poches des méchants drôles si lestement lynchés ce matin; ces papiers me semblent très-importants; ils me paraissent jeter un grand jour sur l'adroite machination si ténébreusement ourdie par don Miguel de Castel Leon.

— Vous resterez, mon ami; mieux vaut que vous demeuriez ici; et il ajouta en s'adressant au Chef : nous n'avons d'attaque d'aucune sorte à redouter; je vous laisserai quinze hommes, Chef, cela vous suffira complétement.

— C'est trop; dit le chef en hochant la tête.

— Mieux vaut trop que pas assez, reprit Valentin en souriant; de plus il est probable, ajouta-t-il en lançant à la dérobée un regard à doña Rosario, que bientôt probablement l'expédition entreprise par don Octavio Vargas, je veux dire Benito Ramirez, sera terminée; vous ne tarderez pas à le voir revenir, avec les huit ou dix hommes qu'il commande, et qui, je le crois, sont des Bois-Brûlés?

— Oui, ce sont tous des Bois-Brûlés.

— Très-bien; vous les garderez près de vous jusqu'à mon retour.

— Je les garderai.

Au nom de don Octavio Vargas, la jeune fille avait rougi ; une vive émotion avait passé comme un nuage voilant le soleil sur sa charmante physionomie.

— Don Octavio Vargas estdonc en expédition, père ? demanda-t-elle avec une indifférence parfaitement jouée.

— Oui, mon enfant, répondit-il avec un sourire ; il est à la poursuite de certains bandits que nous avons le plus grand intérêt à ne pas laisser s'enfuir dans les établissements ; voilà pourquoi tu n'as fait que l'entrevoir ; il est parti hier avec Curumilla, mais je l'espère, nous le reverrons bientôt, aujourd'hui peut-être ; demain certainement.

— Curumilla est revenu, lui, mon père, comment se fait-il que don Octavio ne soit pas rentré avec lui ; sans doute les personnes qu'il devait rencontrer ici ne l'intéressaient que fort peu ? fit-elle avec une nuance marquée de mauvaise humeur.

— Ne l'accuse pas, mon enfant ; s'il n'est pas ici, ce n'est probablement pas de sa faute.

— Pourquoi accuserais-je don Octavio Vargas que je connais à peine, mon père ? fit-elle d'un ton légèrement hautain ; ce que je vous ai dit, n'est que par intérêt pour ce jeune homme que vous semblez affectionner ; quant à moi personnellement, mon père, peu m'importe ce qu'il fait ou ce qu'il ne fait pas ; il est parfaitement libre d'agir à sa guise.

— Vous êtes injuste pour ce jeune homme, chère enfant, il ne mérite pas d'être ainsi traité par vous ; tous ici nous avons à accomplir des devoirs impérieux auxquels il nous est impossible de nous soustraire ; don Octavio accomplit en ce moment un de ces devoirs, bien contre son gré, j'en suis convaincu ; peut-on lui garder rancune pour cela ?

— C'est vrai, mon père, j'ai tort, fit-elle avec des larmes dans les yeux ; je suis nerveuse, je ne sais ce que je dis ; pardonnez-moi.

— Vous pardonner, ma chère Rosario ! fit-il en l'embrassant ; qu'ai-je donc à vous pardonner ? quelle faute avez-vous donc commise ?

— Oh ! que vous êtes bon ! murmura-t-elle, en l'embrassant à son tour.

Puis elle s'éloigna toute rougissante, suivie d'Harriett Dumbar, et se retira dans la grotte qui lui servait d'appartement.

Valentin se leva, alluma un cigare, et quitta la grotte.

Don Gregorio Peralta qui avait entendu la courte conversation entre doña Rosario et Valentin, et que cette conversation avait semblé fort intriguer, se leva à son tour, et il arriva dans la forêt presque aussitôt que le coureur des bois.

— Quel est donc cet homme que parfois vous appelez Benito Ramirez et parfois don Octavio Vargas, dont vous parliez tout à l'heure avec doña Rosario ? demanda-t-il à Valentin tout en tordant négligemment une fine cigarette de paille de maïs entre ses doigts.

Valentin se mit à rire.

— Mon cher don Gregorio, lui dit-il d'un ton de bonne

humeur, c'est tout un roman et un charmant roman, sur ma foi l'histoire! d'une passion pure, chaste et profonde; quand vous la connaîtrez, elle vous séduira et vous intéressera autant qu'elle m'intéresse moi-même.

— Je ne demande pas mieux que de la connaître, mon ami.

— Je vous la raconterai quand vous voudrez; don Octavio est un jeune homme d'une excellente famille mexicaine, colossalement riche, ce qui ne gâte jamais rien, et, ce qui est préférable à tout, doué d'une vaste intelligence et d'un grand cœur.

— Et ce jeune homme est ici pour doña Rosario?

— Pour elle seule.

— Il l'aime donc?

— Comme un fou; ne vous l'ai-je pas dit?

— Mon cher ami, au lieu d'aller ainsi à bâtons rompus, si rien ne vous presse, pourquoi ne me raconteriez-vous pas tout de suite cette histoire, qui doit être fort intéressante?

— Je ne demande pas mieux, d'autant plus, je ne vous le cache pas, que j'aime beaucoup don Octavio Vargas et qu'il est mon favori.

— Eh bien racontez, mon ami; je vous écoute.

Valentin, sans se faire prier davantage, raconta alors dans les plus minutieux détails l'histoire que le lecteur connaît déjà.

Don Gregorio l'écouta avec la plus sérieuse attention, et sans l'interrompre une seule fois.

— Eh bien, comment trouvez-vous cette histoire? demanda à son ami le coureur des bois en terminant; n'est-elle pas intéressante?

— Elle est surtout charmante ; répondit don Gregorio d'un air pensif; ce don Octavio n'est pas une âme vulgaire, c'est un homme d'élite; son amour pour doña Rosario est véritablement un amour primesautier, émanant directement d'un cœur chaste et profond à la fois.

— Ainsi, mon jeune homme vous plaît?

— Considérablement.

— Et vous croyez, comme moi, qu'il rendra notre chère enfant heureuse?

— Si cela dépendait de lui, certainement; mais à propos, cette nouvelle expédition pour laquelle vous nous quittez demain, est donc sérieuse?

— Tout ce qu'il y a de plus sérieuse, mon ami ; nous allons tout simplement attaquer un régiment de troupes anglaises, qui essayent de faire leur jonction avec d'autres troupes, venant de Queens-Boroug, dans la Colombie anglaise.

— Que me dites-vous là, mon ami?

— La vérité.

— Je le sais; mais quel intérêt avez-vous à vous mêler à tout cela, vous, l'homme par excellence du désert et des savanes?

— C'est précisément parce que je suis l'homme que vous dites, que j'ai un intérêt énorme à me mêler à cette affaire.

— Vous savez que je ne vous comprends plus du tout?

— C'est probable; mais vous allez me comprendre.

— Je ne demande pas mieux.

— Vous savez ce qui est arrivé lors de la cession du Canada par la France à l'Angleterre?

— Oui, je l'ai souvent entendu raconter par mes chasseurs, qui sont enragés après les Anglais.

— Eh bien, précisément; du croisement des deux races blanche et rouge sont venus ces sang-mêlés qu'on nomme Bois-Brûlés.

— De rudes hommes.

— N'est-ce pas? Ces Bois-Brûlés se sont considérablement multipliés depuis cent ans; de plus, ils sont restés ce qu'ils étaient, c'est-à-dire, des demi-civilisés, intrépides chasseurs et trappeurs, fous de liberté, et professant pour les Anglais une haine implacable. Ils ont fondé plusieurs villages, avec le temps ces villages sont devenus des villes; les Anglais ont alors voulu s'annexer ces populations; celles-ci ont regimbé, tout naturellement; de là une guerre terrible qui dure depuis dix ans, sans que les Anglais puissent réussir à les dompter; malgré leur faiblesse numérique, le triomphe des Bois-Brûlés est pour nous une barrière contre l'invasion du flot toujours montant de l'émigration, et la conservation de nos derniers territoires de chasse.

— Je comprends; mais là, franchement, croyez-vous à ce triomphe?

— J'y crois fermement; il y a une fatalité contre laquelle on ne saurait réagir, mon ami; les Européens ont accompli leur œuvre en Amérique; ils doivent, dans un avenir prochain, disparaître de ce sol qu'ils ont initié à la civilisation, et qui aujourd'hui veut être tout entier gouverné par ses enfants. Les colonies européennes n'ont plus que quelques jours d'existence en Amérique ; le Canada n'est plus attaché que par des liens très-faibles à l'Angleterre, à qui il coûte beaucoup plus qu'il ne lui rapporte. Dans vingt ans d'ici le Canada ou formera une république indépendante, ou s'annexera aux États-Unis ; ce n'est plus qu'une question de temps ; le premier coup de marteau a été frappé contre la puissance anglaise par les Bois-Brûlés, ou les confédérés de la rivière Rouge, comme ils se nomment ; les Anglais briseront leur puissance contre ces ennemis que rien n'effraye, rien ne tente, et qui ne veulent qu'une chose, mais la veulent bien : être libres.

— Amen, de tout mon cœur, mon ami ; je suis entièrement de votre avis : l'Amérique doit être aux Américains, et le vieux monde aux Européens.

— A la bonne heure, c'est la doctrine de Monroë cela, et c'est la bonne ; elle ne tardera pas à triompher parce qu'elle est juste.

— C'est un combat sérieux que vous allez livrer ?

— Très-sérieux, mon ami.

— Comptez-vous emmener don Luis avec vous ?

— Certainement ; don Luis ne me pardonnerait pas de le laisser ici.

— Vous avez raison, mais dites-moi ?

— Que désirez-vous ?

— Je vous ai confié une lettre à la Nouvelle-Orléans ?

— Celle de mon frère de lait?

— Précisément. L'avez-vous sur vous?

— Elle ne m'a jamais quitté, mon ami.

— Vous rappelez-vous nos conventions?

— Oui, certes; vous la remettre lorsque nous nous retrouverions au désert.

— C'est cela.

— Est-ce que vous désirez que je vous la rende?

— Je vous avoue que cela me ferait plaisir.

— C'est juste, on ne sait pas ce qui peut arriver.

— Oh! mon ami! s'écria-t-il vivement.

— Quoi de plus simple, mon ami; je vais courir un grand danger. Je puis être tué. Par prudence, vous me réclamez cette lettre, vous avez raison.

— Oh! je vous la rendrai.

— Oui, après?

— Vous vous méprenez, mon ami; je suis certain qu'il ne vous arrivera rien de fâcheux. Si je vous redemande cette lettre, que je vous rendrai bientôt, soyez-en convaincu, puisqu'elle vous est adressée par notre malheureux ami, c'est par des motifs particuliers que, lorsque vous les connaîtrez, vous apprécierez, je n'en doute pas.

— Soit, mon ami.

Il sortit alors un portefeuille de la poche de son vêtement, l'ouvrit, en retira un papier cacheté, et le présentant à don Gregorio:

— Voici la lettre, mon ami.

— Merci, dit don Gregorio en prenant le papier, qu'il

serra avec un air de satisfaction, qui intrigua beaucoup le Coureur des bois.

— Maintenant, écoutez-moi, reprit celui-ci : aussitôt après le combat, je vous enverrai le Castor et Pawlet, avec certaines instructions que je vous prie de faire exécuter à la lettre.

— Je vous le promets.

— Ils seront accompagnés d'une cinquantaine de chasseurs.

— Vous ne reviendrez donc pas ici?

— Non, pas tout de suite ; c'est vous, au contraire, qui me rejoindrez.

— Très - bien. Mais pourquoi m'envoyer tant d'hommes?

— Vous le saurez. Je puis compter sur vous?

— Comme sur vous-même.

— Merci. Maintenant, je vous quitte. Voulez-vous être assez bon pour m'envoyer don Luis? je puis avoir besoin de lui.

— A l'instant, mon ami.

Ils se séparèrent.

— Pourquoi m'a-t-il redemandé la lettre? murmura, dès qu'il fut seul, Valentin, tout songeur.

De son côté, don Gregorio disait en se dirigeant vers la grotte :

— Je veux qu'il soit heureux, quoi qu'il arrive !

En pénétrant dans le camp, Valentin appela quelques chasseurs, et il les chargea de rassembler tous leurs camarades, auxquels il voulait faire une communication importante.

Les chasseurs se mirent aussitôt en mesure d'exécuter cet ordre.

En ce moment, don Luis arriva tout courant.

— Don Gregorio me prévient, mon père, que vous avez besoin de moi ; dit-il joyeusement.

— Besoin de vous n'est pas précisément le mot, mon cher Luis, répondit Valentin en souriant ; seulement, je désirerais ne pas me séparer de vous sans vous prévenir, quoique ce ne soit que pour quelques jours seulement. Voilà pourquoi j'ai prié don Gregorio de vous envoyer ici. Je ne voulais pas vous en parler dans la grotte, votre sœur aurait pu entendre ; vous comprenez, cela lui aurait fait du chagrin ; ce que je veux avant tout éviter.

— Comment me séparer de vous ? mais c'est impossible, mon père ! s'écria le jeune homme vivement.

— Il le faut, mon enfant ; vous avez entendu ce matin le rendez-vous qui a été donné devant vous. Demain probablement nous allons combattre. L'affaire sera sérieuse et...

— Comment? interrompit le jeune homme avec chaleur ; c'est lorsque vous allez combattre, vous exposer à des dangers, risquer votre vie peut-être, que vous prétendez me retenir ici ? oh ! vous ne m'aimez pas, mon père !

— Au contraire, mon enfant ; c'est précisément parce que je vous aime, que je ne veux pas vous exposer...

— Non, mon père, non ; ce n'est pas pour cela !

— Pourquoi serait-ce donc alors, mon cher Luis?

— Parce que vous vous figurez que je suis un enfant peureux, indigne de combattre à vos côtés, comme l'a fait si souvent mon père ! s'écria-t-il avec explosion.

— Oh ! mon cher Luis, pouvez-vous vous méprendre ainsi à mes intentions !... Je vous jure que l'intérêt seul de votre sûreté m'engage à vous parler ainsi que je le fais.

— Je ne discuterai pas avec vous, mon père ; répondit le jeune homme avec une résolution froide. Je crois que ce que vous me dites, vous le pensez. Vous avez le droit de m'empêcher de vous accompagner ; mais je vous le jure sur la mémoire sacrée de ma mère, rien ne m'empêchera de vous suivre, rien au monde ! J'irai seul, et, quoi qu'il arrive, je ferai mon devoir de soldat.

— Mon enfant, réfléchissez.

— Je n'ai pas à réfléchir entre l'honneur et la honte, mon père ; ma résolution est prise ; elle ne changera pas.

Il y eut un silence.

— Vous êtes résolu à venir quand même, Luis? dit le chasseur au bout d'un instant.

— Résolu, oui, mon père, répondit-il fièrement ; et au fond du cœur vous m'approuvez, j'en suis sûr, mon père.

Valentin ne put résister plus longtemps ; d'ailleurs son intention était de l'emmener avec lui, et s'il avait parlé ainsi qu'il l'avait fait, c'était afin de connaître la pensée réelle du jeune homme.

— Eh bien! soit, lui dit-il en lui tendant la main; je consens, Luis; vous viendrez avec moi.

— Oh! merci, merci, mon père! s'écria le jeune homme en se jetant dans ses bras avec une impétuosité qui fit sourire le Coureur des bois.

Tous les chasseurs, obéissant à l'ordre de Valentin, s'étaient groupés au milieu du camp, où ils attendaient, appuyés sur les longs canons de leurs rifles.

— Venez, Luis, dit Valentin en souriant; puisque maintenant vous faites partie de l'expédition, vous avez le droit de prendre part à ce qui va se passer.

Ils s'approchèrent alors du groupe qui s'ouvrit respectueusement devant eux, traversèrent les rangs, puis Valentin monta sur la table où il se tint debout; alors, ôtant son bonnet de fourrure, et promenant son regard sur la foule qui l'entourait muette et attentive :

— Mes compagnons; dit-il avec un gracieux mouvement de tête; je vous salue.

Toutes les têtes se découvrirent, tous les fronts s'inclinèrent.

— Valentin Guillois, nous vous saluons; répondirent les chasseurs d'une seule voix.

— Mes compagnons, je vous ai réunis; reprit Valentin; pour vous faire une communication importante; je parle surtout pour ceux de vous qui ont été engagés en mon nom, à Saint-Louis du Missouri, par don Gregorio Peralta; les autres sont mes amis particuliers, ils ont fait le serment de me suivre partout : je n'ai donc pas besoin de demander leur avis ; je compte sur eux.

— Oui, oui ! s'écrièrent les chasseurs de Valentin.

Celui-ci reprit :

— Mes compagnons, nous sommes tous ici, Américains des États-Unis ou Français du Canada ; je dois donc m'expliquer franchement comme avec des amis qui me sont chers, et qui savent combien, chaque fois que je le puis, je défends leurs intérêts.

— Oui ! oui ! s'écrièrent tous les chasseurs.

— Les Anglais du Canada font, vous le savez, depuis longtemps la guerre aux confédérés Bois-Brûlés de la Rivière Rouge ; leur but apparent est de contraindre les Bois-Brûlés à se courber sous leur joug ; leur but réel est de coloniser le pays des hautes herbes, les plaines de la Rivière Rouge, et de relier la Colombie et le Vancouver au Canada, par une ligne de forts et de comptoirs établis dans les montagnes Rocheuses. Vous comprenez, mes compagnons, quelles sont pour nous les conséquences fatalement désastreuses de ce plan terrible ; s'il réussit, nos plus riches territoires de chasses sont supprimés par les Anglais ; nous sommes ruinés et réduits à mourir de faim.

Une longue agitation suivit ces paroles ; Valentin lui donna le temps de se calmer, puis il reprit :

— Je suis résolu à m'opposer à l'exécution de ce plan odieux qui, pour nous, est la mort ; dit-il d'une voix forte ; voilà pourquoi j'ai fait une double alliance avec les Peaux-Rouges et les Bois-Brûlés ; demain une colonne anglaise, partie du Canada, doit passer non loin de l'endroit où nous sommes, pour aller faire sa jonction avec une autre colonne partie de la Colombie; mes alliés et moi, nous avons résolu d'attaquer cette colonne, de la détruire, puis de nous retourner contre l'autre et de la refouler dans la Colombie. Voulez-vous me suivre ; c'est pour nous que nous allons combattre ?

— Oui, oui! s'écrièrent les chasseurs en brandissant leurs armes avec enthousiasme, sus aux Anglais!

— Que ceux qui veulent me suivre passent à ma droite, reprit Valentin.

— C'est inutile ! s'écria TomTrick en grimpant sur la table à côté du chasseur, nous vous suivrons tous; d'ailleurs regardez.

Par un mouvement spontané, tous les chasseurs, sans exception, s'étaient rangés à droite.

— Merci, mes compagnons; reprit Valentin; un mot encore.

Le calme se rétablit aussitôt.

— L'affaire sera rude; choisissez donc parmi vous onze chefs solides : le premier pour commander en Chef; les dix autres pour avoir sous leurs ordres des détachements de vingt hommes.

— Le commandant n'est pas difficile à choisir, c'est vous! s'écria Tom Trick. Personne n'est capable de nous conduire comme vous le ferez; et puis n'êtes-vous point partout et toujours notre Chef?

La nomination de Valentin fut votée d'enthousiasme.

— Je vous remercie, dit-il ; je me montrerai digne

de la confiance que vous me témoignez ; maintenant choisissez les autres chefs, j'attends le résultat de votre délibération ; seulement ne portez vos voix ni sur Curumilla, ni sur Blue-Dewil, ni sur Benito Ramirez, ils ne peuvent faire partie de l'expédition.

La délibération commença ; don Luis s'y mêla avec cette ardeur juvénile qui le rendait si sympathique.

La discussion se prolongea pendant plus d'une heure ; enfin Tom Trick s'approcha de Valentin, une liste à la main.

— Les Chefs sont élus, dit-il, en lui remettant le papier.

— C'est bien, je vais proclamer leurs noms, au fur et à mesure ils passeront à ma gauche, puis, ils me suivront pour recevoir mes dernières instructions. Écoutez.

Il se fit aussitôt un profond silence.

Valentin lut :

— Belhumeur, le Castor, Navaja, Pawlet, Luis de Prébois-Crancé, Tom Trick, Jonhson, Leemann, Jansen, Mortier.

Chaque nom avait été salué par de vigoureux hurrahs.

Au nom de Luis, Valentin avait serré avec émotion la main du jeune homme, tout fier de cette éclatante distinction.

— Les choix sont bons, dit Valentin ; maintenant, compagnons, nettoyez vos armes, prenez deux jours de vivres, faites les sacs, nous serons à pied ; à trois heures du matin le départ ; ce soir nous boirons un coup de vieille eau-de-vie de France pour nous réconforter, et j'en ferai remplir les gourdes.

Il se retira au milieu des témoignages de joie des chasseurs, et rentra dans la grotte, suivi des dix nouveaux Chefs.

X

L'EMBUSCADE

La nuit était magnifique, mais glaciale ; le ciel, d'un bleu profond sans un nuage, était semé d'une profusion d'étoiles étincelantes ; la lune, à son plein, semblait nager dans l'éther ; l'atmosphère était d'une pureté qui permettait de distinguer les objets à une grande distance ; il n'y avait pas un souffle dans l'air ; pas un bruit dans les montagnes, dont les hauts sommets se dressaient majestueusement vers le ciel, en prenant aux rayons blafards de la lune les apparences les plus étranges et les plus fantastiques.

Dans la grotte un profond silence régnait ; quelques hommes roulés dans des couvertures dormaient étendus sur le sol.

Curumilla, accroupi devant le feu, son fusil entre les

jambes, les coudes appuyés sur les genoux, la tête dans les mains, gardait une immobilité de statue.

Depuis plusieurs heures, il conservait cette position. Dormait-il ?

Nul n'aurait su le dire.

Soudain le Chef tressaillit, il releva la tête et jeta autour de lui un regard investigateur.

La claie qui servait de porte à la grotte où reposait doña Rosario venait de tourner doucement sur elle-même, et une délicieuse tête de jeune fille s'était encadrée dans l'entre-bâillement.

Le bruit produit par l'ouverture de la claie avait été presque imperceptible, et pourtant si léger qu'il fût, il avait suffi pour donner l'éveil à l'ouïe fine et exercée du Chef indien.

Ses regards se dirigèrent vers la jeune fille ; il sourit et posa un doigt sur ses lèvres.

La charmante tête disparut et la claie se referma.

Alors Curumilla se leva, s'approcha de la fenêtre de la grotte et levant les regards vers le ciel, il demeura quelque temps à l'interroger avec une attention extrême.

Puis, lorsqu'il crut être certain de l'exactitude du calcul mental auquel il s'était livré, il revint vers le feu, et se penchant légèrement sur le premier dormeur, il lui appuya la main sur l'épaule, en murmurant à voix basse :

— Levez-vous, Valentin, il est l'heure.

Le Coureur des bois se redressa aussitôt et en un instant il fut debout.

Curumilla passa du premier dormeur au second et ainsi de suite jusqu'au dernier.

Tous furent prêts en quelques secondes.

Ces dormeurs étaient les nouveaux officiers élus pendant l'après-dîner.

Valentin les réunit autour de lui.

— Compagnons, dit-il, il est deux heures et demie, faites manger un morceau et boire un coup d'eau-de-vie à nos camarades; il est malsain de se mettre en route l'estomac vide, par un froid piquant comme celui de cette nuit; seulement qu'on se hâte ; le départ est à trois heures précises.

Les dix lieutenants quittèrent aussitôt la grotte.

— Quant à vous, Chef, dit Valentin; vous savez ce qui est convenu; aussitôt que vous aurez reçu les renforts que je vous enverrai, vous laisserez ici les femmes sous la garde de dix hommes, et vaec les autres vous viendrez me rejoindre au Saut-de-l'Élan, sur la rivière Jourdan.

— Et doña Rosario?

— Vous me l'amènerez; je ne veux plus me séparer d'elle, pauvre chère enfant.

En ce moment on lui frappa légèrement sur l'épaule.

Il se retourna.

Doña Rosario était devant lui.

— Vous ne voulez plus vous séparer de moi, méchant père; dit-elle avec une moue charmante; et vous allicz partir sans m'embrasser.

A cette apparition imprévue le chasseur ne put retenir un mouvement de surprise, mais se remettant presque aussitôt :

— Bien à contre cœur, ma chère enfant; mais pour rien au monde je n'aurais osé vous réveiller à cette heure de nuit.

— Eh bien! vous le voyez, je me suis éveillée toute seule; et se jetant dans ses bras: mon bon père, dit-elle les larmes aux yeux; depuis que je suis près de vous, je suis si heureuse! ayez pitié de moi; ne vous exposez pas trop; vous êtes si brave que je tremble en vous voyant partir ainsi pour combattre. Hélas! hélas! qu'est-ce que je deviendrais si vous mouriez? il me faudrait donc mourir, moi aussi? oh! je vous en supplie, conservez-vous pour les deux enfants que votre frère de lait vous a légués, et qui maintenant vous aiment autant que si vous étiez leur père!

— Pauvre chère enfant; répondit Valentin avec émotion; ne pleurez pas ainsi, je vous en supplie; vous m'enlevez tout mon courage. Ayez confiance en Dieu, chère enfant; il me protégera cette fois encore, comme il l'a toujours fait jusqu'à présent.

— Vous ne vous exposerez pas témérairement; vous me le promettez? reprit-elle avec insistance.

— Je ferai mon devoir comme Chef et comme soldat, mon enfant. Mais le courage n'exclut pas la prudence, je ne m'exposerai aux coups de l'ennemi qu'autant qu'il le faudra pour donner l'exemple à mes compagnons. Adieu, mon enfant; il est temps de nous séparer. Rentrez chez vous, je vous en prie ; il faut que je vous quitte.

— Je vous obéis, mon père ; mais laissez moi vous embrasser une fois encore, une seule !

Valentin la serra dans ses bras ; malgré lui, il sentait ses larmes prêtes à couler.

— Adieu, mon père ; je rentre, mais c'est pour prier Dieu.

— Oui, mon enfant, priez ; la prière console et fortifie ; Dieu vous exaucera, vous êtes un de ses anges.

Il accompagna la jeune fille jusque chez elle, puis après avoir refermé la claie :

— Oh ! que c'est bon d'être aimé ainsi ! murmura-t-il, de ne plus être seul sur la terre, et de sentir battre près du sien des cœurs aussi franchement dévoués.

Il essuya les larmes qui coulaient sur ses joues, et il rejoignit Curumilla.

Le Chef s'était détourné pour ne pas voir la faiblesse de son ami.

— Au revoir, Chef, lui dit Valentin ; vous amènerez avec vous doña Rosario et les deux prisonniers. Ne l'oubliez pas.

— Pourquoi ne les a-t-on pas exécutés ici ?

— Non ; ce n'était pas possible. Il est important qu'ils soient jugés au Saut-de-l'Élan.

Curumilla haussa les épaules, mais il ne répondit pas.

Les deux hommes quittèrent alors la grotte et se dirigèrent vers le camp, qu'ils atteignirent en moins de cinq minutes.

La plus grande animation régnait dans le camp.

Les chasseurs mangeaient et buvaient en se chauffant près des feux.

— Sommes-nous prêts, compagnons? demanda gaiement Valentin.

— Quand vous voudrez? répondirent les chasseurs; nous n'avons plus qu'à boire le coup de l'étrier.

— A la bonne heure! nous allons avoir un bon temps pour marcher.

— Oui, dit en riant Belhumeur, nous ne serons pas incommodés par la chaleur.

— Ni par le soleil, ajouta Tom Trick.

Cette saillie fit rire.

— Bah! dit Valentin, la marche nous échauffera.

— Espérons-le, car le besoin s'en fait diantrement sentir, répondit Belhumeur.

— Avez-vous fractionné la troupe en escouades de vingt hommes chaque, ainsi que je l'avais recommandé?

— C'est fait, commandant.

— Très-bien. A vos rangs, compagnons; il est trois heures.

Les chasseurs se hâtèrent d'obéir.

— Nous ne prendrons pas la file indienne, reprit Valentin; nous ne faisons pas la guerre aux Peaux-Rouges; nous n'avons pas autant besoin de cacher notre piste; cependant il ne faut pas pour cela négliger la prudence. Le principal est de dissimuler notre nombre. Pour cela, il nous faut former un tout compact et si bien emboîter le pas, qu'il soit impossible de nous compter. Vous m'avez bien compris ?

— Oui, commandant ; répondirent les chasseurs.

— Très-bien. Que les officiers se tiennent avec leurs détachements, afin d'être prêts à tout événement. Nous marcherons sur quatre de front.

Le mouvement fut aussitôt exécuté.

— Et maintenant, que Dieu nous vienne en aide ! En avant, marche! et silence dans les rangs! l'expédition est commencée.

Valentin serra une dernière fois la main du Chef, et il se plaça à la tête de sa troupe, qui s'ébranla aussitôt et s'éloigna rapidement, en marchant de ce pas cadencé adopté par les Indiens ; et qui, mieux équilibré que notre pas gymnastique, leur permet de faire quatorze et quelquefois quinze kilomètres à l'heure, sans trop de fatigue.

Curumilla demeura immobile tant qu'il lui fut possible d'apercevoir la troupe des chasseurs ; mais lorsqu'ils eurent disparu dans les méandres infinis des sentes des montagnes, il retourna tout pensif à la grotte.

Le Chercheur-de-Pistes possédait une connaissance approfondie des montagnes Rocheuses : pas une sente, pas un ravin, pas un rocher dont il ne sût la position exacte.

Les vieux chasseurs de la troupe, qui cependant avaient, eux aussi, une longue expérience de ces montagnes, et qui savaient quel était le but de cette longue marche, ne s'y reconnaissaient plus ; ils se trouvaient complétement déroutés, tant Valentin leur faisait faire de tours et de détours, auxquels ils ne comprenaient rien.

Ils avaient calculé que la plaine de la Folle-Avoine, était éloignée de seize lieues environ du Voladero de l'Ours Gris, et le calcul était exact par les chemins habituels; mais ces chemins, ou plutôt ces sentiers, Valentin Guillois s'était bien gardé de les prendre; il y en avait d'autres, connus probablement de lui seul, qui avaient le double avantage d'être très-praticables, et de raccourcir considérablement le trajet; ce fut dans ceux-là que Valentin s'engagea avec sa troupe.

Aussi, grande fut la surprise des chasseurs, lorsque un peu après sept heures du matin, précisément au moment où l'aube commençait à blanchir le ciel de ses teintes nacrées, ils débouchèrent tout à coup dans la plaine de la Folle-Avoine, sans qu'aucun indice leur eût fait pressentir son approche.

Ils avaient fait, en quatre heures, un trajet qui par les voies ordinaires en aurait exigé près de six, et ils avaient gagné quatre lieues; c'était un beau résultat.

Valentin fit établir le campement sous le couvert, afin de ne pas révéler sa présence aux coureurs ennemis, au cas où ils s'approcheraient jusqu'à la plaine, et il donna l'ordre d'allumer les feux, de faire le thé et de préparer le repas du matin.

Ce à quoi les chasseurs s'occupèrent aussitôt avec ardeur; cette longue et pénible marche leur avait considérablement ouvert l'appétit.

Valentin résolut de pousser une reconnaissance aux environs; il se fit accompagner par don Luis, tout joyeux de la nouvelle existence qu'il menait, et charmé surtout de faire partie de l'expédition.

Valentin voyait, non sans plaisir, cette ardeur du jeune homme, et le goût qu'il semblait avoir pour cette vie d'aventure.

Voici quel était l'aspect du paysage.

De tous les côtés des hautes montagnes couvertes d'immenses forêts vierges, de pins, de cèdres, de chênes liéges, et en général de toutes les essences qui se reproduisent dans les hautes latitudes ; en bas une plaine traversée par une rivière, ou plutôt un torrent tombant en cascades des hauts sommets, et qui allait se perdre dans ces prairies factices, si perfides, et auxquelles au Mexique on donne le nom caractéristique de *chinampas ;* la vallée était çà et là, semée de bouquets d'arbres formant des espèces de remises, et couverte par l'herbe haute et poussant drue à laquelle elle devait son nom.

De tous les côtés, la plaine était cerclée par les montagnes, dont les pentes boisées allaient s'abaissant en pente douce ; à chaque extrémité elle se terminait par un défilé assez long et assez large ; celui de droite, dans lequel Valentin avait proposé d'établir l'embuscade, était le défilé de la Passée des Bisons ; celui de gauche, que les Anglais étaient obligés de franchir, après avoir traversé le premier, était beaucoup plus étroit, plus long que l'autre, de plus il faisait de nombreux détours, et s'élevait par une pente assez raide, ce qui le rendait fort dangereux.

En ce moment les vapeurs qui s'élevaient des marécages formaient un brouillard intense, et noyaient et confondaient tous les accidents du paysage.

Il était fort difficile de se diriger dans cette brume épaisse; tout autre que le célèbre Chercheur-de-Pistes aurait été fort embarrassé.

Valentin, au lieu de descendre dans la plaine, avait maintenu sa position sur les hauteurs; il longeait le couvert, marchant à coup sûr, grâce à cette espèce d'intuition, que lui avait donnée l'expérience, et qui lui aurait fait trouver son chemin au milieu des ténèbres les plus épaisses.

Tout en marchant, le Coureur des bois s'entretenait avec son jeune compagnon, auquel il expliquait comment il fallait marcher, d'abord pour ne pas trop se fatiguer, et ensuite pour reconnaître sa route, soit en consultant l'écorce des arbres, soit en étudiant la nature du sol, et d'autres indices encore qu'il lui enseignait, que le jeune homme écoutait avec la plus grande attention, et dont il faisait son profit.

— Mon cher enfant, dit Valentin, le seul moyen de bien se diriger au désert, c'est de ne rien négliger; même les choses en apparence les plus futiles, tout est indice, tout peut servir; tenez, voyez ces branches froissées, ces autres brisées: il est évident que quelqu'un a passé là, mais qui? Voilà ce qu'il faut savoir; est-ce un homme, est-ce un animal quelconque? Qu'en pensez-vous?

— Je crois, mon père, que ce doit être un animal?

— Qui vous porte à le supposer?

— Voyez, les branches sont brisées et froissées, jusqu'à une hauteur qui ne dépasse point trois pieds; je conclus qu'un animal, sans doute poursuivi ou lancé à toute course, aura fait là une trouée.

— Pas mal, mon enfant, le raisonnement est plausible, cependant il est faux; si vous aviez réfléchi, vous n'auriez pas conclu ainsi; dans le désert on rampe autant qu'on marche, voici pour la hauteur; en sus, examinez les branches, elles sont violemment tordues et non pas brisées net, comme un animal aurait pu le faire.

— C'est vrai, dit le jeune homme; je ne l'avais pas remarqué.

— Il faut tout remarquer, c'est ainsi qu'on devient un bon coureur des bois; il est vrai que c'est un métier que vous ne ferez jamais, dit-il avec bonhomie.

— Peut-être, mon père, je me sens beaucoup de goût pour ce métier, au contraire.

— Tout nouveau, tout beau; ce feu passera, mon enfant; mais, pour en revenir à ce que je vous disais, ces branches ont été brisées par un homme, qui a rampé sous ce buisson; et, tenez, que vous disais-je? regardez cette empreinte?

— C'est le pied d'un homme! s'écria Luis avec surprise.

— Très-bien; examinez-le et dites-moi si ce pied est celui d'un Indien, d'un chasseur ou d'un traitant?

— Quant à cela, c'est impossible, père; tous les pieds se ressemblent, Peaux-Rouges et chasseurs ne portons-nous pas la même chaussure?

— C'est vrai, mais nous la portons autrement; la marche diffère; la conformation du pied n'est pas la même; ceci est l'empreinte d'un Indien sur le sentier de la guerre.

— Comment, sur le sentier de la guerre?

— Oui. Regardez un peu en arrière du talon, le sol semble balayé.

— C'est vrai, père.

— Ce sont les queues de loups que les grands Braves attachent à leurs mocksens qui ont laissé cette trace; elles se seront détachées et auront traîné sur le sol; maintenant regardez le pied, il est très en dedans; l'empreinte est plus visible au talon, parce que les Indiens posent toujours la pointe du pied en premier; remarquez de plus comme le pouce est écarté des autres doigts, cela provient de la courroie qui retient la semelle du mocksen.

— Tout cela est vrai, je le vois, je le comprends. Oh! que de choses à apprendre encore; c'est égal, j'y parviendrai, j'en sais déjà plus maintenant qu'il y a une heure.

— Tenez, Luis, regardez à travers les arbres. Voici le campement des Peaux-Rouges.

— En effet, dit-il.

— Tenez, voici encore ce qu'il vous faudrait apprendre.

— Quoi donc, père?

— A imiter le cri des animaux et des oiseaux, c'est une langue dans le désert. Écoutez-moi bien.

Il imita alors trois fois le cri de l'aigle gris avec une

telle perfection que bien que Luis fût prévenu, il s'y laissa prendre et leva machinalement la tête pour voir où était l'aigle qui venait de se faire entendre.

Valentin se mit à rire.

Le même cri fut immédiatement répété, et presque aussitôt le Couteau-Rouge et Anhimicki parurent.

Lorsque les premiers compliments eurent été échangés, Valentin et don Luis acceptèrent l'invitation des Chefs et allèrent avec eux s'asseoir autour du feu du conseil.

Valentin accepta le calumet qui lui était présenté et commença à fumer.

Au même instant, du côté opposé du camp, le cri de l'aigle gris résonna à trois reprises différentes.

Le Couteau-Rouge se leva, et suivi de Anhimicki, après avoir répondu au signal tous deux s'éloignèrent.

Bientôt ils revinrent en compagnie du capitaine Griffiths et du capitaine James Forster.

Lorsque tous les Chefs eurent pris place autour du feu du conseil, le Hachesto présenta au Couteau-Rouge le grand calumet chargé de *morrichée* ou tabac sacré.

Le calumet fit deux fois le tour du cercle, puis le Hachesto recueillit la cendre du tabac, la jeta vers le ciel en se retournant vers le midi et en disant :

— Wacondah ! inspire ta sagesse à tes enfants, le conseil-médecine est ouvert.

Puis il se retira à distance.

Le conseil commença.

La parole fut donnée au capitaine Griffiths, en sa qualité de commandant en chef.

Le Bois-Brulé expliqua alors son plan, c'est-à-dire celui que Valentin lui avait inspiré la veille; il n'y changea pas un mot.

Les Peaux-Rouges acceptèrent ce plan avec enthousiasme.

— Maintenant, j'ai à vous annoncer deux bonnes nouvelles, continua Griffiths. Un chasseur blanc, arrivé cette nuit dans mon camp, m'a annoncé que les Peaux-Rouges de la colonie anglaise, alliés comme nous le sommes à des chasseurs blancs et à des Bois-Brûlés, ont surpris les troupes anglaises que le gouverneur de la Colombie envoyait à la rencontre du colonel sir Georges Elliot; ils leur ont infligé une si rude défaite que nous n'avons plus rien à redouter de ces troupes; d'ici à longtemps elles ne pourront pas être en état de tenter une nouvelle expédition.

— Nous en ferons autant ici, dit le Couteau-Rouge.

— Cela ne fait pas de doute, appuya Valentin; avez-vous des renseignements sur la marche des Anglais?

— Je me préparais à vous en donner, reprit Griffiths; ils sont campés à deux lieues d'ici; ils se remettront en marche à dix heures pour traverser le défilé; ils ignorent le sort des troupes avec lesquelles ils veulent opérer leur jonction.

— Très-bon, fit le Couteau-Rouge.

— Le Wacondah protége ses enfants, ajouta Anhimicki; il nous livre les Yankees.

— Il faut nous hâter de préparer l'embuscade, reprit le capitaine Griffiths; la moitié de mes hommes sont déjà embusqués à l'entrée du défilé.

— Moi, je me charge de garnir le côté gauche du défilé, de construire et de garder la barricade, et de remplir les marais de tirailleurs.

— Le Couteau-Rouge, avec ses guerriers, garnira le côté droit du défilé et mettra des tirailleurs dans les marais; ses guerriers sont venus à pied.

— Anhimicki ira avec la moitié de ses cavaliers s'embusquer auprès des Bois-Brûlés à l'entrée du défilé; l'autre moitié restera derrière la barricade avec les guerriers Bois-Brûlés du grand Chef.

— Quel sera le signal de l'attaque? demanda le Chercheur-de-Pistes.

— Le cri de l'aigle gris trois fois répété, répondit le capitaine Griffiths.

— Mon frère le chef des Bois-Brûlés est un grand guerrier, dit le Couteau-Rouge; ses frères Indiens approuvent son plan, il est très-bon; ils obéiront ponctuellement à ses ordres pour vaincre les Yankees de l'autre côté de l'eau (1), et prendre beaucoup de chevelures; tous les guerriers Peaux-Rouges sont les grands braves de leur nation; ils se rient de la mort; mes frères pâles les verront combattre.

— Nous connaissons la valeur des Peaux-Rouges ét

---

(1) Le mot Yankee n'est qu'une altération du mot English, que les Indiens ne peuvent prononcer. Les Indiens du Canada nomment encore ainsi les Anglais.

nous savons que nous pouvons compter sur eux.

— Oaah! dit Anhimicki, nos frères pâles seront satisfaits ; ils combattent pour conserver aux Peaux-Rouges les grands territoires de chasse ; les Sachems les aiment ; ils leur seront alliés fidèles.

Valentin Guillois se leva ; tous les autres chefs l'imitèrent.

La conférence se trouva ainsi terminée.

— Je vais rejoindre mes chasseurs, dit Valentin Guillois ; le temps presse.

— C'est sur vous surtout que je compte, mon ami, mon sauveur! dit le capitaine Griffiths à Valentin en lui serrant chaleureusement la main.

— Soyez tranquille, répondit en souriant le Chercheur-de-Pistes, vous avez ma parole.

— Je n'ai que peu de confiance dans les Indiens ; je crains quelque trahison de leur part.

— Vous avez tort, mon ami ; ils se conduiront bien, je vous réponds d'eux ; ils ont tout autant intérêt que nous au succès. Les Peaux-Rouges ne trahissent que ceux dont ils ont à se plaindre ; ici le cas est tout différent ; ils ont, au contraire, à se louer de nous ; et, ne serait-ce que pour moi en qui ils ont pleine confiance et qu'ils aiment, ils feront leur devoir.

— Enfin, à la grâce de Dieu! D'ailleurs, nos deux troupes réunies suffiraient, au besoin, pour battre ces maudits habits rouges.

— Oui, mais non pas pour les détruire ; qu'y a-t-il de vrai dans la nouvelle que vous avez donnée au conseil à propos des Indiens de la Colombie anglaise?

— Elle est de pure invention; j'ai pensé qu'elle stimulerait nos alliés.

— Vous avez eu raison; la défaite du colonel Elliot empêchera, soyez-en certain, la venue de ces renforts qui, la colonne détruite, seraient sans objet.

— Je le pense comme vous; bon courage!

— Bon espoir!

Ils se séparèrent alors. Chacun se hâta de rejoindre son détachement, afin de préparer l'embuscade dans laquelle devait se prendre la malheureuse colonne anglaise.

Le brouillard était dans toute sa force; il était impossible de rien distinguer à quatre pas de soi; cette obscurité était très-avantageuse pour les confédérés; elle leur permettait d'opérer leurs mouvements avec la plus grande sûreté.

Pour ces hommes accoutumés à se diriger, non avec les yeux, mais presque avec le flair et certainement avec l'instinct infaillible des sauvages habitants des solitudes, le brouillard était bien plutôt un auxiliaire utile qu'un empêchement.

Après avoir embusqué une centaine de ses chasseurs sur toute la longueur de la partie gauche du défilé, Valentin Guillois était descendu dans la plaine.

Il avait d'avance choisi l'endroit où la barricade devait s'élever; c'était à portée de fusil de la sortie du défilé, à l'endroit où la chaussée était rendue très-étroite par l'envahissement progressif des marécages qui la minaient des deux côtés.

Vingt-cinq chasseurs furent chargés de creuser une tranchée profonde et large de plus de cinq mètres, travail auquel ils se livrèrent avec une si grande ardeur qu'en moins d'une heure et demie cette chaussée fut creusée et envahie par l'eau, tandis que la terre battue à mesure formait un mur épais et solide consolidé encore par des abatis considérables d'arbres, enchevêtrés de telle sorte que les chasseurs, embusqués derrière, étaient complétement invisibles et pouvaient tirer à leur aise et presque sans coup férir.

A droite et à gauche de la barricade se trouvait un sentier qui, après maints détours, allait rejoindre la chaussée à portée de pistolet de la sortie du défilé; sur chacun de ces sentiers, mais invisibles, furent embusqués des cavaliers Bois-Brûlés et Peaux-Rouges; puis cinquante chasseurs commandés par le Castor, Pawlet et Mortier, et cent Peaux-Rouges allèrent s'embusquer silencieusement à droite et à gauche dans les marécages. Les chasseurs placés dans le défilé étaient commandés par Navaja, Johnson, Tom Trick, Jansen et Leemann.

Valentin Guillois avait conservé avec lui, à la barricade, les deux escouades commandées par Belhumeur et Luis, son fils adoptif, sur lequel il voulait veiller, afin de voir quelle contenance il ferait à cette première affaire.

La chaussée formait de nombreux coudes, de sorte que non-seulement elle était invisible de la sortie du défilé, mais qu'il fallait être presque dessus pour l'apercevoir.

Valentin était convenu avec les tirailleurs du marécage d'un signal pour les avertir quand ils devraient commencer le feu.

Ce signal était le cri du Vautour fauve, répété trois fois.

A dix heures du matin, tous les préparatifs étaient terminés, toutes les mesures prises.

Vers dix heures et demie, le brouillard, enlevé par une rafale de vent, disparut comme un rideau de théâtre et démasqua le splendide paysage de la plaine déjà tout ensoleillée.

Rien ne paraissait; tout semblait désert; un calme profond régnait sur cette majestueuse solitude, où tant d'hommes inconnus les uns aux autres, se préparaient à s'égorger avec une rage féroce, pour des intérêts mal définis; et dont un grand nombre d'entre eux ne comprenaient même pas la valeur.

En ce moment un Peau-Rouge parut.

— Eh bien? lui demanda Valentin.

— Les Yankees approchent; ils marchent fiers, calmes et résolus, répondit l'Indien.

— Se douteraient-ils de quelque chose? demanda vivement Valentin. Où sont-ils?

— Leur avant-garde n'est plus qu'à deux portées de fusil du défilé.

— C'est bien; que mon frère retourne vers ceux qui l'ont envoyé; nous sommes prêts.

— Hugh! dit l'Indien en grimaçant un sourire.

Et il disparut.

Un peu en arrière de la barricade, Valentin Guillois avait fait conserver une de ces remises dont nous avons parlé plus haut. Cette remise était composée d'une quantité d'arbres énormes et d'une très-grande hauteur.

Sur un geste du Chercheur-de-Pistes, cinq ou six hommes jetèrent leur fusil en bandoulière et s'élancèrent sur ces arbres, au milieu desquels ils ne tardèrent pas à disparaître.

Ces chasseurs devaient à la fois servir de vedettes pour annoncer l'approche de l'ennemi et de tirailleurs.

Valentin fit la visite de la barricade afin de s'assurer que tout était en ordre et chacun à son poste; puis il revint au centre de la barricade où se trouvaient Belhumeur et Luis.

Il jeta un regard à la dérobée sur son fils adoptif.

Le jeune homme se tenait appuyé sur son fusil; il était un peu pâle, mais calme et résolu.

— Eh bien! mon enfant? lui demanda-t-il affectueusement; l'action ne va pas tarder à s'engager, comment vous trouvez-vous?

— Assez bien, mon père; j'éprouve, je vous l'avoue, une certaine émotion, une inquiétude nerveuse que je ne puis m'expliquer, mais cela se passera.

— Nous avons tous éprouvé la même chose à notre première affaire; dit Valentin en souriant.

— Buvez un coup de vieille eau-de-vie de France; cela vous remettra, jeune homme, dit gaiement Belhumeur; dans dix minutes vous n'y penserez plus.

— Non pas, je ne veux pas me donner un courage factice ! répondit-il en souriant ; je me crois brave, je vais bientôt savoir à quoi m'en tenir ; cette émotion n'est que l'instinct de la conservation que Dieu a mis dans le cœur de l'homme qui s'éveille en moi ; mais la volonté, je l'espère, domptera bientôt cette révolte de la nature, et le premier moment passé, je ferai mon devoir, je le crois.

— Bien répondu, mon enfant, vous vous supposez brave, votre raisonnement me prouve que vous l'êtes réellement ; tous nous avons tressailli la première fois que nous avons vu le feu ; cependant nous ne passons pas aujourd'hui pour des poltrons.

— J'affirme que Luis est brave et que bientôt il nous le prouvera ; dit Belhumeur en riant.

— Merci, mon ami ; répondit le jeune homme en lui tendant la main ; j'essayerai de ne pas vous faire mentir.

En ce moment le cri de l'Aigle gris se fit entendre strident et prolongé.

— Bravo ! s'écria Belhumeur, sa main n'a pas tremblé dans la mienne. A la bonne heure, tout est dit maintenant !

Cependant le combat était vigoureusement engagé dans le défilé ; la fusillade crépitait sans interruption ; par instant elle semblait se rapprocher.

De temps en temps on entendait résonner comme un cri de défi le hurrah des soldats anglais.

Tout à coup éclata comme un coup de tonnerre le

cri de guerre des Peaux-Rouges; la fusillade devint plus intense, des clameurs terribles s'y mêlaient par intervalles : cris de douleur, de colère et de triomphe.

Sir Georges Elliot était un vaillant soldat ; ce n'était qu'à contre-cœur qu'il s'était hasardé dans le défilé, et contraint par la nécessité ; il n'y avait pas d'autre passage.

Il n'y avait pénétré avec sa colonne qu'après l'avoir fait reconnaître avec le plus grand soin par ses éclaireurs ; le rapport de ceux-ci fut qu'il n'existait aucun danger, que le défilé était désert; qu'il n'existait aucune embuscade.

D'ailleurs cette embuscade, qui l'aurait tendue?

Sir Georges Elliot savait, ou plutôt croyait savoir, que le seul détachement que les confédérés possédaient dans cette région, était celui du capitaine John Griffiths, fort de deux cents hommes au plus.

Le colonel anglais ne pouvait supposer que le capitaine Griffiths fût assez fou pour oser avec un aussi faible contingent, attaquer une colonne de troupes réglées, forte de six cents hommes.

Il se décida donc à continuer sa route.

Tout alla bien d'abord ; les Anglais étaient parvenus presque à la moitié du défilé sans que rien de suspect vînt éveiller leurs soupçons ; ils se considéraient déjà comme hors de danger, lorsque tout à coup, à un signal donné, sans qu'ils vissent paraître personne, une fusillade terrible éclata de tous les côtés à la fois.

La colonne s'arrêta pour faire face à l'ennemi ; un

instant la pensée lui vint de retourner sur ses pas ; mais déjà l'avant-garde de la colonne débouchait dans la plaine ; il n'était pas possible de l'abandonner.

Le colonel brandit son épée, se mit à la tête de sa troupe, cria : en avant! et la colonne s'élança à toute bride à la suite de son chef.

Ce fut en ce moment que les Peaux-Rouges jetèrent leur terrible cri de guerre, et que, Indiens et Bois-Brûlés poussèrent une charge à fond sur les derrières de la colonne.

Les cavaliers anglais passaient littéralement entre deux murs de feu.

Ils étaient fusillés à bout portant, sans riposte possible.

Enfin ils débouchèrent sur la chaussée.

Ils respirèrent, ils se croyaient sauvés !

Ils étaient perdus !

Ce que Valentin avait prévu arriva ; les Anglais voulurent débusquer les tirailleurs qui les visaient de derrière les buissons ; ils roulèrent dans les marécages !

La lutte devint horrible ; les Anglais enveloppés de toutes parts étaient venus se briser contre la barricade.

Ils se sentaient perdus ; ils combattaient avec toute l'énergie du désespoir ; aucun d'eux ne songeait à demander quartier.

Les cent ou cent cinquante survivants de la colonne, retranchés derrière les cadavres de leurs chevaux égorgés, continuaient une lutte héroïque qui ne pouvait se terminer que par leur mort ; ils résistaient à toutes les attaques, muets, sombres et calmes comme des hommes qui ont fait bravement le sacrifice de leur vie et qui, certains de mourir, sont décidés à résister jusqu'au bout.

Tout à coup, Valentin Guillois, saisi d'horreur et de pitié pour une si sublime résolution, s'élança, suivi de Luis, en criant d'une voix qui fut entendue de tous :

— Arrêtez ! cessez de tirer !

Les chasseurs, les Bois-Brûlés et les Peaux-Rouges obéirent ; tant il y avait d'autorité dans la voix de cet homme pour lequel ils professaient tous un si profond respect, et auquel ils savaient qu'ils devaient cette éclatante victoire.

Valentin Guillois s'avança alors vers les Anglais, son fils adoptif l'accompagnait ; tous deux étaient sans armes.

Lorsqu'ils eurent atteint le rempart de chevaux et de cadavres empilés, ils s'arrêtèrent.

— Que demandez-vous ? dit le Colonel en baissant son épée.

— Nous venons vous offrir la vie.

— Nous ne la demandons pas ! répondit fièrement le Colonel ; nous voulons mourir !

— Nous voulons mourir ! répétèrent les soldats comme un sombre écho.

— C'est de la folie. Écoutez au moins mes propositions.

— Nous n'écouterons rien ! répondit froidement le Colonel ; vous nous avez lâchement surpris. Vous avez assassiné nos camarades ; nous tomberons tous ici jusqu'au dernier, mais en les vengeant !

— Vengeance ! s'écrièrent les soldats.

— Écoutez-moi, au nom du ciel ! s'écria Valentin avec insistance ; je vous offre la vie sauve, la liberté.

— Retirez-vous ; nous ne croyons ni à vos paroles, ni à vos promesses ; nous voulons mourir. Arrière !

Et il leva son épée.

Ce mouvement tout machinal fut interprété par les soldats anglais, qui s'y trompèrent, comme un ordre de recommencer le combat.

Une décharge éclata.

Luis se jeta résolûment devant Valentin, qu'il couvrit de son corps.

Il tomba frappé d'une balle destinée au chasseur.

A cette agression subite, qui fut considérée comme une trahison, le combat recommença avec un acharnement sans égal de la part des confédérés, et une résolution opiniâtre de celle des Anglais.

Le premier mouvement de Valentin fut de relever le jeune homme.

Soudain il poussa un cri de joie : Luis se relevait seul ; il était pâle comme un suaire, mais sans blessure.

La balle avait frappé de biais sur la plaque en cuivre du ceinturon du jeune homme, elle n'avait pu pénétrer. La commotion qu'il avait reçue l'avait renversé évanoui, ne respirant plus ; mais quelques minutes avaient suffi pour le faire revenir à lui, heureux d'avoir sauvé la vie de son père adoptif.

Cependant les Anglais, pressés de toutes parts, tombaient les uns après les autres comme les épis mûrs sous la faux du moissonneur.

Ce n'était déjà plus un combat, mais un carnage, un massacre, une horrible boucherie.

Tout à coup, Luis aperçut le Colonel à demi renversé et se défendant avec désespoir contre quatre Bois-Brûlés ou chasseurs, qui l'attaquaient à la fois.

— Oh! je le sauverai! s'écria-t-il.

Et, bondissant comme un tigre au milieu de la mêlée, il s'élança vers le Colonel, et repoussant les assaillants :

— Prisonnier à moi! s'écria-t-il en l'enlaçant dans ses bras.

— Arrière! cria Valentin, qui l'avait suivi.

Les assaillants s'éloignèrent à la recherche d'autres victimes.

Le Colonel jeta un regard triste autour de lui.

Tous ses compagnons avaient succombé, seul il restait debout : il n'était plus entouré que de cadavres.

Il secoua la tête avec désespoir.

— Mes pauvres soldats! mes pauvres enfants! murmura-t-il en étouffant un sanglot.

— Venez, venez donc, monsieur! lui dit Luis en essayant de l'entraîner, afin de le soustraire à l'affreux spectacle qu'il avait sous les yeux.

— Je vous remercie, généreux jeune homme ; dit le Colonel en le repoussant doucement, et vous aussi, brave chasseur, ajouta-t-il en s'adressant à Valentin, je vous remercie du dévouement que vous me témoignez ; mais il est inutile. Regardez autour de vous : tous mes braves compagnons sont étendus là, autour de moi, morts, impitoyablement massacrés. Je reste seul, je ne veux pas leur survivre. Adieu, et encore une fois, merci.

Et avant que les deux hommes eussent eu le temps de l'en empêcher, le Colonel saisit un pistolet accroché à sa ceinture, le leva jusqu'à son front, lâcha la détente et roula sur le sol, le crâne fracassé, en murmurant ce dernier mot :

— Dieu !

Valentin et Luis furent épouvantés de cette horrible catastrophe ; ils se hâtèrent de s'éloigner.

La victoire des confédérés était complète ; la colonne du Colonel George Elliot était anéantie.

De plus, un riche convoi de vivres et de munitions était tombé entre leurs mains.

Les Peaux-Rouges n'avaient pas réussi à faire un seul prisonnier ; ils s'en dédommagèrent en scalpant impitoyablement les cadavres.

Seul le Colonel, grâce à Luis, qui se hâta de l'enterrer, aidé par Belhumeur, échappa à cette suprême injure.

Par les soins de Valentin, la sépulture fut donnée à toutes les victimes de cette effroyable hécatombe humaine.

Grâce aux excellentes mesures qui avaient été prises, les pertes des confédérés furent presque nulles.

Entre morts et blessés, ils perdirent à peine trente hommes.

Comme toujours en pareille circonstance, les Peaux-Rouges furent les plus éprouvés.

Les confédérés campèrent sur le champ de bataille.

Le lendemain ils se séparèrent.

Les Peaux-Rouges s'éloignèrent pour se rendre sur leurs territoires de chasse, aussitôt après le partage du butin.

James Forster, à la tête de trois cents hommes, se dirigea du côté où les troupes de la Colombie devaient venir; il était porteur d'instructions secrètes que Griffiths lui avait confiées.

Valentin envoya à la grotte du Voladero de l'Ours gris cinquante hommes commandés par le Castor, auquel Valentin fit des recommandations particulières.

Puis John Griffiths et Valentin Guillois, confondant leurs deux troupes, prirent de compagnie la direction du Saut-de-l'Élan, sur la rivière Jourdan.

Il va sans dire que Luis accompagnait son père adoptif.

XI

A CHACUN SELON SES ŒUVRES

Dix jours s'étaient écoulés.

Les chasseurs campaient maintenant dans une position délicieuse, au milieu d'une campagne pittoresque, sur la rive gauche de la rivière Jourdan, au lieu nommé le Saut de l'Élan.

Près d'eux, à une demi-portée de fusil environ, s'élevait le camp des Bois-Brulés du capitaine Griffiths.

Et de l'autre côté de la rivière, comme formant le sommet du triangle, se dressaient les tentes d'un détachement assez considérable de Mormons.

Bien des événements s'étaient passés pendant ces dix jours.

Nous allons les analyser en peu de mots.

Quelques heures après le départ de Valentin Guillois pour aller rejoindre les confédérés, don Gregorio Peralta avait conduit doña Rosario à l'écart, et avait eu avec elle une longue conversation.

Cette conversation avait fort ému la jeune fille ; elle avait beaucoup pleuré en écoutant don Gregorio, qui essayait vainement de la consoler, et elle s'était retirée en disant à don Gregorio d'une voix entrecoupée par les sanglots qui lui brisaient la poitrine.

— J'obéirai à mon père ; mais j'en mourrai.

Don Gregorio l'avait suivi des yeux d'un air pensif, tandis qu'elle s'éloignait chancelante, et le visage inondé de larmes.

— Me serais-je trompé? murmura-t-il, et ferai-je réellement son malheur en croyant la rendre heureuse, en la priant d'obéir à la dernière volonté de son père ?

Curumilla s'était alors approché de lui, et lui posant la main sur l'épaule.

— Pourquoi la Tête-Grise a-t-il fait pleurer le Lis Rosé, lui dit-il; Valentin triste de la douleur de la jeune fille ; laisser le Chercheur-de-Pistes parler, lui seul connaître la pensée de son frère Luis ; la Tête-Grise a eu tort.

Don Gregorio baissa la tête sans répondre ; le doute entrait dans son cœur.

Le soir, un peu avant le coucher du soleil, Benito Ramirez arriva à la grotte en compagnie des dix Bois-Brûlés; ils avaient réussi à s'emparer du capitaine Kild, qu'ils amenaient garrotté et ficelé comme une carotte de tabac.

Le bandit avait opposé une vigoureuse résistance ; ce

n'était qu'avec une difficulté extrême, que l'on avait réussi à s'emparer de lui.

Don Gregorio fit part aux Bois-Brûlés de l'ordre de Griffiths.

Le Lingot avait réussi à échapper à toutes les poursuites.

Benito Ramirez avait demandé à don Gregorio la permission de saluer la jeune fille.

Celle-ci, avertie, était venue à sa rencontre; mais elle était si pâle et si défaite, un sourire si triste se jouait sur ses lèvres décolorées, que le chasseur avait été épouvanté.

— Mon Dieu! s'écria-t-il en l'apercevant et s'élançant vers elle pour la soutenir dans ses bras, tant elle semblait faible et chancelante; mon Dieu! que se passe-t-il donc? quel nouveau malheur vous a frappé?

— Un malheur terrible! répondit-elle en essayant vainement de retenir ses larmes; oubliez-moi, Octavio.

— Vous oublier, moi! s'écria-t-il avec force; c'est impossible!

— Oubliez-moi, reprit-elle défaillante; il le faut! Nous sommes séparés à jamais; et elle tomba à demi pâmée entre les bras de Curumilla qui l'emporta aussitôt.

— Oh! mon Dieu! s'écria le jeune homme d'une voix navrée, que signifie cela? je suis fou! c'est impossible! Oh! je veux savoir!

Et il s'élança; mais Curumilla l'arrêta, et le ramenant doucement en arrière :

— Courage! lui dit-il, soyez homme.

— Du courage, murmura le jeune homme qui s'était laissé tomber sur un amas de fourrures et pleurait le visage caché dans les mains; du courage! j'ai le cœur brisé.

— Oui, du courage! reprit le chef avec force; espérez, Curumilla vous dit; Valentin rien savoir; espérez, je vous dis.

En ce moment, Blue-Dewil, qui avait assisté de loin à cette scène, s'approcha de don Gregorio.

— Vous avez eu tort de ne pas consulter Valentin Guillois avant d'agir comme vous l'avez fait, lui dit-il rudement.

— Peut-être! murmura tristement le Chacarero.

— Est-ce ainsi que vous aimez doña Rosario? ne voyez-vous pas que ces deux jeunes gens s'aiment; vous les tuez.

— Moi! s'écria-t-il, vous voulez m'effrayer? cela ne peut être!

— Je vous dis que vous les tuez, reprit-il plus rudement encore.

— Valentin aime le Lis-Rosé comme sa fille; il ne pardonnera pas à la Tête-Grise le mal qu'il lui a fait, dit Curumilla.

— Il vous maudira, ajouta Bludewil.

— Cela ne sera pas, je veux qu'elle soit heureuse.

— En l'enlevant à celui qu'elle aime? fit Blue-Dewil avec ironie.

— Mais la volonté de son père?

— Son père voulait son bonheur, non sa mort; elle mourra, si elle n'épouse pas celui qu'elle aime.

— Ah ! c'est ainsi ! s'écria-t-il en prenant une résolution soudaine; eh bien, si elle meurt, vive Dios! ce ne sera pas moi qui l'aurai tuée.

Et il se précipita comme un fou dans la grotte où doña Rosario s'était refugiée.

Son absence fut assez longue.

— Eh bien? lui demanda Blue-Dewil lorsqu'il reparut.

— Eh bien, elle est beaucoup mieux, elle est plus calme ; je lui ai dit d'espérer.

— Vous auriez mieux fait de ne rien lui dire du tout, elle serait encore heureuse et tranquille; n'a-t-elle donc pas assez souffert ?

— Pauvre enfant! s'écria don Gregorio en se frappant le front, décidément je suis un niais.

— Peut-être non, fit Blue-Dewil avec ironie; mais vous avez oublié de réfléchir.

— C'est vrai, c'est vrai ; j'ai eu tort, dit-il avec conviction.

Cependant, grâce au changement de front opéré par don Gregorio, aux consolations de Curumilla et de Blue-Dewil, la douleur des deux jeunes gens se calma un peu; et l'espoir, cette panacée divine, rentra dans leurs cœurs.

Ils espéraient, parce que tous deux avaient apprécié le grand et noble caractère de Valentin Guillois, qu'ils étaient aimés de lui et qu'ils avaient foi dans son immense bonté.

Et pourtant ils étaient tristes ; le doute existait encore en germe au fond de leur cœur.

Avec cet égoïsme cruel de l'amour qui rapporte tout à soi-même, ils ne se demandaient pas si leur bonheur ne briserait pas à jamais celui de Valentin, cet homme auquel ils devaient tout !

Ils ne songeaient qu'à leur amour, cet amour dont dépendait leur existence, et qu'à tout prix ils voulaient voir récompensé.

Le troisième jour après le départ de Valentin Guillois, un peu après le lever du soleil, les chasseurs commandés par le Castor arrivèrent à la grotte.

Leur arrivée causa une joie générale.

Le Castor raconta ce qui s'était passé.

Doña Rosario se sentit heureuse en apprenant la noble conduite de son frère, et comment il n'avait pas hésité à risquer sa vie pour sauver celle de Valentin Guillois.

Le Castor arrivait chargé des instructions de Valentin Guillois.

Ces instructions portaient que le Castor ferait reconduire à Fort-Snelling les pauvres femmes et les enfants qu'il avait sauvés des mains du capitaine Kild.

Deux cents dollars seraient comptés à chacune de ces malheureuses pour subvenir à leurs premiers besoins, cent à chacun des enfants; de plus, les ex-prisonnières seraient recommandées aux autorités de la ville, avec prière de les rendre à leurs familles.

Une escorte de quinze chasseurs devait les accompagner jusqu'à Fort-Snelling.

Cette escorte était faible à la vérité, mais elle était

suffisante ; l'alliance contractée par le Chercheur de pistes avec les Peaux-Rouges mettait les voyageurs à l'abri de toute insulte.

D'après le conseil de Curumilla, en qui il avait la plus grande confiance, don Octavio Vargas, ou Benito Ramirez, comme il plaira au lecteur de le nommer, consentit à prendre le commandement de cette escorte.

Le Castor lui remit alors deux lettres.

La première était adressée au banquier du Coureur des bois, la seconde au gouverneur du Fort-Snelling.

La joie des prisonnières fut immense lorsqu'elles apprirent qu'elles allaient enfin être rendues à leurs familles.

Mais elles regrettaient de quitter la grotte sans qu'il leur fût possible d'exprimer à leur sauveur toute la reconnaissance qu'elles éprouvaient pour sa généreuse conduite envers elles.

C'était par excès de délicatesse, et pour se soustraire à l'expression de cette reconnaissance, qu'au lieu de revenir au Voladero de l'Ours gris, le Chercheur de Pistes s'était immédiatement dirigé vers le rendez-vous général du Saut de l'Élan.

Don Octavio et doña Rosario eurent une longue et touchante conversation en présence de don Gregorio Peralta. Leurs adieux furent tristes et surtout pénibles ; cependant ils se résignèrent, en se promettant de se revoir bientôt au Saut de l'Élan, où, selon toutes probabilités, ce long et terrible drame devait avoir son dénouement.

Le lendemain, au lever du soleil, don Benito Ramirez se mit en route; il avait hâte de partir afin d'être plus tôt de retour.

Deux heures après son départ, Curumilla, qui avait longuement causé à part avec le Castor, se mettait sur la piste du jeune homme, emmenant avec lui quatre chasseurs déterminés.

Comme toujours, Curumilla commençait une expédition dont seul il avait le secret.

Le Castor et ses compagnons se préparèrent alors à abandonner le Voladero de l'Ours gris.

Les préparatifs furent assez longs; ils avaient de nombreux bagages à emporter. Heureusement les chevaux ne manquaient pas.

Les chasseurs, en partant pour leur expédition, avaient laissé leurs chevaux au Voladero.

Enfin, quarante-huit heures après le départ de Benito Ramirez, le matin, vers huit heures, tous les chevaux, chargés des bagages, furent réunis en *manada*.

Les chasseurs se mirent en selle sur les montures qu'ils s'étaient réservées, et, après avoir déposé dans des grottes secrètes, et inabordables pour tous autres que les initiés, les objets précieux qu'ils n'avaient pas reçu l'ordre d'emporter; après avoir placé les prisonniers sous bonne et sûre escorte, le Castor donna l'ordre du départ, et les chasseurs abandonnèrent définitivement le Voladero de l'Ours gris, qui demeura désert.

Les deux premiers jours du voyage s'accomplirent sans incident digne de remarque; il n'en fut pas de même du troisième.

Deux heures environ avant la halte de nuit, au moment où les voyageurs traversaient un passage assez dangereux, et qu'il s'était produit un encombrement parmi les chevaux, dont avait résulté un certain désordre, plusieurs coups de feu éclatèrent à l'improviste, tirés par des ennemis invisibles sur les chasseurs, assez empêchés; et qui s'occupaient à rétablir l'ordre au milieu des animaux effarés.

Au même instant, une espèce de démon, s'élançant de derrière un rocher, s'élança par un bond de tigre, renversant tout ce qui lui faisait obstacle; et, se ruant sur doña Rosario, que son cheval, blessé d'une balle à la tête, avait désarçonnée, il saisit la jeune fille, et, l'enlevant dans ses bras puissants avec un rugissement de bête fauve, il s'enfuit, l'emportant sur son épaule.

Mais il n'alla pas loin.

Deux hommes s'étaient lancés à sa poursuite, le Pelon, et Curumilla qui venait d'apparaître subitement.

Le Pelon attaqua bravement le brigand en face ; celui-ci, brandissant son fusil par le canon, en asséna un coup terrible au jeune homme, qui se jeta vivement de côté, sans pouvoir cependant éviter complétement le coup terrible qui lui était adressé ; mais, en tombant, le jeune homme lança son couteau avec une telle force et une telle adresse au bandit, que la lame tout entière disparut dans sa poitrine.

Le misérable, qui n'était autre que Lingot, poussa un rugissement de tigre.

— Ah! je t'écraserai, vermine! s'écria-t-il avec rage.

13.

Et il brandit sa redoutable massue au-dessus de sa tête.

C'en était fait du Pelon, renversé et à demi évanoui.

Tout à coup, Lingot se sentit saisi par les cheveux; sa tête fut violemment tirée en arrière. Il laissa échapper doña Rosario, qui roula sur le sol; et, malgré une résistance désespérée, il tomba sur les genoux.

Alors ses yeux, agrandis par la terreur, aperçurent le visage implacable de Curumilla.

Le Chef, tout en tenant de la main gauche la tête du bandit, violemment renversée en arrière, brandissait de la main droite son terrible couteau à scalper, tandis que son genou pesait lourdement sur ses reins.

— Je suis perdu! murmura le bandit avec épouvante.

— Meurs, chien! lui cria le Chef d'une voix stridente.

Et, lui donnant une forte secousse avec les genoux, en même temps qu'il tirait fortement les cheveux qu'il avait empoignés, il lui enleva la chevelure d'un seul coup; puis il le repoussa dédaigneusement du pied.

Mais ce n'était pas tout; l'implacable Chef, contraignant le bandit râlant, aveuglé par le sang qui coulait à flots sur son visage, et presque à demi-mort, à se relever, le fit marcher, chancelant et tombant à chaque pas, jusque sous le bouquet d'arbres où ses complices, après avoir été tués, avaient été pendus par les chasseurs.

— Tu vas être pendu, toi aussi, lui dit le Chef avec

une voix si menaçante, que le bandit se sentit frémir.

Une corde lui fut passée sous les bras, et, au bout de quelques secondes, il se trouva enlevé à une hauteur considérable, et flottant dans l'air.

— Tuez-moi, par pitié! tuez-moi! hurlait le bandit.

— Non, dit durement le Chef; tu as été sans pitié pour tous, on sera sans pitié pour toi! Souffre jusqu'à ce qu'il plaise à la mort de te prendre.

Sur un geste péremptoire du Chef indien, les chasseurs, attérés de cette effroyable justice, se hâtèrent de s'éloigner.

Le Lingot se tordit dans des douleurs horribles pendant plusieurs heures. Ce ne fut que le lendemain, au lever du jour, que Dieu eut pitié de lui, et qu'il rendit l'âme en proférant un dernier blasphème; mourant sans se repentir de ses crimes, comme une brute immonde.

En arrivant à la halte, lorsque les chasseurs déchargèrent les chevaux, ils s'aperçurent que Brown était mort.

Une balle sortie sans doute du fusil de l'un de ses camarades, ou, pour mieux dire, complice, et dirigée par le hasard, qui est le pseudonyme de la Providence, l'avait tué roide.

Il fut jeté dans un trou recouvert de terre, et tout fut dit.

Grâce au dévouement du Pelon, doña Rosario en avait été quitte pour la peur que lui avait fait éprouver la brutale attaque du Lingot.

Revenue à elle, la jeune fille se hâta de prodiguer les soins les plus affectueux au jeune homme, heureux de lui avoir prouvé son dévouement, et dont la blessure quoique grave, n'était cependant pas dangereuse.

Une heure plus tard, le Chef, froid et calme comme à son habitude, avait rejoint le campement avec les quatre chasseurs qu'il avait amenés avec lui.

Curumilla avait appris que le Lingot, après avoir réussi à récolter, on ne sait où, quatre ou cinq misérables de sa trempe, avait réussi à tenter une attaque désespérée pour s'emparer de Rosario, pour se venger sur elle ou, au besoin, s'en faire un otage précieux.

Le Chef s'était lancé sur ses traces, mais, trompé par une fausse piste, il avait failli arriver trop tard, ce qui aurait amené d'irréparables malheurs ; le dévouement du Pelon lui avait permis heureusement d'atteindre le bandit, qui, sans cela, se serait probablement échappé avec sa proie; grâce au désordre qui régnait parmi les chasseurs, que cette attaque imprévue avait frappés de stupeur.

Trois jours plus tard, les chasseurs atteignirent, mais cette fois sans aucun autre incident fâcheux, le Saut de l'Élan, où, depuis trois jours déjà, Valentin Guillois était campé.

Grâce à la courtoisie de John Griffiths, qui avait offert au Chercheur de Pistes la hutte, qu'à une autre époque il avait fait construire pour doña Dolorès de Castelar, et que la jeune femme avait même habitée pendant quelques jours, Doña Rosario trouva à son arrivée un logement des plus confortables prêt à la recevoir ; rien n'y manquait.

On sait avec quel soin John Griffiths avait veillé à son installation ; les maisons de New-York ou de la Nouvelle-Orléans n'auraient rien pu offrir à la fois de plus commode et de plus luxueusement coquet que cette hutte, qui se démontait comme un jeu de patience, qu'il fallait deux heures à peine pour monter et installer complétement, et qui renfermait parloir, salle à manger, salon, chambre à coucher, cabinet de toilette et salle de bains ; enfin un appartement complet, petit, à la vérité, mais charmant et meublé avec le meilleur goût.

Valentin Guillois avait été très-reconnaissant au capitaine Griffiths de lui avoir fait ce charmant cadeau.

Aussitôt son arrivée, le chasseur se hâta d'y conduire la jeune fille, qui éprouva la joie la plus vive en retrouvant en plein désert ce luxe, cette commodité et ce confortable qui ne se trouvent ordinairement que dans les grandes villes, et dont les femmes les moins coquettes aiment à s'entourer ; car ce luxe et ce confortable sont une partie de leur vie.

La jeune fille remercia chaleureusement son père adoptif, qui prenait un grand plaisir à lui faire tout visiter en détail ; puis il se retira, laissant doña Rosario et Harriett Dumbar s'installer dans leur nouvelle demeure.

Une hutte en branchages avait été construite, à quelques pas plus loin, pour Navaja et son fils ; afin que le

Pelon pût toujours être aux ordres de celle qu'il considérait comme sa maîtresse.

Lorsque Valentin Guillois eut conduit don Gregorio Peralta à la hutte qu'il lui destinait; qu'il eut serré la main des chasseurs et se fut assuré que rien ne manquait à leur installation; il fit entrer le Castor dans la hutte qu'il s'était réservée et dans laquelle Curumilla s'était déjà établi, et il lui demanda de lui rapporter ce qui s'était passé depuis le jour où ils s'étaient séparés à la plaine des Anglais; c'était le nom que l'on avait donné à la plaine de la Folle-Avoine depuis le terrible massacre de la colonne du colonel sir George Elliott; nom qui lui a été conservé et qu'elle porte encore aujourd'hui.

Le Castor raconta alors dans les plus grands détails tous les événements qui avaient eu lieu.

— Comment se fait-il que Benito Ramirez ait accepté la mission d'escorter ces pauvres femmes jusqu'à Fort-Snelling.

— Il ne l'a pas acceptée; c'est lui, au contraire, qui l'a sollicitée.

— Voilà qui est singulier; dit Valentin en regardant Curumilla comme pour lui demander une explication.

Le chef sourit sans répondre.

— Benito Ramirez semblait triste, préoccupé; dit le Castor.

— Triste, préoccupé, Benito Ramirez! fit Valentin de plus en plus surpris.

Lorsque le Castor arriva à l'attaque subite du Lingot:

— Ah! je ne m'étonne plus maintenant de la tristesse que j'ai cru remarquer chez ma fille adoptive, et qu'elle essayait de me cacher ; une telle scène est bien faite pour abattre le moral d'une jeune fille.

Curumilla sourit de nouveau ; mais cette fois son sourire avait quelque chose d'ironique, qui inquiéta Valentin.

Le Chercheur de Pistes laissa le chasseur achever son récit, puis, lorsqu'il eut terminé, il lui serra chaleureusement la main en lui disant :

— Mon brave ami, vous m'êtes tous tellement dévoués, que je ne sais réellement comment je m'acquitterai jamais envers vous.

— Bah ! fit le Castor en riant, que cela ne vous inquiète pas Valentin ; laissez notre compte ouvert comme il l'est en ce moment, et c'est nous encore qui seront vos débiteurs.

Il se leva alors, prit congé et se retira.

Valentin resta un moment pensif.

Curumilla fumait son calumet en le regardant de temps en temps à la dérobée ; au bout d'un instant le chasseur se leva et alla s'asseoir auprès de lui.

— Vous avez quelque chose à me dire? fit le chasseur.

— Oui, répondit Curumilla.

— Vous connaissez les motifs secrets qui ont engagé Benito Ramirez à demander une mission au Castor?

— Curumilla les connaît.

— Vous savez les causes de la tristesse de doña Rosario.

— Curumilla les sait.

— Et vous me les direz, Chef?

— Si mon frère le désire.

— Parlez, Chef, j'ai hâte de tout savoir.

— Deux mots suffiront; le Chasseur Pâle aime le Lis Rosé.

— Je le sais, Chef, les deux jeunes gens s'aiment d'un saint et pur amour. C'est dans le seul but de sauver Rosario que Ramirez, qui est très-riche, a tout abandonné pour se faire chasseur.

— Ramirez est un homme, un grand cœur.

— C'est mon opinion, j'approuve cet amour; ils ont eu sans doute quelque querelle d'amoureux? fit-il en essayant de sourire.

Curumilla hocha la tête.

— La Tête-Grise a fait tout le mal, dit-il.

— Comment! don Gregorio qui aime tant Rosario? lui mon ami le plus cher! c'est impossible, vous vous trompez, Chef.

— Curumilla ne se trompe pas, que mon frère écoute le jour du départ de mon frère, la Tête-Grise a longtemps causé avec le Lis-Rosé; il lui a fait lire un *Collier*, le Lis-Rosé a pleuré beaucoup, puis elle a dit : c'est bien, j'obéirai à mon père, mais je mourrai !

— Mon Dieu! que signifie cela!

— Le soir Ramirez est arrivé, continua le chef, le Lis-Rosé lui a dit : oubliez-moi; nous sommes séparés à jamais, et elle s'est évanouie. Ramirez était fou de douleur. Curumilla a consolé les deux pauvres enfants,

Blue-Dewil aussi, en leur disant : attendez, Valentin seul a le droit de décider.

— Pauvres enfants !

— Puis, Curumilla et Blue-Dewil ont adressé des reproches à la Tête-Grise ; il a répondu : j'ai cru bien faire, je veux qu'ils soient heureux, je me suis trompé, Valentin décidera. Les enfants attendent et souffrent.

— Ah ! je veux à l'instant même savoir le mot de cette énigme ; je veux m'expliquer avec don Gregorio.

— Non, pas encore ; que mon frère attende ; Ramirez sera bientôt ici ; tout s'éclaircira.

En ce moment Belhumeur parut.

— Cher ami, dit-il, il y a là des Mormons qui désirent vous entretenir.

— Qu'ils entrent, mon ami, qu'ils entrent ; et, s'adressant à Curumilla : soit, lui dit-il, j'attendrai l'arrivée de Ramirez, Chef.

Les Mormons parurent alors introduits par Belhumeur, qui se retira aussitôt.

Valentin se hâta d'aller à la rencontre des visiteurs, et, après les avoir salués et les avoir invités à s'asseoir :

— A qui ai-je l'honneur de parler, et que désirez-vous, messieurs ?

— Capitaine, répondit un des visiteurs au nom de ses deux compagnons, nous sommes des Mormons, des Danites envoyés par le prophète Briggam's Young au capitaine John Griffiths pour lui réclamer un Danite apostat nommé Harry Brown, lequel a méchamment

-assassiné, par trahison, un de ses collègues nommé Gédéon Kild.

— Ensuite, monsieur ?

— Le capitaine Griffiths nous a annoncé que le coupable était entre vos mains.

— En effet, monsieur.

— Nous venons donc vous demander si vous consentez à nous livrer ce misérable, afin que justice soit faite de lui ?

— Justice sera faite de cet homme, monsieur, mais il a commis plusieurs autres crimes dont il doit rendre compte ; je ne puis le remettre entre vos mains ; aujourd'hui même, dans une heure, lui et un autre misérable, son complice, seront jugés par un tribunal composé de trois Bois-Brûlés, trois Coureurs des Bois et trois Mormons ; le jugement sera rendu ici dans mon camp et immédiatement exécuté.

— Très-bien, capitaine ; dans une heure trois Danites se rendront ici pour siéger comme juges ; ce que nous voulons, c'est que justice soit faite.

— Elle le sera, soyez tranquilles.

Les Mormons saluèrent et se retirèrent.

Valentin, après avoir donné ses ordres à Belhumeur qui lui servait de lieutenant, et avoir expédié une estafette à John Griffiths afin de le prévenir de ce qui avait été convenu avec les Mormons, se rendit auprès de sa fille adoptive, afin de lui recommander de ne pas quitter sa hutte, pendant le jugement qui allait avoir lieu.

Il causa assez longtemps avec la jeune fille, sans

paraître remarquer la tristesse de la pauvre enfant, qui, du reste, faisait les plus grands efforts pour la dissimuler ; puis il la quitta, en lui disant en souriant que le Pelon l'avertirait, de sa part, quand ses arrêts seraient levés.

Une heure plus tard, neuf personnes étaient réunies sous une vaste tente dressée au centre du camp, afin de servir de tribunal.

Sur une table derrière laquelle des siéges avaient été disposés, se trouvaient les fontes en fer-blanc du capitaine Kild, tous les papiers dont on s'était emparé, et différents autres objets, servant de pièces de conviction.

Tous les chasseurs avaient pris les armes ; le Castor commandait le camp.

Les neuf juges étaient, pour les chasseurs, Valentin Guillois, Belhumeur, Curumilla ; pour les Mormons, Jonathan Maubert et deux autres Danites ; enfin, pour les Bois-Brûlés, John Greffiths, le lieutenant Margottet et le capitaine James Forster.

Le capitaine Forster était arrivé le jour même, ce que Valentin avait prévu avait eu lieu.

Le gouverneur de la Colombie anglaise, en apprenant la catastrophe de la colonne du Colonel sir Georges Elliot, avait contremandé le départ de ses troupes, qu'il ne voulait pas exposer à une semblable défaite, en présence des intentions hostiles que montraient les Indiens de la colonie, et surtout de l'alliance formée par les Bois-Brûlés avec les chasseurs et les Peaux-Rouges de la région des Hautes-Herbes.

Le capitaine James Forster, après avoir poussé une pointe audacieuse en avant, avait rétrogradé et était venu rejoindre le capitaine John Griffiths.

Les neufs juges procédèrent alors à la nomination du président. Valentin Guillois fut élu à l'unanimité.

Les juges prirent place.

Une corde attachée à deux piquets séparait la tente en deux parties inégales : la première, c'est-à-dire le prétoire, était d'un tiers de la tente au plus ; la seconde, destinée au public tenait les deux tiers.

A chaque extrémité de la corde, trois chasseurs armés furent placés en sentinelles.

Puis, sur l'ordre de Valentin, le rideau de la tente fut levé.

L'espace réservé au public, fut immédiatement rempli par des chasseurs, des Bois-Brûlés et des Mormons, attirés par la curiosité, et par l'intérêt qu'un jugement excite toujours; mais qui était plus vif dans ce désert, où la justice humaine était encore inconnue, et dans lequel jusque-là, la force brutale et la scélératesse avaient jusqu'alors constamment primé le droit, et régné en maîtres.

Dans une tente assez petite, communiquant avec la grande, et qu'un cordon de chasseurs armés enveloppait complétement, les accusés, placés sous la garde spéciale de Pawlet, avaient été conduits.

Au bout de la table derrière laquelle siégeaient les juges, une plus petite avait été placée, ainsi qu'une chaise ; mais cette chaise n'était pas encore occupée.

Après s'être consulté à voix basse avec les juges, Valentin Guillois donna l'ordre que le premier accusé fût introduit.

Un rideau se leva et quatre chasseurs, commandés par Pawlet, amenèrent l'accusé.

C'était le soi-disant capitaine Kild ; sa contenance était assurée ; il salua les juges, et s'assit sur un banc préparé exprès pour lui servir de siége.

— Accusé, dit Valentin d'une voix triste mais calme, comment vous nommez-vous ?

— Gédéon Kild ; répondit-il, après un moment d'hésitation.

— Où êtes-vous né ?

— A New-Bedford dans l'état de Massachusetts.

— Quel est votre âge ?

— Cinquante trois ans.

— Affirmez-vous la vérité de votre dire ? je crois devoir vous avertir, que l'on assure que vous n'êtes pas celui que vous prétendez être.

— J'affirme que j'ai dit la vérité ; qu'on me prouve le contraire.

— On vous le prouvera ; continuons. Quel métier faites-vous ?

— Vous le savez aussi bien que moi.

— Répondez.

— Je fais, pour les Mormons, le trafic des femmes et des enfants.

— C'est-à-dire que vous faites la traite des blanches.

— Comme il vous plaira, je ne tiens pas aux mots.

— Vous êtes accusé d'avoir volé à leurs familles plusieurs jeunes filles et plusieurs enfants pour les vendre aux Mormons.

— Ce n'est pas vrai.

— On vous accuse d'avoir enlevé une jeune fille espagnole.

— Ce n'est pas vrai ; je l'ai achetée à un de ses parents. Cherchez dans mes papiers vous trouverez l'acte.

— Vous êtes, en sus, accusé de plusieurs meurtres, entre autres de celui du nommé Gédéon Kild.

— Ceci est trop fort, fit-il avec un rire qu'il essaya de rendre ironique, puisque c'est moi qui suis Gédéon Kild.

— On vous prouvera le contraire.

Il y eut un silence.

— Vous ne voulez rien avouer ? demanda Valentin, un aveu pourrait vous être utile.

— Je n'ai rien à avouer, fit-il en haussant les épaules, puisque je ne suis pas coupable.

— C'est bien ; nous vous accordons une demi-heure pour réfléchir ; faites retirer l'accusé et amenez son complice.

Le soi-disant capitaine fut emmené.

Le lieutenant Margottet, assis à l'un des bouts de la table, avait écrit toutes les questions et toutes les réponses.

Le second accusé parut.

C'était un homme d'apparence assez débile, au regard louche et à la physionomie sournoise ; il semblait assez peu rassuré.

Valentin lui adressa les mêmes questions qu'au premier accusé.

Il répondit qu'il se nommait David Stilder; qu'il était né de parents anglais à Lima, capitale du Pérou ; qu'il avait quarante-sept ans, et qu'il s'était engagé à Saint-Louis du Missouri au service du capitaine Kild ; qu'il ne savait rien de plus, et qu'il ne comprenait pas pourquoi on le traduisait devant un conseil de guerre, lui qui n'était coupable tout au plus, que d'avoir défendu l'homme au service duquel il se trouvait.

— Vous oubliez que vous avez été surpris espionnant nos positions, lui dit sévèrement Valentin; vous êtes de plus accusé de vous cacher sous un faux nom et d'avoir, de complicité avec l'homme qui se dit être le capitaine Kild, enlevé plusieurs jeunes filles, et commis plusieurs assassinats.

— C'est faux ! dit-il d'une voix étranglée.

— Ainsi, vous ne voulez rien avouer ?

L'accusé sembla hésiter un instant.

— Non, dit-il enfin avec effort; je ne suis coupable d'aucun crime, je n'ai rien à avouer.

— C'est bien; Pawlet, faites rentrer le premier accusé.

Le capitaine Kild fut ramené et assis auprès de son complice.

— Avez-vous réfléchi ? demanda Valentin à Kild.

— Je n'avais pas à réfléchir, n'ayant commis aucun des crimes dont on m'accuse, dit-il d'un air bourru.

— On va vous prouver le contraire.

— Je serai curieux de voir cela, fit-il en haussant les épaules.

Valentin fit un geste à Pawlet, qui sortit aussitôt.

Un instant après il rentra, Blue-Dewil l'accompagnait.

Pour cette circonstance Blue-Dewil avait quitté son costume de chasseur.

Il s'était vêtu en gentleman, c'est-à-dire qu'il était habillé de noir des pieds à la tête.

En l'apercevant le capitaine Kild tressaillit ; ses regards lancèrent un éclair à travers ses lunettes bleues ; il fit un mouvement comme pour s'élancer, mais les chasseurs commis à sa garde le surveillaient ; ils l'arrêtèrent, et il retomba sur son banc en maudissant son impuissance.

— Connaissez-vous ce gentleman ? lui demanda Valentin.

— Ce gentleman ! s'écria le bandit avec un rire railleur, est un brigand, un traître, un misérable rascal ; c'est mon ancien lieutenant.

— Et vous ? demanda Valentin au second accusé.

— Je le connais. Il était le lieutenant du capitaine, qui avait toute confiance en lui ; il l'a lâchement trahi pour le voler, répondit-il tandis qu'un frisson nerveux secouait tous ses membres ; de quel poids peut être la déposition d'un pareil misérable ?

— Vous en avez menti tous les deux ! s'écria Blue-Dewil avec énergie. Assez de comédie comme cela ! Il est temps que nous nous regardions à visage découvert.

Bas les masques ! A moi d'abord à vous donner l'exemple.

D'un mouvement rapide il enleva sa perruque, sa fausse barbe, en même temps qu'il passait sur son visage un mouchoir qu'il tenait à la main gauche.

Il semblait transfiguré ; la métamorphose était complète, c'était un autre homme.

— Maintenant, me reconnaissez-vous, misérables ? s'écria-t-il en relevant la tête et en faisant un pas en avant.

— John Estor ! Le chef des détectrices secrets de la Louisiane ; s'écrièrent les deux bandits avec un inexprimable accent d'épouvante.

— Je suis perdu, murmura le capitaine d'une voix sourde.

Son complice tremblait de tous ses membres ; il ne pouvait même plus parler.

— Oui, John Estor, le chef des détectrices secrets de la Louisiane, reprit-il avec force ; voilà cinq mois que je vous guette, brigands ! cinq mois que je vous suis, pas à pas, et que j'épie tous vos mouvements. Pawlet, mon ami, je vous prie, veuillez servir de valet de chambre à ces deux drôles !

Avant que ceux-ci songeassent même à s'y opposer, ils furent mis dans l'impossibilité de faire un mouvement.

Pawlet s'approcha, leur enleva les perruques et les fausses barbes qui les déguisaient et leur passa avec force une éponge mouillée sur le visage afin d'enlever toutes traces de *maquillage*, — nous demandons pardon au lecteur de ce mot de la langue verte, c'est le terme consacré.

La transformation fut cette fois plus complète encore que pour John Estor.

L'ex-capitaine Kild se trouva être un jeune homme de trente ans à peine, beau, fier, hardi, mais à la physionomie essentiellement féline; nous avons fait son portrait en détail dans un chapitre précédent.

Quant au soi-disant David Stilder, c'était un homme d'une cinquantaine d'années, dont les traits avaient le type espagnol très-prononcé; son portrait aussi ayant été fait, nous ne dirons rien de plus.

— Eh bien! oui, je suis Harry Brown, *finita la comedia !* dit-il en ricanant. Après?

— Oui, dit John Estor, à qui nous rendrons son nom, oui, vous êtes Harry Brown, mais vous êtes aussi Cornelio de Bustamente, le caissier infidèle.

— Comment diable savez-vous cela? dit-il en ricanant.

John Estor ne lui répondit pas; il se tourna vers le tribunal et s'adressant aux juges :

— Gentlemen, dit-il, ce Cornelio Bustamente dit Harry Brown, dit le capitaine Kild, et bien d'autres noms encore, a été condamné à mort par sept États de la confédération; cinq fois étant présent devant les juges, deux fois par contumace. D'après la loi, son identité étant reconnue, la justice doit avoir son cours; voici toutes les preuves de ce que j'avance, ajouta-t-il en jetant une liasse de papiers sur la table. Je demande qu'il soit exécuté immédiatement, selon le vœu de la loi.

— Allons, c'est bien joué! fit le bandit toujours railleur; j'ai perdu, je dois payer; il n'y a rien à dire à cela. Mais, ajouta-t-il en riant, est-ce que mon estimable parent, don Miguel de Castel Leon, incendiaire, assassin, et qui m'a vendu comme esclave sa nièce qu'il avait enlevée des bras mourants de son père et de sa mère, assassinés par lui, ne sera pas récompensé, lui aussi, de toutes ses belles actions; ce ne serait pas juste, gentlemen.

Don Miguel ne répondit que par un regard de tigre aux abois à cette dénonciation de son complice.

Valentin, après s'être consulté avec les juges, se leva.

— Gentlemen, dit-il, à l'unanimité les deux accusés sont reconnus coupables; ils sont condamnés à mort.

— A la bonne heure! comme cela je ne serai pas seul! dit Harry Brown en se frottant les mains.

— Tous deux seront exécutés ce soir au coucher du soleil; Miguel de Castel Leon sera pendu jusqu'à ce que mort s'ensuive; quant à Cornelio de Bustamente, son dernier assassinat ayant été commis sur le territoire de l'Utah, sur un Mormon, et lui-même appartenant à cette secte religieuse, il sera immédiatement livré aux Mormons campés sur l'autre rive, qui en feront justice aujourd'hui même, au coucher du soleil.

— Non, s'écria Harry Brown avec épouvante, je suis un criminel, je suis condamné à être pendu, on doit me pendre! Je ne veux pas être livré à ces monstres qui m'infligeront d'horribles tortures.

Il fit un effort si puissant pour s'élancer qu'il faillit réussir; les chasseurs eurent une peine extrême à le contenir et à se rendre maîtres de lui.

— Tel est le jugement du tribunal. Obéissez!

Pendant que les chasseurs emmenaient don Miguel Tadeo de Castel Leon à demi-mort de terreur, sur un signe de Pawlet, une troupe composée d'une quinzaine de Mormons armés s'emparèrent de Cornelio Bustamente, que, malgré la plus vigoureuse résistance, ils garrottèrent et entraînèrent avec eux.

Le bandit proférait les plus sales injures et les plus odieux blasphèmes.

Au coucher du soleil, le double jugement fut exécuté.

Miguel Tadeo de Castel Leon fut pendu; sa prostration fut telle que ce fut presque un cadavre que l'on exécuta.

Quant à Cornelio de Bustamente, les Mormons, avant de lui donner la mort, lui firent subir les tortures les plus atroces.

XII

TOUT EST BIEN QUI FINIT BIEN

Le lendemain, toutes traces de la sinistre tragédie de la veille avaient disparu.

Il faisait un temps magnifique; le soleil dorait la cime des arbres emperlés de rosée et allumait des millions d'étincelles aux eaux de la rivière; une douce chaleur égayait la nature majestueuse, dont les pittoresques accidents servaient de cadre sublime au site choisi par les voyageurs pour établir leurs camps.

Valentin Guillois faisait avec la grâce la plus cordiale les honneurs d'un excellent repas aux Chefs mormons et aux Chefs bois-brûlés, qui étaient venus prendre congé de lui, avant de retourner, les Mormons dans l'Utah, et les Bois-Brûlés sur la Rivière Rouge.

Le Chercheur de Pistes avait près de lui son fils adoptif, Octavio Vargas, qui venait d'arriver une héure à peine auparavant, Curumilla, Belhumeur, John Estor, don Gregorio Peralta, Navaja, Pawlet, le Castor, enfin ses meilleurs amis.

On causait gaiement; la séparation devait être longue; peut-être éternelle; dans le désert, quand on se quitte, on n'est jamais certain de se revoir; on tenait à se séparer dans de bons termes.

Jonathan Maubert avait remis à Valentin une lettre autographe du prophète Briggam Young, par laquelle, après force remercîments pour la conduite sage et juste qu'il avait tenue, le prophète invitait le Chercheur de Pistes à le venir voir à Déseret, où il serait heureux de le recevoir; et l'autorisait à parcourir, avec le nombre d'amis qu'il lui conviendrait, le territoire de l'Utah sans craindre d'être inquiété.

Cette faveur était immense; le prophète ne la prodiguait pas; Valentin remercia chaleureusement le Danite.

De son côté, John Griffiths lui remit les lettres patentes de citoyen de la confédération de la Rivière-Rouge, que le grand-conseil lui envoyait en reconnaissance du grand service qu'il avait rendu aux confédérés bois-brûlés. Valentin fut très-sensible à cette distinction qui lui était accordée.

Lorsque le repas fut terminé, que le dernier toast eut été porté, les convives se levèrent et prirent congé de leur hôte.

Une demi-heure plus tard, les Bois-Brûlés et les Mormons avaient levé le camp et étaient partis chacun dans une direction différente.

Les chasseurs restaient seuls au Saut de l'Élan

Eux aussi se préparaient à partir, mais pour un long voyage : ils allaient retourner au Mexique, à travers les prairies.

Après avoir donné ses ordres à Belhumeur, Valentin demeura dans sa hutte avec Curumilla, don Gregorio Peralta, Octavio Vargas, Luis et John Astor.

Il y eut un assez long silence ; le chasseur semblait réfléchir profondément.

Chacun, les yeux fixés sur lui, attendait qu'il lui plût de prendre la parole.

Enfin, Valentin relevant la tête, s'adressa à son fils adoptif :

— Luis, lui dit-il affectueusement, veuillez prier votre sœur de se rendre ici, mon enfant.

Le jeune homme se leva et quitta immédiatement la hutte.

— Maintenant, mon cher don Gregorio, reprit le chasseur au bout d'un instant, soyez assez bon pour me remettre la lettre de mon frère, Louis de Prébois Crancé ; je crois que le moment est venu pour moi d'en prendre connaissance.

Don Gregorio retira la lettre de son portefeuille, et la présenta au Chercheur de Pistes.

— Vous savez ce que contient ce papier sans doute, dit Valentin en regardant le cachet de la lettre qui était intact.

— Je vous l'ai dit à la Nouvelle-Orléans, mon ami, en agissant ainsi, je n'ai fait, ajouta-t-il d'une voix qui tremblait légèrement, je n'ai fait que suivre les instructions de votre frère; croyez-bien...

— Je ne vous adresse aucun reproche, mon ami, interrompit doucement le chasseur; je sais quelle profonde amitié vous avez toujours professée pour Luis et le vif intérêt que vous portez à ses enfants, qui sont aujourd'hui les miens, ajouta-t-il en appuyant avec intention sur le dernier mot.

En ce moment Luis rentra donnant le bras à sa sœur.

Doña Rosasio était pâle, émue, tremblante.

Valentin la rassura d'un regard, et la faisant asseoir à sa droite, en même temps qu'il invitait Luis à s'asseoir à sa gauche.

— Mes enfants, dit-il, votre père et votre mère doivent être bien heureux s'il leur est permis, du haut du ciel, de laisser tomber un regard sur nous, et nous voir assis cœur contre cœur, ainsi que nous le sommes en ce moment.

Par un mouvement spontanné, irrésistible, les deux jeunes gens lui jetèrent les bras au cou, et l'embrassèrent.

— Mes enfants, reprit-il après un instant d'une voix émue, Dieu m'est témoin qu'après votre père, votre mère et mon brave et bon Curumilla, mon fidèle compagnon depuis plus de vingt ans, vous êtes ce que j'aime et je chéris le plus au monde; après avoir eu le bonheur de vous sauver, mon œuvre serait incomplète si je ne réussissais pas à vous rendre aussi heureux qu'il est permis de l'être sur cette terre; bien que très-jeunes encore, ce bonheur que je vous donnerai, sera chèrement payé par vous, puisque vous l'avez acheté au prix de si cruelles souffrances. Voici une lettre de votre père, je n'en connais pas le contenu encore; je n'ai voulu l'ouvrir et en prendre connaissance que lorsque nous serions tous trois réunis comme nous le sommes en ce moment. Je vais la lire avec vous, et, soyez-en convaincus, comme je le suis moi-même, le bonheur sortira pour vous de cette lecture.

— Je connais les ordres de mon père; répondit doña Rosario d'une voix quelle essayait de raffermir, don Gregorio me les a révélés, je suis prête à obéir mon... mon... ami...

— Chère Rosario, votre père vous a léguée à moi; vous êtes ma fille maintenant, lui dit-il du ton d'une affection profonde; pourquoi ne pas me donner ce titre qui, dans votre bouche, me cause tant de joie.

— Mon... père! fit-elle les yeux pleins de larmes.

— Oui, votre père, chère enfant; mon frère ne vous a pas donné d'ordres auxquels il vous faille obéir; don Gregorio se sera trompé; en vous léguant à moi il a abdiqué tout pouvoir sur vous; sans doute, il n'a voulu vous donner que des conseils, en vous engageant à les suivre.

— Oui, oui, c'est cela même! s'écria vivement don Gregorio; je m'étais trompé en effet.

Valentin sourit doucement.

— Mes chers enfants, reprit-il, il est évident pour moi que lorsque cette lettre a été écrite, votre regretté père obéissait à certaines préoccupations; son cœur lui faisait voir les choses à un point de vue particulier. S'il vivait aujourd'hui, après les événements qui se sont passés, et qu'il eût à récrire cette lettre, certainement il la concevrait et la rédigerait tout autrement; les circonstances modifient à leur gré les volontés les plus fortes, les convictions les plus fermes et les mieux enracinées. Ne voyons donc pas dans la lettre de votre père la forme qui ne saurait nous guider, mais le fond, qui, pour moi comme pour vous, se résume dans ces deux seuls mots, j'en ai l'intime conviction : Votre bonheur. Écoutez-moi donc.

Il brisa le cachet d'une main tremblante et commença la lecture de cette lettre dont le contenu, encore ignoré, faisait battre si fort tant de cœurs.

Valentin était pâle, l'émotion faisait perler la sueur à ses tempes; et, tout en lisant d'une voix brisée, un sourire d'une expression étrange se jouait sur ses lèvres, sourire du martyr qui n'appartient plus au monde et dont toutes les pensées se sont tournées vers cette consolation suprême : Dieu!

Voici quel était le contenu de cette lettre que les assistants écoutèrent le cœur palpitant, sans l'interrompre une seule fois.

Rosario et Luis, les yeux pleins de larmes, s'étaient agenouillés à la droite et à la gauche du chasseur, et ils pleuraient tout bas, le front incliné et appuyé contre la loyale poitrine de l'homme qui, à cette heure suprême, formait toute leur famille.

Octavio Vargas, avait, lui aussi, caché sa tête dans ses mains et on voyait filtrer ses larmes entre ses doigts crispés par la douleur.

Il y avait quelque chose d'imposant et de véritablement majestueux dans cette scène patriarcale, si simple et si pleine d'enseignements.

Valentin commença :

« Mon bien cher Valentin, mon frère chéri,

« Je t'écris cette lettre sous le coup d'un sombre et terrible pressentiment ; mes ennemis s'agitent dans l'ombre ; je le sens, je les vois, pour ainsi dire ; je suis menacé d'un malheur affreux, inévitable ; hélas tu ne seras plus là pour me défendre, toi à qui je dois la vie de ma femme et le bonheur si complet dont j'ai joui pendant vingt-cinq ans, grâce à ton dévouement sans bornes, à ton abnégation sublime. Depuis ton départ je t'ai presque toujours suivi des yeux ; je savais où tu étais, ce que tu faisais, cela adoucissait pour moi la douleur de ton absence ; souvent j'ai voulu aller te retrouver, te serrer dans mes bras ; mais toujours j'ai été arrêté par la crainte de rouvrir une blessure toujours vive et saignante au fond de ton cœur, et j'ai respecté ton silence, j'ai enduré ton absence, pour ne pas ajouter à tes peines en ravivant tes douleurs. Aujourd'hui sous le coup du danger terrible qui me menace, je me résous à t'écrire ; cette lettre est mon testament de mort ; lorsque tu la recevras, Rosario, ma bien-aimée Rosario et moi, nous n'existerons plus ; et mes deux enfants seront orphelins, seuls, faibles et exposés aux coups d'ennemis implacables. Le seul ami qui me reste et en qui j'ai une confiance absolue, en te remettant cette lettre te donnera sans doute les détails de la catastrophe affreuse qui aura brisé ma vie et rendu mes pauvres enfants orphelins. Je ne te demande pas de me venger, frère; je te demande de me remplacer auprès de mes enfants, de leur servir de père; je te les lègue; maintenant ils sont à toi; de toi seul dépend leur bonheur ou leur malheur à venir; cette certitude que tu seras là, que tu veilleras sur eux, frère, me rend moins cruelle la douleur qui me tord le cœur. J'ai foi en toi qui ne m'as jamais failli, qui toujours m'as soutenu, encouragé, et m'as empêché de mettre fin à ma vie dans un jour de démence et de faiblesse; toi, c'est moi. Tu n'es pas un inconnu pour mes pauvres enfants; Rosario et moi, nous les avons, dès leurs premiers ans, habitués à te chérir, et à t'aimer comme ils nous aiment nous-mêmes; tu es pour eux un ami bien cher, que chaque jour ils espèrent revoir et qu'ils attendent avec toute l'impatience et toute l'ardeur de l'amitié la plus vive. Luis, mon fils, est un noble et vaillant cœur, chez lequel tous les bons instincts, les grands sentiments sont en germe; dès le premier moment tu l'aimeras, et grâce à toi il deviendra un homme; Rosario est belle, douce, gracieuse et vive comme sa mère; j'avais fait un rêve, Valentin, un rêve qui nous comblait de joie, ma femme et moi: c'était de te rendre heureux en te la donnant; cette union aurait comblé tous nos vœux; ma fille a été élevée dans ces sentiments, elle t'aime. Dieu veuille que ce dernier souhait que je forme se réalise, et que vous soyez heureux l'un par l'autre : je t'aurai donc, à mon tour, donné un peu de ce bonheur que je te dois. Adieu, frère, je prie le ciel que mon dernier vœu s'accomplisse ; mais, je te le répète en terminant, mes enfants sont les tiens, et de toi seul dépend leur avenir.

« Chacra de la Paloma, près Valdivia (Chili).

« 27 août 1856.

« Louis, comte de Prébois-Crancé. »

Après cette longue lecture, qui semblait avoir brisé toute son énergie, Valentin ouvrit ses bras aux deux jeunes gens qui s'y jetèrent ; un sanglot déchira sa poitrine, et il les tint longtemps pressés contre son cœur, sans avoir la force de prononcer une parole.

Tous les assistants, en proie à une vive émotion, avaient le visage inondé de larmes ; Curumilla lui-même pleurait la tête cachée sous un pan de sa robe de bison.

Mais bientôt la réaction se fit ; par un effort suprême Valentin dompta sa douleur, rendit le calme à son visage et se redressa fier et souriant.

— O mon père ! mon père ! s'écria doña Rosario, en joignant les mains et levant vers le ciel ses yeux pleins de larmes, vous serez obéi ! je vous le jure !

— Silence, enfant ! vous ne comprenez pas la volonté de votre père, lui dit Valentin en l'interrompant ; moi seul je la comprends. Votre père vous a léguée à moi, à moi, son ami, son frère ; il m'a imposé un grand devoir; ce devoir je saurai l'accomplir. Approchez, don Octavio Vargas.

Le jeune homme se leva, chancelant, éperdu.

— Pardonnez-moi, monsieur, dit-il d'une voix brisée, j'étais fou! Hélas, j'ignorais.....

— Silence ; vous aussi, jeune homme !

Il sembla se recueillir un instant.

— Mes enfants, dit-il enfin, vous vous aimez saintement; tous deux vous avez des cœurs simples et bons; voulez-vous faire un sacrifice au-dessus de vos forces, et qui vous tuerait? J'ai accepté le legs de mon frère, à la condition de le remplacer et de veiller au bonheur de ses enfants; la jeunesse cherche la jeunesse, c'est la loi de la nature contre laquelle nul ne peut réagir sans faillir à son devoir; votre sacrifice, je ne l'accepte pas; Rosario a dix-sept ans à peine, moi j'ai quarante-huit ans ; les chagrins m'ont vieilli encore davantage, la disproportion est trop grande; je ne puis, et je ne veux être que le père de cette enfant qui pleure là, pauvre fleur brisée sur mon sein; à mon âge l'amour est impossible, le cœur ne peut et ne doit plus battre que pour les sentiments fraternels. Octavio, Rosario, ajouta-t-il avec un sourire qui sembla le transfigurer : mettez chacun votre main droite dans la mienne, vous êtes fiancés; en agissant ainsi, je crois remplir les intentions de mon frère. S'il lui est permis de me voir, il doit éprouver une joie ineffable d'avoir été si bien compris. Et maintenant, mes enfants, plus de chagrins, plus de tristesse, ne songez plus qu'au bonheur qui vous sourit : embrassez-moi ! embrassez-moi comme un père !

Les deux jeunes gens se jetèrent dans ses bras.

Leur joie tenait du délire ; ils renaissaient à la vie.

Deux heures plus tard, on leva le camp et on se mit en route.

Le voyage était long. Valentin, pour ne pas fatiguer sa fille, avait résolu de le faire à petites journées.

Il conserva près de lui tous ses chasseurs, afin d'éviter à ceux qu'il aimait même l'ombre de la crainte d'un danger.

Le voyage dura deux mois et demi sans aucun incident digne de remarque ; Valentin s'attachait de plus en plus à Luis, qui de son côté avait pour lui une affection profonde ; toujours ils chassaient de compagnie, parfois fort loin, s'éloignant d'une journée, et parfois de deux, de la caravane.

Le jeune homme semblait de plus en plus prendre goût à cette existence toute de liberté et d'aventures.

Il écoutait attentivement les leçons que Curumilla, Valentin et les autres chasseurs lui donnaient à l'envi ; il en profitait, et déjà il pouvait passer pour un excellent coureur des bois.

Après deux mois et demi d'un voyage fort agréable, sans fatigues, à travers des pays magnifiques, la caravane traversa le Rio Bravo del Norte, et entra à Paso del Norte.

On était en Sonora.

L'hacienda de don Pablo Hidalgo était peu éloignée ; les voyageurs allèrent y demander l'hospitalité.

Don Pablo et doña Dolores les accueillirent avec la joie la plus vive ; ils firent les plus grands efforts pour les retenir le plus longtemps possible ; les deux jeunes gens étaient mariés, et dans la joie de la lune de miel.

Don Octavio profita de cette halte pour expédier un exprès à sa famille, la prévenir de son retour, et lui apprendre les événements qui s'étaient passés pendant sa longue absence.

Après un séjour de dix jours, Valentin et ses amis prirent congé de don Pablo et de doña Dolores, et se remirent en route.

A l'hacienda, ils avaient congédié leur trop nombreuse escorte ; les chasseurs avaient été si généreusement récompensés par Valentin, qu'ils ne savaient comment lui exprimer leur reconnaissance.

Seuls, John Estor, Navaja, Belhumeur et le Castor, étaient restés près de Valentin et ses compagnons ; Belhumeur et le Castor, étaient de trop vieux amis pour qu'il s'en séparât ainsi ; il voulait qu'ils assistassent au mariage de sa fille, en compagnie de don Gregorio Peralta, de Curumilla et de master John Estor, qui, par le dévouement dont il avait fait preuve, méritait bien justement cette distinction.

Le Gambucino et son fils s'étaient séparés de la caravane après le passage du Rio Grande, pour se rendre à San Lazaro, où ils avaient des parents.

Après avoir traversé l'État de Chihuahua, et être entrés en Sonora, les voyageurs firent une halte de deux jours au presidio de Yanos, puis ils continuèrent leur route vers Arispe.

C'était aux environs de cette ville que s'élevait l'hacienda de don Octavio Vargas, une des plus riches et des plus vastes du Mexique; le territoire appartenant à cette magnifique propriété était plus étendu que tout un département de la France.

On la nommait l'hacienda de Santa Rosa.

Les voyageurs venaient d'achever la descente assez difficile d'une Sierra peu éloignée d'Arispe, lorsqu'ils aperçurent une nombreuse et brillante cavalcade qui venait à leur rencontre.

C'étaient les parents et les amis de don Octavio, qui, ayant appris son arrivée par l'exprès qu'il avait envoyé en avant, se hâtaient de venir le recevoir sur la frontière de ses immenses domaines.

Après de nombreux et chaleureux compliments, les deux troupes se mêlèrent et revinrent de compagnie à l'hacienda.

Dix jours plus tard, le mariage de doña Rosario et de don Octavio fut célébré.

La veille, à la surprise générale des haciendéros mexicains, qui ne pouvaient s'empêcher de regarder un peu Valentin par-dessus l'épaule, le chasseur, qui avait exigé que le mariage eût lieu d'abord civilement devant le consul français d'Arispe, était intervenu au contrat en donnant à sa fille adoptive une dot de un million de piastres, en traites payables à vue sur les plus riches banquiers du Mexique. Curumilla avait fait à doña Rosario don d'une somme égale.

De sorte que les parents de don Octavio, qui le blâmaient tout bas, lui, si riche, d'avoir épousé la fille d'un simple chasseur, furent non-seulement réduits au silence, mais encore contrariés de reconnaître que l'époux était le plus pauvre des deux mariés, et qu'en somme il faisait une excellente affaire en épousant doña Rosario.

Mais la question d'argent occupait fort peu le jeune homme ; l'amour de doña Rosario était tout ce qu'il voulait d'elle.

Plusieurs jours s'écoulèrent ; master John Estor, généreusement récompensé, était reparti pour les États-Unis.

Belhumeur, après avoir eu une longue conversation avec le Chercheur-de-Pistes, avait pris congé à son tour.

Don Gregorio était en train de négocier la vente de ses propriétés du Chili, afin de se fixer près de doña Rosario, dont il ne voulait plus se séparer.

En un mot, tout dans l'hacienda de Santa Rosa avait repris sa marche habituelle, un peu monotone, lorsqu'un soir, après dîner, Valentin, sans autre préambule, dit aux nouveaux mariés :

— Mes enfants, vous vous aimez, vous êtes heureux, vous n'avez plus besoin de moi ; il est temps que je songe à mes propres affaires. Je vous annonce que, demain, au lever du soleil, Curumilla et moi, nous partirons.

Cette nouvelle, annoncée ainsi à l'improviste, sans préparation, fut un coup de foudre pour les deux jeunes gens.

La pensée que Valentin les quitterait, ne leur était pas venue.

Ils ne connaissaient pas le chasseur.

— Comment, vous partez, mon père! s'écrièrent-ils d'une seule voix, avec une douleur véritable ; mais ce n'est pas possible cela !

— Oui, mes enfants, reprit-il, je pars, j'étouffe ici ; je ne suis pas accoutumé à me remuer dans un si petit espace; je suis trop bien près de vous, j'ai besoin de me secouer un peu, je tomberais malade.

— Oh! mon père, comment pouvez-vous avoir le courage de nous abandonner ainsi, lui dit doña Rosario avec prière, nous qui sommes si heureux de vous avoir près de nous ?

— Oui, je le sais, vous êtes bons, mes enfants ; mais il est bien que vous marchiez un peu seuls dans la vie. N'insistez donc pas pour me retenir, tout serait inutile ; ma résolution est prise, je ne la changerai pas. Je ne suis pas fait pour cette vie tranquille ; il me faut le grand air, l'espace, le parfum des hautes savanes ; les émotions de toutes sortes, que seul peut me donner le désert.

— Oh! mon père, ne plus vous voir !...

— Halte-là, chère enfant; cette fois, je ne ferai pas comme la première, rien ne m'y oblige. Je reviendrai donc vous voir, au contraire, et très-souvent même, je vous le promets. Est-ce que je pourrais me passer de vous, mes enfants? Je vous aime bien trop pour cela.

— Hélas ! vous seriez si heureux avec nous, mon père; nous aurions si grand soin de vous !

— Je le sais, mes enfants ; répondit-il en souriant; c'est justement ce qui me fait peur ; ainsi n'insistez pas davantage ; cela m'afflige et ne saurait changer ma résolution.

— Laissez-le faire, dit don Gregorio ; votre père aussi a essayé de le retenir, il y a vingt ans; il n'a pas réussi. Laissez-le faire, il a une volonté à laquelle rien ne résiste ; bornez-vous à obtenir de lui sa parole de venir souvent vous voir, et passer quelques jours avec vous. Cette liberté que vous lui laisserez le rendra heureux, et vous le verrez souvent.

— Vous avez raison, mon ami, dit-il en lui tendant la main; vous me connaissez bien ; me laisser ma liberté, tel est le moyen de ne pas m'exiler d'ici. Je vous donne ma parole, mes enfants; soyez tranquilles, ajouta-t-il en s'adressant à doña Rosario et à son mari ; êtes-vous satisfaits, maintenant?

— Il faut bien que nous nous contentions de ce que vous nous accordez, mon père, puisque nous ne pouvons obtenir davantage.

Le chasseur se leva.

— Et maintenant, mes enfants, puisque je pars demain au lever du soleil, embrassons-nous, et adieu !

— Eh quoi, mon père, ce soir...

— Oui, mes enfants, il le faut ; cela vaut mieux ; laissez-moi agir à ma guise ; tous nous nous en trouverons mieux.

Doña Rosario étouffa un soupir.

— Je vous obéis, mon père, dit-elle avec des larmes dans les yeux.

Les adieux furent longs et tristes ; puis Valentin se retira.

Le lendemain, au lever du soleil, Valentin et Curumilla quittèrent l'hacienda.

Tout semblait dormir encore ; cependant s'ils avaient tourné la tête, ils auraient vu, à une fenêtre de l'hacienda, deux charmants visages qui, d'un œil anxieux, les suivaient à travers les méandres de la route.

C'étaient doña Rosario et Harriett Dumbar, qui avaient voulu les voir une dernière fois.

Valentin semblait triste et soucieux.

Il gardait le silence et laissait son cheval marcher à sa guise sans songer à le diriger.

Curumilla se tenait près de lui et, ne voyant pas son ami en humeur de causer, il réfléchissait, lui aussi, de son côté.

Le Chercheur-de-Pistes était triste : la veille, lorsqu'il avait annoncé son départ, Luis était présent ; le jeune homme était demeuré froid, presque indifférent ; il n'avait pas dit un mot, soit pour le retenir, soit pour lui témoigner son amitié ; il l'avait embrassé froidement ainsi qu'il faisait chaque soir, et le matin, au moment du départ, il ne l'avait pas vu.

Cette conduite de Luis, qu'il aimait profondément, conduite qu'il ne pouvait s'expliquer, l'attristait et l'inquiétait à la fois ; rien ne la motivait. Comment le jeune homme si aimant, si plein d'ardeur, avait-il pu agir ainsi ?

D'où provenait cet étrange changement qui s'était subitement opéré en lui.

Tout cela était pour Valentin une énigme dont il cherchait vainement le mot.

— Il y a quelque chose, murmurait-il à chaque instant, il y a quelque chose, mais quoi ? Voilà ce que j'ignore, et ce que probablement je ne saurai jamais.

Et il hochait tristement la tête.

Il ne pouvait se résoudre à croire à l'ingratitude du jeune homme.

Cependant les deux cavaliers marchaient bon pas, ils avaient fait déjà une douzaine de lieues, grâce à leurs excellents *mustangs*.

Il était onze heures du matin ; ils étaient partis à six heures ; la chaleur commençait à être forte ; il était temps de s'arrêter pour déjeuner et prendre quelques heures de repos, afin de laisser passer la grande chaleur.

— Avez-vous choisi une halte ? demanda Valentin qui, pour la première fois, ouvrait la bouche depuis son départ de l'hacienda.

— Oui, répondit laconiquement le Chef.

— Sommes-nous loin encore ?

— Nous arrivons.

Valentin se laissa conduire.

Les deux hommes étaient en pleine forêt; au bout de dix ou douze minutes, ils pénétrèrent dans une vaste clairière.

Valentin s'arrêta en poussant un cri de joie.

Il venait de reconnaître Luis assis près d'un feu et s'occupant activement des préparatifs du déjeuner.

Le jeune homme se leva vivement et s'élança à la rencontre de son père adoptif.

— Vous ici, dans cette forêt, vous, si loin de l'hacienda, Luis?

— Oui, mon père; répondit le jeune homme avec un charmant sourire. Eh quoi! vous, si fin, n'avez-vous pas compris hier soir, en me voyant si froid et si impassible, que je ne vous laisserais pas partir ainsi?

— Bien, mon enfant; je suis heureux de vous voir, de reconnaître que je me suis trompé! Ah! je le savais bien que vous n'étiez pas un ingrat!

— Ingrat, moi, qui vous aime tant! Oh! vous ne l'avez pas cru, mon père!

— Non, mon fils, non, je ne l'ai pas cru! Dieu m'en est témoin, et pourtant j'ai bien souffert.

— Pardonnez-moi, mon père, moi qui étais si heureux de vous faire cette surprise!

Tout en parlant ainsi, le chasseur avait mis pied à terre.

— Oh! je vous pardonne, mon fils; mais, voyons, comment se fait-il que je vous trouve précisément ici?

— Je savais que vous deviez vous y arrêter.

— Ah! fit-il en se tournant vers Curumilla, vous étiez du complot, Chef, et vous ne m'avez rien dit?

— Mon frère ne m'a rien demandé; répondit l'Indien avec son rire silencieux.

— C'est vrai, j'ai tort, n'en parlons plus; je suis si heureux que je ne sais plus ni ce que je fais, ni ce que je dis. Luis, mon enfant, votre sœur doit être dans une inquiétude mortelle; il faut vous hâter de retourner à l'hacienda; je vous ai vu, je suis content, je sais maintenant que vous m'aimez; ne tardez pas plus longtemps, mon enfant; embrassez-moi et partez.

— Je vous embrasserai, mon père, et cela me fera grand plaisir; mais, ajouta-t-il en secouant la tête, je ne partirai pas.

— Hein! que dites-vous donc là?

— La vérité; je ne rentrerai à l'hacienda que lorsque vous y rentrerez vous-même.

— Expliquez-vous, mon fils.

— C'est ce que je veux faire, mon père; écoutez-moi donc : je suis seul, désœuvré; ma sœur, que je chéris, a autre chose à faire que de s'occuper de moi; je ne connais pas le monde et je ne m'en soucie guère. Pendant les trois mois qui viennent de s'écouler je me suis senti vivre, j'ai été heureux; vous avez remarqué, sans doute, avec quel soin j'écoutais vos leçons et combien j'essayais d'en profiter. De plus, vous êtes mon seul parent et comme moi vous êtes seul, car le Chef est un autre vous-même; eh bien, mon père, je vous ai été légué par votre frère de lait, je vous aime, la vie que vous menez me convient, je veux rester près de vous, c'est ma place ; je remplacerai mon père avec lequel vous avez jadis parcouru tant de déserts ; vous ferez de moi un homme, ainsi que votre frère vous l'a demandé par son testament de mort.

— Mais votre sœur, mon enfant ? dit Valentin avec émotion.

— Ma sœur est heureuse, grâce à vous, mon père ; elle n'a pas besoin de moi, elle connaît mon projet et elle l'approuve ; m'acceptez-vous pour compagnon, mon père ?

Valentin hésita pendant quelques instants, puis tout à coup il lui ouvrit les bras.

— Soit ! dit-il d'une voix émue ; restez, mon enfant ; et il ajouta en souriant : au lieu d'un nous serons deux.

— Non, mon père, nous ne serons toujours qu'un, car je désire si bien fondre mes idées avec les vôtres, que je veux qu'en m'entendant parler vous arriviez à croire que vous pensez tout haut.

Les trois hommes s'embrassèrent.

— Maintenant, dit Valentin, déjeunons.

— Déjeunons, répondit gaiement le jeune homme, j'ai tout préparé ; où allons-nous ? mon père.

— Au Presidio de Tubac.

— Et de là ?

— De là, mon fils, dans le désert, c'est-à-dire dans l'inconnu, dans l'infini.

— A la bonne heure! s'écria-t-il avec joie, me voici donc enfin Coureur des bois!

. . . .

Peut-être retrouverons-nous un jour nos trois personnages que nous laisserons, quant à présent, s'enfoncer dans le désert, en vaillants pionniers de l'avenir.

FIN DU SAUT DE L'ÉLAN ET DES BOIS-BRULÉS

LE

TAMBO DE GUADALUPE

Incertain et assez maussade pendant toute la journée, au coucher du soleil, le temps s'était définitivement mis à l'orage.

Au Mexique, pour tout Ranchero ou Coureur des bois habitué à errer à travers les plaines plates, nues et arides de la Sonora, ce mot, *orage*, qui pour nous n'a qu'une signification assez inoffensive, en a une véritablement effrayante.

C'est qu'un orage Sonorien ne ressemble en rien aux nôtres, si violents que ceux-ci soient parfois.

C'est un fléau pour la contrée, dont en quelques heures il change et modifie presque complétement l'aspect, un ouragan doublé d'un cyclone; presque un cataclysme.

Le vent et l'eau se réunissent, et font rage, brisant, renversant, entraînant, émiettant tout : sur leur passage : les hangars, les huttes, les ranchos, tordant les arbres les plus gros et les plus vieux comme des fétus de paille; allumant l'incendie, bouleversant le sol, enfin roulant dans un pêle-mêle affreux, les hommes, les fauves, les bestiaux, au milieu de débris horribles et sans nom.

Les Sonoriens ont un nom singulier pour désigner cet orage; ils le nomment un *Cordonazo*, c'est-à-dire un coup de cordon de saint François.

Pourquoi cette appellation bizarre? C'est ce que nul n'a su me dire.

Or, le jour où commence notre histoire, au coucher du soleil, le temps s'était mis à l'orage, un *Cordonazo* se préparait.

Il était un peu plus de sept heures du soir; la nuit était sombre et sans lune, le ciel ressemblait à une immense tache d'encre; des nuages noirs frangés de jaune et chargés d'électricité, s'abaissaient de plus en plus et couraient lourdement dans l'espace, comme une *manada* de bisons en déroute; la chaleur était étouffante; il n'y avait pas un souffle dans l'air; des mugissements sourds, ressemblant à des rugissements de fauves, sortaient des profondeurs ignorées des mornes, et répercutés à l'infini par les échos, roulaient au loin dans l'espace avec de mystérieuses modulations; parfois un éclair verdâtre zigzaguait le ciel et, pendant une seconde, illuminait le paysage auquel il donnait un cachet d'étrangeté efffrayante.

Le pas rapide d'un cheval se faisait entendre au loin sur une *sente* déserte, et à peine tracée à travers la plaine ; s'il eût fait jour on eût aperçu un cavalier penché sur sa selle, et excitant de la voix et des éperons le galop fatigué d'un beau mustang des prairies, dont la bouche et le poitrail étaient blancs d'écume.

Ce voyageur, selon toutes probabilités, essayait d'atteindre au plus vite une Rancheria, éloignée d'une portée de fusil environ de l'endroit où il se trouvait, et dont on voyait dans la nuit briller les rares lumières, comme des feux follets perdus dans l'espace.

A chaque nouvel éclair on entrevoyait, comme une sinistre apparition, le voyageur inconnu penché sur le cou de sa monture et dévorant l'espace, semblable au cavalier spectre de la ballade allemande.

Lorqu'il atteignit enfin la Rancheria, dont il traversa lentement la grande rue, sans doute pour laisser souffler son cheval presque épuisé, quelques rares reflets de lumière tombant tour à tour sur lui, auraient permis de reconnaître vaguement un homme de vingt-cinq à vingt-six ans ; très-brun de peau, aux traits fins et intelligents, à la physionomie hardie, au regard étincelant, à la bouche railleuse, et dont une barbe noire molle et soyeuse couvrait tout le bas du visage, se mêlant parfois aux boucles des longs cheveux qui tombaient jusque sur ses épaules ; autant qu'on en pouvait juger, il était de taille moyenne, trapue, mais cependant élégante et vigoureusement charpentée ; portant, un peu terni et fatigué par suite d'un long voyage sans doute, le riche et pittoresque costume des Rancheros du *bajio*.

Le cheval, que son instinct avertissait de l'approche du *corral* avait relevé la tête et sans se faire prier trottait allègrement, vers un massif bâtiment de construction singulière, et presque maüresque dont l'immense porte charretière ouverte à deux battants, semblait inviter les voyageurs à franchir son seuil hospitalier.

Au-dessus de cette porte se balançait une énorme lanterne en forme de réverbère dont la lumière brillante, éclairant une grande partie de la muraille blanchie à la chaux, permettait de lire ces quelques mots en forme d'enseigne, écrits tant bien que mal en lettres noires, de six pouces de haut, sur un large transparent maculé de taches d'huile en maints endroits :

TAMBÓ DE GUADALUPE

Espiritu Santo Quiroga, de Cosala,
offre bon gîte, aux voyageurs à pied et à cheval,
aux arrieros, recuas et autres.

Et autres faisait rêver ; qu'entendait le digne hôtelier par ces deux mots tout chargés de mystères : et autres ?

L'inconnu sourit; il avait une longue expérience des Tamberos mexicains et savait parfaitement à quoi s'en tenir sur leur compte; aussi, sans se laisser le moins du monde séduire par l'alléchante promesse de l'enseigne du digne Espiritu Santo, il se redressa sur sa selle et se prépara à pénétrer dans le patio boueux et encombré d'immondices de toutes sortes, de l'hospitalière demeure.

Mais, au moment où il allait franchir le seuil de la porte charretière, il s'aperçut avec surprise qu'il n'était plus seul; un second cavalier, qu'il n'avait vu ni entendu arriver était à ses côtés, prêt à entrer en même temps que lui.

L'inconnu jeta à la dérobée, sur l'étranger si subitement surgi près de lui, un de ces regards pénétrants et inquisiteurs qui, en moins d'une seconde, prennent et détaillent le signalement exact d'un individu.

Voici ce qu'il vit :

L'étranger était un cavalier de haute mine, richement vêtu à la mode mexicaine et bien monté sur un mustang des prairies;

C'était un homme de trente-quatre à trente-cinq ans, d'une taille élevée, mais bien prise et d'une rare élégance; ses traits, autant qu'il était possible de les apercevoir sous l'ombre des ailes du sombrero, étaient beaux, réguliers, mais empreints d'une profonde mélancolie; ses yeux grands et bien ouverts semblaient brûler d'un feu sombre, sa barbe noire et fine tranchait sur la pâleur mate de son visage; sur ses lèvres entr'ouvertes, et laissant apercevoir des dents magnifiques, errait un sourire qui avait quelque chose de rêveur et d'ascétique.

Les deux hommes échangèrent le cérémonieux salut mexicain.

— *Dios le de a Vd buena noche, caballero*, dit l'inconnu.

— *Dios la de a Vd buena, caballero*, répondit l'étranger.

Ils se saluèrent de nouveau et pénétrèrent de front dans le patio.

Un coup d'œil leur suffit pour s'assurer, que sauf eux, le Tambó n'avait pas un seul voyageur.

Ils se dirigèrent vers une large porte entre-bâillée, de laquelle s'échappait une grande lueur qui illuminait une partie de la cour, en même temps que quelques accords de *Jarabé* troublaient par intervalles le silence profond du Tambó.

Cette porte donnait entrée à une vaste salle servant selon toute apparence de salle commune, ainsi que le laissaient deviner plusieurs tables rangées avec symétrie et garnies de bancs; à droite se trouvait une espèce de comptoir grossièrement construit, garni de mesures d'étain et derrière lequel sur des planches attachées à la muraille étaient posées des bouteilles de toutes formes, de toutes grandeurs, et de toutes couleurs; dans un angle éloigné de la pièce, il y avait une niche ménagée dans le mur où était placée une statuette de plâtre, enluminée de couleurs criardes, représentant, tant bien que mal, la patronne du Mexique, Nuestra

Señora de Guadalup et éclairée par un velon à demi éteint tombant du plafond.

Deux ou trois peones dépenaillés dormaient étendus sur des bancs; près d'un large brasero incandescent, une jeune femme, ou peut-être une jeune fille, accroupie sur un *equipal*, dormait ou veillait, on ne savait lequel, la tête cachée dans ses mains, et les coudes appuyés sur les genoux.

Derrière le comptoir, était assis, ou plutôt renversé sur une chaise, un gros homme, de quarante-cinq à cinquante ans, les jambes croisées l'une sur l'autre, les yeux levés vers le plafond et comme perdus dans l'espace, tenant en main un Jarabe, dont il tirait nonchalamment quelques accords; ce gros homme, au ventre bedonnant, à la face apoplectique, à l'œil sournois et au sourire faux, était le Tambero en personne.

Ño Espiritu Santo Quiroga, de Cosala, bien qu'il eût la parole mielleuse, les manières douces et félines d'un chat, et l'obséquiosité servile d'un hôtelier qui veut amadouer ses pratiques, ne pouvait cependant dissimuler assez complétement l'astuce méchante qui rayonnait sur sa physionomie et éclatait malgré lui dans son regard; le mot potence était trop lisiblement écrit sur son front bas, plat et fuyant comme ceux des fauves, pour que, quels que fussent ses efforts, il réussît à tromper complétement ceux qui eussent eu intérêt à lui ôter son masque, et à voir toute la hideur qu'il essayait de cacher sous sa mansuétude d'emprunt.

Sept ou huit candiles fumeux attachés au mur de distance en distance par des poignées de fer, et quelques chandelles de suif jaune allumées dans des flambeaux en fer-blanc vissés sur les tables, éclairaient à peu près la salle, dont une grande partie demeurait presque complétement dans l'ombre.

Au bruit du pas des chevaux se rapprochant de plus en plus, le Tambero, jusque-là plongé dans ses rêveries harmoniques, sembla revenir subitement sur la terre, il se redressa sur sa chaise, et frappant le comptoir du poing avec une vigueur qui fit danser et s'entre-choquer mesures et bouteilles :

— Holà ! eh ! Demonios ! dormilones ! cria-t-il d'une voix aiguë, allez-vous vous éveiller? n'entendez-vous pas ? Il y a des voyageurs dehors ! Caraï ! levez-vous ou sinon !...

Il n'eut pas besoin d'en dire davantage, les peones réveillés en sursaut bondirent sur leurs pieds et s'élancèrent vers la porte ; seule, la femme dont nous avons parlé ne fit pas un mouvement.

Le Tambero posa son Jarabé sur le comptoir, et se leva, afin de recevoir les hôtes que Dieu lui envoyait à une heure si avancée.

— *Ave, Maria purissima*, dirent en ce moment les deux étrangers, en entrant dans la salle.

— *Sin peccado concebida*, répondit aussitôt le Tambero en s'inclinant profondément ; soyez les bienvenus dans ma pauvre demeure, caballeros ; que puis-je faire pour votre service?

— D'abord avoir le plus grand soin de nos chevaux, dit le plus jeune des deux voyageurs.

— Ce sont de nobles bêtes, je les ai entrevues, dit le Tambero ; soyez tranquilles, caballeros, on en aura grand soin.

— Très-bien, dit alors le plus âgé ; quant à nous, il nous faut à souper et des chambres pour la nuit.

— A souper ? parfait ! reprit le Tambero, que voulez-vous manger ?

— Hum ! dit un des voyageurs en riant ; avant tout il serait bon de savoir si vous avez quelque chose ?

— J'ai tout ce que vous voudrez, caballero ; en payant, bien entendu.

— *Por supuesto !* que cela ne vous inquiète pas, servez-nous bien, nous vous paierons mieux encore.

— Voilà qui est parler, seigneurie, vous verrez bientôt ce que je puis faire ; vous êtes ici au Tambó de Guadalupe dont sans doute vous avez entendu parler ?

— Oui, souvent, et de bien des façons ; reprit le jeune homme d'une voix railleuse.

— Hein ? fit le Tambero en se redressant comme si un serpent l'eût piqué.

— Rien, rien ! revenons au souper.

— Bon ! laissez-moi carte blanche, seigneurie ; vous ne vous en plaindrez pas.

— Je le veux bien, pour les vivres ; mais que boirons-nous ?

— Vins de France ou vins d'Espagne à votre choix ?

— Caraï! je ne vous croyais pas si bien approvisionné; dit l'inconnu toujours railleur.

— Nous ne sommes qu'à vingt lieues de la mer, seigneurie.

— Et la contrebande ne chôme pas? fit l'inconnu en riant.

— C'est ce que j'allais dire; répondit-il avec un salut.

— Alors, c'est entendu : vins de France et vins d'Espagne.

— Entendu, seigneurie; vous avez là une bien belle carabine; fit-il d'une voix insinuante.

— Elle est encore meilleure qu'elle est belle, répondit l'inconnu d'un ton goguenard; à dix-huit cents pas et plus, je réponds de mon coup avec cette arme.

— *Valga me dios!* fit le Tambero en joignant les mains; est-elle chargée?

— Parfaitement; il y a une balle dans chaque canon.

— *Dios me libre!* que faites-vous de cette arme à la main, seigneurie? Permettez-moi de la porter dans la chambre où vous coucherez; elle vous est inutile en ce moment; ce cavalier devrait, lui aussi, se débarrasser de la sienne? ajouta-t-il en se tournant avec un sourire obséquieux vers l'autre voyageur.

— Pardon! répondit celui-ci d'un air narquois; ma carabine me sert de canne lorsque je marche; je ne m'en sépare jamais.

— Je vous en dis autant, reprit le premier avec un sourire goguenard; occupez-vous donc sans retard de notre souper, afin que nous puissions, le plus promptement possible, nous retirer dans ces bienheureuses chambres dont vous nous avez fait fête; quant à moi, je suis accablé de fatigue.

— Moi, je dors tout debout; appuya l'autre.

— Hein? fit le Tambero en se grattant la tête; est-ce que je vous ai parlé de chambres, seigneuries?

— Dame! il me semble? fit le premier voyageur, il n'y a qu'un instant...

— Je suis étrangement oublieux! interrompit le Tambero en se frappant le front.

— Bon! comment cela? dit le voyageur avec un sourire énigmatique.

— Je ne sais véritablement où j'ai la tête, seigneurie; figurez-vous qu'il ne me reste pas une seule chambre.

— Allons donc! excepté nous, vous n'avez pas un seul voyageur dans votre Tambó.

— En apparence, c'est vrai.

— Comment, en apparence! bondirent les deux voyageurs.

— Permettez, permettez, seigneuries! s'écria-t-il vivement; je m'explique.

— Nous écoutons.

— Toutes mes chambres ont été à l'avance retenues.

— Pour aujourd'hui?

— Pour cette nuit.

— Comment, pour cette nuit? par le temps qu'il fait ou plutôt que bientôt il fera? Allons donc, vous vous moquez de nous, mon hôte?

— Pas le moins du monde, seigneurie; rien ne

m'est plus facile que de vous en donner la preuve.

— Ainsi, pas de chambre?

— Oh! seigneurie, pouvez-vous supposer?... Je vous céderai plutôt la mienne!

Il y eut un silence.

Les deux voyageurs semblaient s'interroger du regard.

Le Tambero les examinait sournoisement à la dérobée.

Enfin, le plus jeune des deux voyageurs reprit la parole de l'air le plus enjoué.

— Çà, notre hôte, dit-il en frappant amicalement sur l'épaule du Tambero; on cause mal l'estomac vide; hâtez-vous de faire servir le souper; quand nous aurons satisfait notre faim et notre soif, nous nous occuperons de notre lit.

— C'est cela; appuya l'autre; soupons d'abord, nous causerons après.

— Et je ne doute pas que nous ne finissions par nous entendre, ajouta le premier.

— Je ferai tout ce qui dépendra de moi pour vous satisfaire, seigneuries.

— C'est entendu; hâtez-vous.

Le digne Tambero ne se fit pas répéter cet ordre;

Tandis que les deux voyageurs s'asseyaient ou, pour être plus exact, se laissaient tomber sur un banc, en face l'un de l'autre, ño Spiritu Santo se mit en devoir d'obéir; son premier soin fut de réveiller la dormeuse toujours accroupie devant le brasero.

Il s'approcha d'elle, et lui frappant fortement sur l'épaule :

— Allons, debout, paresseuse ! lui dit-il brutalement, ne vois-tu pas que nous avons des voyageurs à servir ? dépêche-toi ! assez rêvé comme cela.

La jeune femme se redressa lentement et se tourna vers lui :

— Que me voulez-vous ? lui dit-elle d'une voix douce et harmonieuse, tandis que deux larmes, deux perles liquides tremblaient à la pointe de ses longs cils ; je vous en supplie, señor, laissez-moi là où je suis, je ne vous gêne pas ; je rêve ; je suis heureuse, j'oublie.

— *Valga me dios !* s'écria le tambero avec colère, que me dit là cette picara ! À la cuisine, vivement !

Et il leva le bras d'un air de menace.

Mais son bras fut arrêté par le plus jeune des deux voyageurs qui s'était doucement approché et contemplait avec admiration le charmant visage de la jeune fille ; le second voyageur se tenait près de son compagnon, tout prêt à intervenir s'il était besoin, et fixait sur la pauvre enfant un regard chargé de compassion et de tendre sollicitude.

C'était réellement une ravissante créature que cette jeune fille !

Elle avait seize ans à peine, mignonne, svelte, admirablement cambrée, avec de grands yeux noirs voilés par de longs cils soyeux et noyés sous une navrante mélancolie ; les cheveux longs, fins, crêpelés, tranchaient par leurs reflets bleus avec la pâleur mate et un peu olivâtre de son visage ; sa bouche petite, bordée de lèvres carminées derrière lesquelles brillait l'éclatante blancheur de ses dents ; tout en elle était d'une élégance innée, d'une désinvolture et d'un *salero* incomparable ; malgré les haillons qui la recouvraient, elle avait des rayonnements étranges ; on sentait la grande race, l'Espagnole de pied en cap, sous ces guenilles sordides et sans nom.

Les deux hommes éblouis étaient complétement sous le charme de tant de beauté, de tristesse et de hautaine et fière résignation ; sans s'être communiqué leur pensée, tous deux avaient deviné un mystère sous cette douleur profonde et cette abjection apparente.

— Arrêtez, señor Spiritu Santo ; dit le premier voyageur d'une voix rude ; assez de brutalités comme cela ; devant nous, vous vous abstiendrez, dorénavant, de toutes menaces envers cette jeune fille.

— Et vous la laisserez tranquillement à la place qu'elle a choisie, faute d'une autre meilleure sans doute, jusqu'à ce qu'il nous soit bien prouvé que vous avez le droit de lui donner des ordres, surtout de cette façon ; appuya le second voyageur.

— Mais, seigneuries?... voulut dire le Tambero.

— Assez ! reprit le premier voyageur ; nous n'avons pas à discuter avec vous ; le souper tout de suite.

— Voici une once ; ajouta l'autre en jetant la pièce d'or sur la table, mais à la condition que vous n'exigerez rien de cette jeune fille tant que nous serons ici.

— Oh ! seigneurie ! fit le Tambero dont les yeux brillaient de convoitise ; puisque vous le prenez ainsi et que vous vous intéressez à cette paresseuse, il en sera ce que vous voudrez ; je suis ici pour vous satisfaire.

Et engouffrant la pièce d'or dans une des larges poches de ses *calzoneras* avec une satisfaction évidente, il se hâta de quitter la salle, tout en jetant à la dérobée un regard chargé d'une haine indicible à la pauvre enfant, et en grommelant entre ses dents :

— *Maldita criatura !* heureusement que bientôt je serai débarrassé de toi !

Sans paraître comprendre ce qui s'était passé, sans même jeter un regard sur les deux hommes qui étaient si généreusement intervenus en sa faveur, la jeune fille s'était de nouveau affaissée sur l'équipal qui lui servait de siége ; elle avait caché sa figure dans ses mains et on l'entendait sangloter tout bas.

— Pauvre enfant ! murmura le voyageur plus âgé en allant lentement se rasseoir.

— Oui, pauvre et malheureuse enfant en effet, si ce que je soupçonne est vrai ; répondit l'autre qui l'avait entendu.

Cependant le Tambero, malgré la réputation bien établie de ses confrères mexicains, n'avait pas menti ; il reparut presque aussitôt, les bras chargés de vaisselle et suivi de peones portant plats et bouteilles ; une vieille femme d'un aspect hideux, une *Sambá* jaune comme un coing et drapée dans des loques sordides et dégoûtantes, mit le couvert en un tour de main.

Les plats fumants furent déposés sur la table ainsi que les bouteilles ; puis Tambero, vieille et peones se retirèrent respectueusement, laissant les voyageurs attaquer tout à leur aise les mets succulents placés devant eux.

Au moment où le Tambero atteignait le seuil de la porte, le plus jeune des deux voyageurs le rappela.

Ño Spiritu Santo se hâta de revenir.

— Que désirez-vous, seigneurie ? demanda-t-il d'une voix obséquieuse.

— Presque rien ; un caprice que je désire satisfaire.

— Un caprice ? fit-il étonné.

— En vous le payant, bien entendu.

Et il choisit, dans une longue bourse qu'il retira de sa poche, une demi-once d'or et la posa sur la table.

Les yeux du Tambero brillèrent aussitôt comme des escarboucles.

— De quoi s'agit-il, seigneurie ? demanda-t-il.

— De la moindre des choses ; répondit l'autre négligemment ; je suis un vieux routier ; j'ai pour principe de prendre partout et toujours mes précautions.

— Ce qui veut dire, seigneurie ? fit le Tambero en écarquillant les yeux.

Le digne homme ne comprenait plus du tout ; jamais il n'avait rencontré de voyageurs aussi singuliers.

— Cela veut dire, mon hôte, reprit le jeune homme d'une voix railleuse, que je me méfie extraordinairement de tout ce qui ne me semble pas logique ; comme, par exemple de rencontrer une table aussi bien servie dans une maison comme celle-ci ; en conséquence, veuillez, je vous prie, déguster tous les mets qui sont là devant vous ; puis en faire autant de ces bouteilles dont l'allure me semble si engageante ; vous procéderez de même quand le moment sera venu pour le café et les liqueurs.

— Comment, seigneurie ! s'écria-t-il avec un magnifique mouvement d'indignation ; supposeriez-vous ?...

— Je ne suppose rien, señor ; reprit en souriant le voyageur ; je veux vous faire gagner une demi-once ; voilà tout ; voyez si cela vous convient ?

— Oh ! seigneurie ! quels affreux soupçons ! mais, grâce à Dieu ! vous reconnaîtrez bientôt combien ils sont injustes.

Il se mit alors, sans ajouter un mot, à déboucher les bouteilles et à les déguster consciencieusement les unes après les autres.

— Vous voyez, seigneurie ? dit-il quand il eut terminé.

— Très-bien ; aux plats maintenant, s'il vous plaît.

Le Tambero haussa légèrement les épaules, comme un homme qui se dit : il est fou ! et, s'armant d'une longue cuiller et d'un couteau à découper, il commença tranquillement à goûter tous les plats les uns après les autres.

— C'est fait, seigneurie, dit-il au bout d'un instant, et avançant la main, la demi-once est-elle à moi ? ajouta-t-il d'une voix câline.

— Parfaitement, vous pouvez la prendre, señor ; seulement, il y a là, je crois, un plat dont vous n'avez pas goûté.

— Ah ! fit le Tambero de l'air le plus naturel, je sais ce que vous voulez dire ; vous parlez, n'est-ce pas, de ce plat de *frijoles rojos con aji* ?

— Précisément.

— Je l'ai mis à part, vous le voyez, seigneurie?

— Oui, mais je me demande pourquoi?

— Tout simplement, seigneurie, parce que ces frijoles con aji ne vous étaient pas destinés; ils ont été préparés pour mes peones; je ne me serais pas permis de vous offrir un tel ragoût; il a été mis par mégarde avec les autres; je vais le remporter.

Et d'un geste rapide il l'enleva de dessus la table.

— Bah! dit en souriant le voyageur, puisqu'il y est, laissez-le; j'en mangerai, je crois, avec plaisir; j'aime beaucoup les frijoles ainsi assaisonnés.

— Mais, seigneurie? dit le Tambero en pâlissant légèrement.

— Remettez ce plat sur la table; goûtez-le, c'est par lui que nous commencerons.

— Faites vite, señor, ajouta le second voyageur; ne voyez-vous pas que vous nous empêchez de souper?

Le Tambero était blême; il avait les yeux hagards.

Les deux voyageurs l'examinaient à la dérobée.

Il hésita une seconde; mais, prenant tout à coup son parti, il s'élança comme pour se rapprocher de la table, mais cela si maladroitement que son pied heurta contre un des pieds du banc servant de siége au plus âgé des voyageurs; il perdit l'équilibre et tomba avec le plat qui se brisa et se renversa sur le plancher.

— Est-il possible d'être aussi maladroit! s'écria-t-il en se relevant d'un air piteux, et regardant d'un œil consterné les haricots et les débris du plat.

— Voilà ce que c'est que de trop se presser; dit le plus jeune voyageur avec un sourire ironique ; heureusement le mal n'est pas grand. Prenez votre demi-once.

— Vous ne vous êtes pas blessé? ajouta le second voyageur d'un air goguenard.

— Si... non... je ne crois pas... seigneurie, murmura le Tambero tout déferré, et qui déjà, un balai à la main, se hâtait de faire disparaître les traces de sa soi-disant maladresse.

— Je pense que maintenant nous pouvons souper en toute confiance? dit le plus jeune voyageur en s'inclinant devant son compagnon.

Le Tàmbero était sorti la tête basse, comme un chien fouetté.

— Quel drôle! murmura le premier voyageur.

— Oui, il est assez réussi! répondit l'autre toujours souriant. Servez-vous donc, je vous prie?

— Après vous, s'il vous plaît, señor ; je ne suis que votre serviteur : don Luis Llagado.

— Et moi, Caballero, je suis le vôtre, don Agustin Amador, tout à votre service.

Après ces compliments préliminaires, la glace se trouva rompue entre les deux voyageurs ; ils commencèrent à manger de bon appétit, tout en causant de choses et d'autres.

— Ah! çà? dit au bout d'un instant don Luis Llagado, le plus âgé des deux hommes ; maintenant que la connaissance est faite entre nous, me permettez-vous, Caballero, de vous adresser une question? Je vous avoue que ma curiosité est excitée au plus haut point, et que, depuis quelques minutes, j'ai cette question sur les lèvres sans oser vous la faire ?

— Bon, je vous comprends, répondit en riant don Agustin, je vous vois venir; vous désirez savoir pourquoi j'ai témoigné une si grande défiance et agi comme je l'ai fait?

— Je l'avoue, seigneur, si indiscret que je vous puisse paraître.

— Mais non, je trouve cette curiosité toute naturelle, au contraire; après ce qui s'est passé, trouvez-vous que j'ai eu tort de me montrer aussi difficile ?

— *Valga me Dios!* je vous en remercie au contraire; sans vous ce misérable nous aurait bel et bien empoisonnés ?

— Tout simplement.

— Il doit avoir une vieille haine contre vous, seigneur, pour tenter ainsi un tel guet-apens; quant à moi, je ne le connais pas, il n'a donc aucune raison de m'en vouloir?

— Je ne le connais pas plus que vous, seigneurie, je vous prie de le croire.

— Ah bah !

— Je l'ai vu, ce soir, pour la première fois.

— Alors je n'y suis plus, je m'y perds ! dit don Luis avec surprise.

— Je ne connais pas cet homme, il est vrai ; je l'ai vu aujourd'hui pour la première fois ; mais j'ai beaucoup entendu parler de lui ; je sais sur son compte, si ce qu'on rapporte est exact, des choses à faire frémir.

— Oh ! oh ! que me dites-vous donc là, seigneurie ?

— Rien qui ne soit de notoriété publique en Sonora, Caballero ; est-ce donc la première fois que vous venez dans cette partie du Mexique ?

— En effet, c'est la première fois.

— Alors je ne suis plus surpris de votre ignorance ; sachez donc, señor, que nous sommes dans une véritable caverne ; cette Rancheria que nous avons traversée pour venir ici, et ce Tambò de Guadalupe, sont un repaire de bandits de la pire espèce, dont les crimes épouvantent les populations à cinquante lieues à la ronde.

— Et la justice est instruite ?

— Parfaitement.

— Elle ne fait rien ?

— Que voulez-vous quelle fasse ? vous connaissez ce pays ; les soldats qu'on enverrait à la recherche des brigands passeraient de leur côté ; ils feraient cause commune avec eux.

— C'est malheureusement vrai ! De quoi accuse-t-on ces misérables ?

— De tout ! de vol, de meurtre, d'incendie, et surtout de faire la traite des blanches au profit des Mormons ; mais personne n'ose se plaindre.

— Comment se fait-il que, sachant tout cela, vous n'ayez pas craint de pénétrer dans cet antre ?

—Je ne m'en croyais pas aussi rapproché, quand j'ai reconnu mon erreur, il était trop tard pour reculer, d'ailleurs où aller ? Mon cheval est fatigué, le temps horrible; je suis bien armé, je ne crois pas manquer de courage ; j'ai joué le tout pour le tout, espérant me sauver à force d'audace et de sang-froid.

— *Vive Dios!* voilà qui est parler, señor don Agustin ; vous êtes mon homme! Si cela vous plaît, je jouerai votre partie ; peut-être à nous deux réussirons-nous à nous tirer de cet infernal guêpier?

— A la bonne heure! répondit le jeune homme, en tendant par-dessus la table la main droite à son compagnon; touchez là, seigneurie, nous nous sauverons ou nous tomberons ensemble!

— C'est dit! s'écria don Luis en lui serrant la main; dans tous les cas je suis résolu à bien défendre ma peau; il leur en coûtera cher pour la prendre!

— Vous avez des armes?

— Et des provisions à foison ; quatre revolvers à six coups, dont deux à épaulement, une carabine à canon tournant que voici, cette longue rapière, dont je sais assez joliment me servir, et un excellent poignard dans ma botte droite ; le tout venant directement de chez Devisme, le célèbre armurier parisien; mes revolvers sont là, sous mon zarape.

— Caraï, quel arsenal! tous mes compliments, seigneurie, du reste je vous en présente autant; sortant de chez Galand, le rival heureux de Devisme; à cette différence près, que ma carabine a un sabre baïonnette.

— La mienne aussi; pardonnez-moi, j'avais oublié ce détail.

— Alors, c'est parfait; nous ne sommes pas aussi malades que je le craignais; *Cuerpo de Cristo!* avec cinquante-deux coups de feu à tirer, l'œil juste, le cœur ferme et le poignet vigoureux, deux hommes résolus peuvent défier une centaine de bandits comme ceux qui nous guettent.

— C'est mon opinion.

— Entendons-nous bien, afin de ne pas commettre de malentendus.

— C'est facile ; vous paraissez connaître le pays mieux que moi, ou du moins être plus au courant que je ne le suis des habitudes de ces bandits, prenez la direction, je me mets volontiers sous vos ordres ; je vous obéirai, sans hésitation, au doigt et à l'œil.

— Je crois que vous avez raison ; qu'il en soit donc ainsi ; laissez-moi faire, nous sortirons d'ici avec les honneurs de la guerre.

— J'y compte bien.

Tout en causant, les deux voyageurs avaient continué à manger de bon appétit; au dehors, le temps était horrible ; l'ouragan avait éclaté et faisait rage ; le tonnerre roulait sans interruption, les éclairs se succédaient avec une rapidité extrême, le vent sifflait avec fureur et la pluie tombait à torrents.

— Définitivement, dit don Luis, tout considéré, nous sommes très-bien ici pour soutenir un siége; au dehors, la fuite ne serait même pas possible.

— En effet, répondit l'autre ; ce vieux bâtiment est solide ; nous n'avons pas à redouter qu'il nous tombe sur la tête, nous trouverons là, au besoin, tout ce qu'il nous faudra pour nous barricader solidement.

— Je me demande, reprit don Luis, pourquoi ce misérable s'est autant hâté de tenter de nous empoisonner?

— Bon, vous pensez encore à cela?

— Ma foi, oui; je vous avoue que tout ce qui est illogique et que je ne comprends pas m'inquiète.

— Bon alors, je vais vous faire comprendre; trois raisons l'ont engagé à risquer cette tentative.

— Trois raisons?

— Tout autant; d'abord je lui ai laissé comprendre que je le connais.

— Au fait, je n'y songeais pas; cela a dû lui mettre la puce à l'oreille.

— Vous voyez; ensuite il a aperçu nos carabines dont il aurait été charmé de nous débarrasser.

— C'est juste.

— Enfin, parce que nous nous sommes mêlés des affaires du digne Tambero, plus que cela ne lui convenait.

— Nous? vous plaisantez; comment cela?

— Caraï! en l'empêchant de battre cette pauvre enfant! reprit-il en étendant le bras vers la jeune fille, toujours plongée dans une apparente prostration.

— C'est exact; je ne songeais plus à cet incident; je comprends tout maintenant; mais, dites-moi, ne trouvez-vous pas étrange la présence de cette charmante enfant dans cette tanière de bêtes fauves?

— Très-étrange; mais que pouvons-nous faire? rien.

— Peut-être !

— Comment, peut-être ? Nous ignorons qui elle est, comment elle est ici ? hum ! Caballero, prenons-y garde ; qui trop embrasse mal étreint ; croyez-moi, songeons à nous d'abord ? allons au plus pressé, sortons-nous de la toile, et après...

— Eh bien, après ?

— Après, nous verrons ; par où nous passerons, elle passera, il y aura place pour elle ; si cela lui convient toutefois ; je ne me soucie pas de jouer le rôle de don Quichotte, pour une Dulcinée de hasard qui peut-être, joue un rôle, et n'est en réalité que la complice des bandits.

— Oh ! don Agustin ! vous êtes sévère pour cette pauvre fille ; croyez-vous donc que cela soit possible ?

— Tout est possible en Sonora, cher seigneur.

— Elle a une figure angélique.

— Je me méfie surtout des anges, quand je les rencontre dans des lieux comme celui-ci ; croyez-moi, soyons prudents ; surtout tenons-nous bien.

— Oh ! quant à cela, comptez sur moi.

— Chut, voici notre hôte avec le café.

En effet, le Tambero entrait en ce moment suivi de deux peones, dont le premier portait une cafetière, des tasses, du sucre, et l'autre deux ou trois bouteilles de liqueurs et des cigares.

— J'arrive à temps, dit le Tambero, vous avez terminé, seigneuries ?

— Vous le voyez ; et le *Postre* ?

— Je regrette de n'avoir rien de convenable à vous offrir, les Dulces, les Confites et les gâteaux qui me restent ne sauraient vous plaire.

— Nous nous en passerons donc, señor, faites verser le café; si vous n'avez rien de mieux à faire en ce moment...

— Il est tard, le temps est affreux, je suis complétement libre, interrompit respectueusement le Tambero.

— Je croyais que vous attendiez des voyageurs ? dit don Agustin; du moins vous nous l'avez assuré.

— C'est vrai, seigneurie, mais ces voyageurs n'arriveront pas avant minuit, ou une heure du matin.

— Comment, ils marchent de nuit, et par un temps pareil! c'est une folie cela! les routes doivent être impraticables?

— Je ne puis rien vous dire à ce sujet, seigneurie ; j'ai pour habitude de ne m'occuper que de ce qui me regarde personnellement.

— C'est une fort bonne habitude, mon hôte, dont je vous engage à ne pas vous départir; puisque vous êtes libre, faites-nous le plaisir de vous asseoir près de nous, et d'accepter une tasse de café en notre compagnie.

— C'est un grand honneur dont je vous suis fort reconnaissant, seigneuries, je vous obéis avec empressement.

— A la bonne heure, mettez-vous là à ma droite; bien.

Le Tambero s'assit et le café fut versé ; les peones se retirèrent.

— Vous avez là des cigares qui doivent être excellents? reprit don Agustin, en lui avançant le plat sur lequel plusieurs paquets de cigares, honradez, régalias, etc., avaient été posés, n'en accepterez-vous pas un ?

— Vous m'excuserez, seigneurie ; répondit le Tambero, avec un léger embarras ; je suis un vieux Mexicain, moi ; je ne fume que la cigarette de papel, ou de temps en temps, dans les grands jours, un pajillo de maïs, mais cela bien rarement.

— Vive Dios! voilà qui est singulier, ce caballero et moi, nous avons le même goût que vous.

— Vous ne fumez pas de cigares?

— Jamais ; cela cependant ne vous empêche pas de les mettre sur la note ; ils nous ont été présentés, cela suffit.

L'hôtelier s'inclina tout en tordant une cigarette entre ses doigts ; don Agustin après avoir échangé un regard d'intelligence avec don Louis reposa sur la table et un peu à l'écart l'assiette de cigares.

La conversation fit un crochet, ou plutôt s'engagea sur d'autres sujets ; elle allait un peu à bâtons rompus, de ci et de là, sans but déterminé, les trois convives semblaient se tenir sur la réserve ; cependant ils buvaient le café et les liqueurs, en véritables amateurs, c'est-à-dire à petits coups, tout en fumant une innombrable quantité de cigarettes.

Le Tambero jetait parfois à la dérobée des regards haineux à la jeune fille toujours accroupie ; don Luis suivait d'un regard rêveur les spirales capricieuses de la fumée bleuâtre de sa cigarette; don Agustin riait et causait avec un entrain endiablé, et une désinvolture parfaite, comme s'il n'eût conservé aucune inquiétude.

Un coucou placé près du comptoir fit soudain entendre le grincement sec de ses chaînes, la porte s'ouvrit, le Coucou sortit et chanta, l'heure sonna.

Comment ce vénérable coucou était-il venu de la Forêt-Noire s'échouer en Sonora chez un Tambero? ceci est un problème singulier, qui sans doute ne sera jamais éclairci.

— Eh! fit don Luis en allumant une vingtième cigarette, quelle heure vient donc de sonner?

— Onze heures, seigneurie, répondit le Tambero.

— Comment, il est déjà si tard! ma foi, la soirée s'est écoulée sans que je m'en aperçoive!

— Peut-être serait-il temps qu'après la fatigue de la journée, vous songiez, seigneurie, à prendre un peu de repos? hasarda le Tambero d'une voix insinuante.

— Bon, qui songe à cela! dit en riant don Luis; nous sommes bien ici, pourquoi nous déranger? je ne me sens pas la moindre envie de dormir; et vous, señor don Agustin?

— Moi? je n'ai jamais été aussi éveillé! d'ailleurs avec le temps qu'il fait, nous essaierions vainement de fermer les yeux; les sifflements du vent, les éclats du tonnerre nous en empêcheraient; faisons mieux, taillons un *Monte*, en buvant du punch; que dites-vous de ma proposition, don Luis?

— Je dis, cher señor, que je la trouve admirable et que je l'accepte.

— Alors, passons à cette autre table, je me charge du punch ; il sera excellent, je vous le promets, je m'y entends ; d'ailleurs nous avons là tout ce qu'il nous faut ; que pensez-vous de notre idée, mon hôte?

— Je la trouve très-bonne, seigneurie ; cependant, peut-être feriez-vous mieux de vous reposer? demain vous serez brisés, et incapables de continuer votre voyage.

— Bon, qui pense à demain? dit nonchalamment don Luis ; rien de tel que l'heure présente, mon hôte ; qui sait si demain nous ne serons pas tous morts!

— Caraï! s'écria le Tambero en pâlissant ; que dites-vous donc là, seigneurie?

— La vérité ; répondit railleusement don Luis ; est-ce que la mort ne nous guette pas sans cesse?

Tout à coup, au-dessus des grondements furieux de la tempête, des sifflements du vent et des éclats de la foudre, un bruit ressemblant au galop échevelé de plusieurs chevaux se fit entendre, se rapprochant avec une rapidité vertigineuse.

Les trois hommes s'étaient levés ; ils écoutaient ; la jeune femme, en proie à une surexcitation extraordinaire, avait quitté la place où, jusque-là, elle était demeurée indifférente et songeuse ; les cheveux épars, les yeux pleins d'éclairs et les traits convulsés par une inexprimable émotion, elle s'était élancée vers la porte, les bras étendus en criant d'une voix effarée :

— Les voilà ! les voilà !

Le Tambero pâle, tremblant de terreur, se précipita sur elle, et l'enleva dans ses bras.

— Sauvez-moi ! sauvez-moi ! s'écria la jeune fille d'une voix déchirante en se débattant entre les bras de cet homme qui essayait de l'entraîner.

Les voyageurs s'élancèrent sur le Tambero, lui enlevèrent la jeune fille à demi évanouie, et par un mouvement instinctif, presque machinal, ils se réfugièrent, avec elle, derrière le comptoir.

Au même instant la porte de la salle vola en éclats, et quatre cavaliers, quatre démons bondirent d'un élan prodigieux jusqu'au milieu de l'immense pièce, avant d'avoir pu maîtriser et arrêter leurs chevaux, qui bouleversaient et renversaient tout sur leur passage.

Puis sautant sur le sol, ils commencèrent avec un empressement fébrile à empiler les bancs et les tables les uns sur les autres, de façon à former une immense barricade à angles saillants, à trois mètres environ en arrière de la porte; renforçant cette barricade avec tout ce qui leur tombait sous la main.

Tout cela s'était passé avec une rapidité vertigineuse.

La plupart des chandelles et des candiles s'étaient éteints ; la salle se trouvait plongée dans une demi-obscurité qui ne permettait de distinguer les objets que vaguement ; les inconnus, complétement absorbés par le rude travail auquel ils se livraient, et d'ailleurs se croyant seuls dans la salle, n'avaient pas songé à regarder autour d'eux; mais lorsque leur singulière besogne fut à peu près terminée, apercevant le massif comptoir, auquel jusque-là, ils n'avaient pas fait attention, ils s'en approchèrent dans le but évident de le traîner jusqu'à la barricade et de s'en servir pour renforcer leur redoute improvisée.

Ce fut alors qu'ils aperçurent les deux étrangers debout et le fusil à la main derrière le comptoir et, un peu en arrière des deux hommes, une femme affaissée sur une chaise, pâle comme une morte et semblant privée de sentiment ; mais l'obscurité les empêchait de distinguer les traits de cette femme, qu'ils ne voyaient que vaguement dans le clair obscur de la salle.

Les voyageurs ignoraient quels étaient ces hommes, qui avaient ainsi à l'improviste envahi la salle commune du Tambó d'une manière si insolite ; et maintenant semblaient vouloir la changer en forteresse, fort peu rassurés par leurs allures violentes, ils craignaient surtout d'avoir affaire à des salteadores un peu trop amis de leur hôte le Tambero, et ne se souciaient nullement de tomber entre leurs mains ; en conséquence, ils se tenaient prudemment embusqués, le doigt sur la détente, prêts à repousser la force par la force, et à faire feu au moindre geste menaçant, ou seulement suspect des nouveaux venus.

Quant à ceux-ci, ils paraissaient avoir une opinion à peu près aussi mauvaise des voyageurs, ainsi que le prouva la façon tant soit peu brutale dont ils entamèrent l'entretien.

— Eh ! fit d'une voix rude celui des quatre étrangers

17.

auquel ses compagnons semblaient particulièrement obéir ; qu'avons-nous ici ? Cuerpo de Cristo ! venez un peu ; voilà des bribones avec lesquels il nous va falloir probablement causer !

Ses trois compagnons se groupèrent aussitôt autour de lui, sans parler, mais les fusils armés, et lançant aux voyageurs des regards qui certes n'avaient rien de rassurant.

— Holà, *Demonios !* reprit l'étranger, qui êtes-vous et que faites-vous ici ? répondez sans retard si vous ne voulez pas être tués comme des chiens !

— Qui êtes-vous vous-mêmes ? répondit don Luis sans autrement s'émouvoir ; de quel droit nous adressez-vous ces insultantes paroles ?

— C'est ce que vous ne tarderez pas à apprendre si vous ne prenez garde de mieux mesurer vos paroles ! reprit l'inconnu ; répondez donc, où de par le diable !...

— Évitez-vous des insultes que peut-être vous ne tarderiez pas à regretter, répondit froidement don Luis ; nous sommes deux voyageurs, arrivés ici à la tombée de la nuit, sans savoir où notre mauvaise étoile nous conduisait ; nous achevions de souper quand vous êtes venus subitement nous interrompre, de la façon que vous savez ; voici tout ce qu'il nous convient de vous apprendre quant à présent sur notre compte ; j'ajouterai seulement que moi et mon compagnon, nous sommes des gens paisibles, ne se souciant que fort médiocrement de se mêler d'affaires qui ne les regardent pas.

— Voilà de belles paroles ; dit l'inconnu en ricanant.

— Elles sont vraies; nous désirons la paix; mais nous ne craignons pas la guerre; vous vous en apercevrez à vos dépens, si vous vous obstinez à nous chercher querelle; nous sommes beaucoup mieux armés que vous; nous avons cinquante-deux coups de feu à tirer...

Ces derniers mots semblèrent produire une certaine impression sur les étrangers; ils échangèrent entre eux un regard rapide, puis celui qui jusque-là avait parlé au nom des autres, interrompit vivement :

— Tout ce que vous dites peut être vrai, quoique cela semble bien étrange, señor? nous ne sommes ni des Salteadores, ni des Rateros, mais d'aussi honnêtes caballeros que vous pouvez l'être vous-mêmes; les circonstances dans lesquelles nous nous trouvons sont très-graves; il est donc important pour nous de savoir qui nous avons en face; que prétendez-vous, en somme?

— Rien; nous voulons la paix, je vous le répète; si le temps n'était pas aussi horrible, et si nous n'avions pas à redouter quelque embûche ou quelque guet-apens au dehors, nous quitterions immédiatement ce Tambó; mais cela nous est matériellement impossible avant le lever du soleil; non pas pour nous, qui sommes des hommes accoutumés à faire bravement face à tous les accidents plus ou moins désagréables d'un voyage à travers la Sonora; mais il y a là sur cette chaise, une dame que notre honneur nous défend d'abandonner, et que nous sommes résolus à défendre quoi qu'il arrive.

— Une dame vous accompagne? s'écria vivement l'étranger; qui est cette dame? d'où vient-elle? où va-t-elle? quel est son nom? depuis quand la connaissez-vous? voyage-t-elle en votre compagnie?

— Voilà bien des questions à la fois, señor? répondit don Luis en souriant avec ironie; je ne sais trop de quel droit vous me les adressez?

— Silence! s'écria tout à coup l'étranger; voici nos ennemis! si vous n'êtes pas des leurs, ainsi que vous le prétendez, prouvez-le, en restant neutres!

— Peut-être avons-nous autant à craindre d'eux que vous-mêmes; répondit simplement don Luis; dans tous les cas, nous ne prendrons parti contre vous que si vous nous attaquez.

— C'est bien, je retiens votre parole, señor! et se tournant vers ses compagnons : A nos postes et montrons à ces drôles que nous sommes des hommes! ajouta-t-il avec une sombre énergie.

Tout en parlant ainsi à ses compagnons, l'étranger, après avoir poliment salué les voyageurs, alla s'embusquer résolûment derrière la barricade, où les trois autres le suivirent aussitôt.

Un grand bruit se faisait entendre au dehors, mêlé de cris et de piétinements, comme si plusieurs individus eussent été occupés à certains préparatifs hostiles. En effet, bientôt les voyageurs et les étrangers reconnurent avec stupeur que des masses d'alfalfa sèche étaient entassées sans relâche devant la porte qui bientôt fut complétement obstruée.

La retraite leur était coupée; ils étaient pris comme dans une souricière.

Bientôt ils eurent le mot de l'énigme.

Une fumée épaisse s'éleva et presque aussitôt des flammes s'élancèrent de ce monceau de fourrages, en même temps qu'une grêle de pierres venait briser les deux fenêtres servant à donner du jour dans la salle ; puis par les fenêtres brisées, les balles commencèrent à pleuvoir sans que les assaillants se laissassent voir.

— Caraï ! s'écria don Agustin, est-ce que ces drôles auraient l'intention de nous enfumer ici comme des bêtes puantes ?

— Cela m'en a tout l'air, répondit tranquillement don Luis ; les coquins sont adroits, ils ont admirablement pris leurs précautions ; voyez, ils nous fusillent presqu'à bout portant, sans qu'il nous soit possible de savoir d'où viennent les balles.

— Je vous trouve charmant, señor don Luis, de prendre les choses avec tant de philosophie ! quand nous sommes menacés, non-seulement d'être enfumés, mais encore d'être rôtis tout vivants, et cela sans vengeance possible.

— Tout cela est très-désagréable, je le comprends ; malheureusement je ne vois pas trop comment nous sortirons de ce guêpier ; vous qui semblez plus au courant que moi des habitudes de ces coquins auxquels nous avons si malheureusement affaire, vous auriez dû m'avertir.

— Je l'ai fait.

— Oui, mais trop tard pour que nous puissions nous mettre sur nos gardes.

— Nous avons été surpris à l'improviste.

— C'est vrai; mais, à propos, où est donc passé ce coquin de Tambero?

— Je l'ignore; il aura sans doute profité du désordre causé par l'entrée endiablée de ces inconnus pour gagner au pied, et mettre sa précieuse personne en sûreté.

— C'est probable; mais, dans tous les cas, il ne sera pas sorti par la porte.

— Croyez-vous?

— J'en suis certain, je l'ai vu courir vers le fond de la salle; d'ailleurs, les nouveaux venus étaient entre la porte et lui; ils barraient complétement le passage.

— Alors tout n'est peut-être pas perdu encore. Aidez-moi à étendre cette pauvre enfant derrière le comptoir, pour que les balles ne puissent pas l'atteindre.

— Soit; elle est encore sans connaissance.

— Tant mieux pour elle; il sera toujours temps de la rappeler à la vie, quand nous n'aurons rien de plus important à faire.

Tout en parlant ainsi, ils avaient étendu des zarapes sur le sol; puis ils avaient couché la jeune fille sur ce lit improvisé, en la plaçant de façon à ce qu'elle fût complétement abritée contre les projectiles qui crépitaient dans toutes les directions.

— Cette jeune fille est admirablement belle, murmura; don Agustin.

— C'est une magnifique créature; appuya don Luis en hochant tristement la tête. Maintenant, que faisons-nous?

— Le Tambero doit être caché dans quelque coin; il s'agit de le découvrir.

— Hum! en aurons-nous le temps? fit don Luis d'un air de doute; en supposant que nous le trouvions, à quoi cela nous servira-t-il?

— Qui sait? Cherchons-le toujours?

— Soit, mais voyez? fit-il en étendant le bras.

— Oui, oui, dit don Agustin en hochant la tête, nous n'avons pas un instant à perdre; aussi, à l'œuvre, à l'œuvre, señor don Luis.

— Allons! je vous suis, répondit laconiquement don Luis.

En effet, le temps pressait.

Les foins rassemblés, amoncelés devant la porte et sans cesse augmentés étaient devenus une véritable fournaise; de sinistres langues de feu léchaient les murailles, brûlaient les boiseries et propageaient l'incendie avec une rapidité réellement effrayante, éclairant l'immense salle de lueurs rougeâtres, qui imprimaient aux objets une apparence véritablement fantastique.

Les quatre inconnus, abrités derrière l'immense barricade dressée au milieu de la salle, faisaient un feu d'enfer contre les fenêtres; sans paraître, tant ils étaient fermes, froids et résolus, avoir conscience du danger terrible auquel ils étaient exposés.

Le feu commençait à se communiquer aux poutres du plafond, qu'il carbonisait peu à peu ; la mort était là, terrible, inévitable ; dans une heure au plus, tout serait dit.

Il fallait donc au plus vite trouver une issue, si l'on ne voulait être enseveli sous les ruines fumantes du Tambó.

Don Luis et don Agustin s'étaient glissés inaperçus vers le fond de la salle, dont ils sondaient la muraille avec la crosse de leurs carabines.

Les chevaux attachés dans l'angle le plus éloigné et le plus sombre de la pièce tremblaient et renâclaient de frayeur ; les deux voyageurs bandèrent les yeux des pauvres animaux au moyen de leurs cravates et de leurs mouchoirs, afin qu'ils se tinssent tranquilles, et qu'affolés par la terreur, ils ne rompissent pas les licous par lesquels ils étaient attachés, et ne se lançassent pas, en ruant et se cabrant, à travers la salle ; ce qui aurait encore augmenté le danger, déjà si grand, auquel étaient exposés les six hommes enfermés en ce moment dans cette fournaise.

Cette précaution importante prise, les deux jeunes gens continuèrent leurs recherches.

Elles furent longues.

Ils commençaient à désespérer, lorsqu'ils arrivèrent à un endroit où plusieurs sacs de maïs étaient empilés sans ordre, mêlés à des canastas et une foule d'objets en apparence hors de service ; ils se frayèrent à grand'-peine un passage à travers ce pandémonium qu'ils fouillaient en même temps du canon de leurs carabines.

Soudain un sourd gémissement frappa leurs oreilles.

— Eh! eh! fit don Luis, j'ai entendu quelque chose.

— Qui vive! Réponds ou tu es mort! cria don Agustin en armant sa carabine.

— Pitié! ayez pitié de moi, Caballeros? dit une voix creuse, du ton le plus lamentable; hélas! señor, mon Dieu! je suis un homme perdu, ruiné!

— Allons! allons! montre-nous un peu ta face de coquin, afin que nous sachions bien à qui nous avons affaire? reprit don Agustin avec un sourire railleur.

Et d'un coup de crosse bien appliqué sur la masse inerte qu'il apercevait vaguement blottie dans l'ombre au milieu des sacs, il la fit surgir à la lumière avec la rapidité d'un diable en carton sortant d'une boîte à surprise.

— Eh! là, mon Dieu! seigneurie, ayez pitié de moi! s'écria le Tambero du ton le plus piteux qu'il put affecter.

— Eh! fit don Luis, je ne me trompe pas, c'est notre digne hôte nô Espiritu Santo Quiroga.

— Pour vous servir, seigneurie; au nom du ciel, ne me tuez pas, je vous en supplie!

— C'est ce que nous verrons; dit don Agustin; cela dépendra de toi.

— Oh! alors je suis sauvé! Dieu soit béni! s'écria-t-il avec joie.

— Ne te félicite pas encore, vieux coquin, reprit don Agustin; et d'abord, que fais-tu ici?

— Vous le voyez bien, je me... cache.

— Ce n'est pas vrai, tu cherches à te sauver; encore un mensonge et je te tue comme un chien !

— Oh ! seigneurie ! je ne mens pas.

— C'est ce que nous allons voir : pourquoi, au lieu d'essayer de te sauver par la porte en voyant arriver les quatre cavaliers, es-tu venu te cacher de ce côté ?

— Vous le voyez bien, seigneurie !

— Nous n'obtiendrons rien de ce misérable ! dit froidement don Luis ; nous perdons notre temps avec lui, mieux vaut le tuer.

— C'est mon avis ; répondit don Agustin sur le même ton ; nous allons le jeter au milieu des flammes et le brûler à petit feu.

— C'est cela.

Les deux hommes le prirent au collet.

— Allons, marche ! s'écria don Agustin.

Le Tambero se jeta à genoux et joignit les mains.

— Seigneuries, pitié ! dit-il en pleurant à chaudes larmes ; ne me condamnez pas à une mort aussi horrible !

— Allons, relève-toi, nous n'avons que trop perdu de temps !

— Faites-moi grâce et vous saurez tout ! reprit-il d'une voix chevrotante.

— Ah ! ah ! il y a donc quelque chose ?

— Mon Dieu ! mon Dieu ! pardonnez-moi !

— Nous verrons, parle ?

— Vous me ferez grâce ?

— Peut-être, mais parle d'abord; pourquoi, au lieu de te sauver, es-tu resté là ?

— Je me suis sauvé, seigneurie, mais... je suis revenu.

— Ah bah ? voilà qui est intéressant à savoir; alors il y a une sortie ?

— Tiens ! tiens ! tiens ! fit don Luis.

— Hélas ! oui, seigneuries, il y en a une.

Les deux jeunes gens échangèrent à la dérobée un regard d'intelligence.

Don Agustin reprit l'interrogatoire.

— Et pourquoi es-tu revenu ? demanda-t-il ; surtout ne mens pas !

— Je voulais sauver les chevaux, seigneurie ; de si belles bêtes et si bien harnachées.

— Prends bien garde à ce que tu me répondras ; qui t'a envoyé chercher les chevaux ?

— Personne, seigneurie.

— Hum ! tes complices ne t'ont pas chargé de t'en emparer ?

— Non, seigneurie ; personne ne connaît cette sortie, excepté moi.

— Tu mens ! tout ce qui se passe a été évidemment convenu entre toi et tes complices.

— Je vous jure, seigneurie, par Nuestra Señora de Guadalupe, que je suis la première victime de ce qui arrive ; me croyez-vous assez niais, seigneurie, pour me ruiner ainsi moi-même de gaieté de cœur en brûlant ma propre maison et tout ce qu'elle contient ?

— Il y a du vrai, mais ce n'est pas tout ; tu as voulu nous empoisonner?

— Oh! seigneurie, pouvez-vous supposer cela? je voulais seulement vous endormir.

— Pour que nous soyons plus facilement dépouillés par tes complices, misérable drôle?

Le Tambero baissa la tête avec confusion.

— Où conduit cette sortie? reprit don Agustin.

— Par un corridor souterrain, dans le grand corral, derrière le Tambó.

— Qui t'attend là?

— Personne, seigneurie, je vous le jure ; je suis, je vous le répète, la première victime dans toute cette affaire. Matadiez m'a lâchement trompé ; je ne l'aurais jamais cru capable d'une telle infamie ; moi, qui suis son compère!

— Ah! ah! c'est le señor Matadiez qui conduit cette attaque?

— Oui, seigneurie.

— C'est un homme expéditif.

— Vous le connaissez?

— Beaucoup, de réputation ; fit-il avec un sourire amer ; nous avons un vieux compte à régler ensemble. Mais assez causé, quant à présent, où est le passage?

— Là ; derrière les sacs, seigneurie.

— Indique-nous-le.

— Ce sera facile, il n'y a qu'à déranger les sacs.

— Dérange-les alors, et fais vite.

Le Tambero s'exécuta avec un entrain qui prouvait

combien il avait à cœur de se montrer docile et surtout de quitter la salle, qui d'un moment à l'autre menaçait ruine.

Les sacs furent enlevés en quelques minutes et démasquèrent une porte ouverte ; une torche fichée dans un bras de fer éclairait tant bien que mal un couloir souterrain assez large et haut de huit pieds environ ; sur un geste de don Luis, don Agustin s'y engagea résolûment.

— Il n'y a personne ; dit-il en revenant.

— Je vous l'ai dit ; fit le Tambero.

— Silence ! reprit rudement don Agustin ; emmenons les chevaux au plus vite ; toi marche droit, si tu ne veux pas avoir une balle dans la tête.

— Comptez sur moi ; dit le Tambero ; moi aussi maintenant j'ai un compte à régler avec Matadiez.

— Très-bien, à l'œuvre.

Grâce à la précaution prise par les voyageurs d'aveugler les chevaux, ces animaux, bien qu'ils tremblassent de terreur et que leurs corps fussent couverts de sueur, se laissèrent emmener avec la plus grande docilité ; en moins de dix minutes, ils furent tous quatre en sûreté dans le passage souterrain.

— Partons maintenant ? fit le Tambero, qui avait hâte de s'éloigner au plus vite.

— Un instant ! dit don Agustin ; nous avons encore quelque chose à faire.

— Quoi donc ? demanda-t-il avec une surprise mêlée de crainte.

— D'abord te garrotter solidement, drôle! nous n'avons pas encore assez confiance en toi pour te laisser seul et libre de tes mouvements.

— Mais...

— Assez causé! reprit brutalement don Agustin.

En quelques secondes le Tambero fut bâillonné et solidement attaché ; puis, le laissant livré à ses réflexions, qui ne devaient pas être couleur de rose, les jeunes gens rentrèrent en courant dans la salle.

Ils se partagèrent alors la besogne ; tandis que don Luis se chargeait de sauver la jeune fille en la transportant dans le souterrain, don Agustin se hâta de se diriger vers la barricade.

L'incendie prenait des proportions véritablement effrayantes; les quatre jeunes gens, dont aucun n'était blessé, combattaient positivement au milieu du feu ; tirant continuellement, probablement sans faire plus de mal aux assaillants que ceux-ci ne leur en faisaient.

Le but évident de ces derniers était d'empêcher les quatre cavaliers de sortir et de les engloutir tout vivants sous les ruines brûlantes du Tambó; leur fusillade n'avait pas d'autre but que celui de les empêcher de s'approcher des fenêtres ; les braves jeunes gens, le plus âgé n'avait pas vingt-huit ans, avaient fait bravement le sacrifice de leur vie ; ils savaient quel monstre les attaquait; ils préféraient être tués que tomber vivants entre ses mains.

C'est que Matadiez jouissait d'une réputation formidable à cette époque ; les bandits eux-mêmes le redoutaient ; il n'avait de l'homme que l'apparence, en réalité c'était un tigre.

Bien que fort jeune encore, il s'était rendu coupable de tous les crimes les plus odieux ; nul ne trouvait grâce devant lui ; il ne respectait rien, ni l'âge ni le sexe ; plus féroce que les Indiens les plus cruels, il soumettait ses victimes aux supplices les plus horribles, sans raison, de parti pris, seulement pour se délecter en écoutant les cris de douleur, en voyant couler le sang.

C'était chez lui une espèce de folie furieuse, une luxure sanguinaire, ses affidés les plus farouches tremblaient devant lui et n'osaient soutenir la lueur fulgurante de son regard fauve.

Ce qu'il y avait de plus affreux dans cette nature exécrable, c'était que cette férocité atroce se cachait sous les dehors les plus charmants, les apparences les plus séduisantes.

Matadiez appartenait à une des meilleures familles de l'Arizona ; il se nommait don Torribio de Pedroza y San Apostol ; sa famille était d'origine espagnole, sans mélange de sang indien ; elle prenait le titre, si envié dans la péninsule à une certaine époque, de *Cristiana Vieja*.

Le père de don Torribio était colossalement riche ; quand son fils eut dix ans, il l'envoya en Espagne, où il commença ses études ; de là, il passa en Angleterre, et termina enfin ses classes à Paris, où il étudia pendant deux ans la médecine.

Après avoir voyagé en Europe, pendant plusieurs années, il revint au Mexique; il avait alors vingt-cinq ans.

Chose étrange ! cet homme, beau comme l'Antinoüs antique, d'une intelligence remarquable, d'une instruction complète, et qui s'était frotté à tout ce qu'il y avait de mieux dans le vieux monde comme savants, artistes et grands seigneurs; cet homme dont la fortune était immense et auquel dans son pays toutes les carrières semblaient ouvertes, à peine de retour dans l'Arizona, sembla subitement oublier toute sa vie passée, pour redevenir aussi inculte et aussi sauvage que les gens qui l'entouraient.

Au lieu de rechercher la société des personnes de sa classe, de fréquenter les grandes familles de l'Arizona et de la Sonora, — il n'en manque pas de fort recommandables dans ces deux contrées, — il s'éloigna de parti pris de tout ce qui semblait lui rappeler de près ou de loin sa vie passée, pour se faire l'ami et le compagnon des gens de la plus basse classe, des drôles les plus abjects et des misérables les plus tarés; sans cesse à cheval, parcourant le désert dans tous les sens, il se fit des amis parmi les Comanches, les Sioux et les Apaches ; il fit mieux encore, il s'affilia aux *Mormons* et devint un de leurs plus redoutables *Danites*.

Quelles raisons assez puissantes avaient pu engager un homme, aussi remarquable sous tant de rapports, à embrasser un genre de vie, en apparence si en dehors de tout ce qu'on devait attendre de lui?

Cela demeura un secret que nul ne découvrit jamais.

Quelques personnes, qui l'avaient connu en Europe assez intimement, prétendirent que, éperdument amoureux d'une femme admirablement belle, cette femme l'avait lâchement trahi après s'être joué de lui de la façon la plus odieuse; don Torribio avait failli mourir de désespoir; du reste, on ajoutait que cette femme avait mal fini, qu'elle avait eu une mort mystérieuse, enveloppée de circonstances affreuses : un jour on l'avait trouvée morte dans son lit, bâillonnée et le corps percé de plus de cinquante blessures, dont une seule, la dernière qu'elle avait reçue, aurait pu être mortelle; il fut constaté que cette malheureuse avait dû souffrir pendant plusieurs heures, avant de mourir; que son agonie avait été atroce, et qu'elle n'avait rendu le dernier soupir qu'après avoir perdu tout son sang.

Don Torribio, jusque-là gai compagnon, insouciant et rieur, était subitement devenu sombre et triste; deux mois après la mort de cette femme, il avait quitté Paris et était retourné au Mexique, sans donner d'autre motif pour son départ qu'une lassitude extrême de la vie parisienne, et son désir de revoir son pays qu'il avait quitté enfant, et dont il avait toujours conservé le cher souvenir au fond de son cœur.

Voilà ce que l'on disait tout bas, mais sans oser l'affirmer.

Ce qui était certain, c'était que don Torribio avait vingt-huit ans, qu'il était retourné au Mexique depuis trois ans à peine, et que ce court espace de temps avait suffi, pour faire du brillant cavalier parisien, envié de tous, le redoutable et hideux bandit Matadiez; *Matadiez* signifie littéralement en espagnol : *celui qui a tué dix personnes*.

Voilà quel était l'homme auquel les inconnus avaient affaire; on comprend qu'ils préféraient mourir, les armes à la main, à tomber vivants en son pouvoir.

Cependant don Agustin s'était glissé vers la barricade où les quatre jeunes gens, embusqués derrière les tables et les chaises, continuaient à tirer sans relâche.

— Écoutez! dit-il, en s'adressant à celui avec lequel déjà il avait précédemment parlementé, et qui, par hasard, se trouva le plus rapproché de lui.

— Ah! c'est vous? répondit-il; que voulez-vous, señor?

— Vous sauver; reprit nettement don Agustin.

— Nous sauver? c'est impossible! fit-il en jetant un regard sombre autour de lui, et en haussant légèrement les épaules; il est trop tard!

— Non; il est temps. J'ai découvert une sortie; vos chevaux sont en sûreté; c'est maintenant à votre tour à partir.

— Dites-vous vrai, señor? puis-je ajouter foi à vos paroles? répondit-il avec agitation.

— Je vous le jure.

— Nous avons fait le sacrifice de notre vie, reprit-il; il ne nous reste aucun espoir; songez combien il serait terrible de se reprendre à la vie lorsque...

— Je ne vous dis pas d'espérer, interrompit brusquement don Agustin; je vous dis que je viens vous sauver; que si vous le voulez, rien n'est plus facile ; que cela dépend de vous seul.

— C'est bien, je vous crois; votre regard est franc, votre parole loyale; j'ai foi en vous, señor; voici ma main, que faut-il faire?

— Me suivre, tout simplement; mais me suivre, l'un après l'autre; il faut que la fusillade continue jusqu'au dernier moment.

— Je vous comprends, señor, merci, votre nom?

— Plus tard, quand vous serez saufs.

— Bien! voilà comme j'aime entendre parler!

Et se penchant vers son compagnon le plus proche, il ajouta :

— Don Jose Prieto, avertissez mes frères; nous partons.

— Nous partons! fit don Jose Prieto avec une surprise joyeuse.

— Oui, ce caballero a trouvé une sortie, il nous sauve; grâce à lui, si nous succombons, ce ne sera pas du moins sans vengeance.

— Merci, caballero! dit don Jose Prieto à don Agustin, en lui tendant la main.

Puis il s'approcha des deux autres jeunes gens auxquels il parla à l'oreille; ceux-ci se hâtèrent d'accourir.

— Est-ce vrai? demandèrent-ils avec anxiété.

— Oui, grâce à ce caballero, nous sommes sauvés; señor, ajouta-t-il avec autant de calme que s'il se fût trouvé dans un salon, je me nomme don Jaime de San-Lucar, voici mon frère don Fernan, mon frère don Pablo et mon cousin don Jose Prieto.

— Et tous les quatre nous sommes à vous de cœur et d'âme ! ajouta don Jose Prieto avec noblesse.

Les jeunes gens serrèrent cordialement la main de don Agustin.

— Partons ! dit celui-ci.

— Quand vous voudrez, nous sommes prêts ; répondit don Fernan.

— Moi je reste le dernier ; allez, je vous rejoindrai ; dit don Jaime.

— Je reste avec vous ; fit don Agustin.

— Merci, señor ; mais qui leur indiquera le chemin alors ? demanda don Jaime.

— Moi ! dit don Luis, en paraissant subitement à leurs côtés.

Après avoir transporté la jeune fille dans le passage souterrain, don Luis était revenu voir ce que devenait son compagnon, et s'il n'avait pas besoin de lui.

— Partez ! dit don Agustin.

— Ne tardez pas ; ajouta don Luis.

— Soyez tranquille ! avant dix minutes nous vous aurons rejoints !

— Allons !

Ils s'éloignèrent, et bientôt ils disparurent dans les profondeurs obscures de la salle.

Don Jaime de San-Lucar et don Agustin Amador demeurèrent seuls.

— Vous voulez vous venger, n'est-ce pas ? dit celui-ci à don Jaime.

— Certes ! je ne consens à vivre que pour cela !

— Très-bien. Alors, laissez-moi faire ; tirez seulement un coup de fusil de temps en temps pour tenir l'ennemi en alerte tandis que je préparerai tout.

— Que voulez-vous faire ?

— Une chose toute simple ; pour faciliter votre vengeance, il est important de persuader à votre ennemi que vous êtes mort.

— Oh ! il le croira.

— Peut-être ? il est bien fin ! il faut qu'il en soit convaincu.

— Et pour cela ?

— Il s'agit tout bonnement de préparer une mine, là, sous votre barricade ; en nous en allant nous ferons une traînée de poudre à laquelle je mettrai moi-même le feu. La mine sautera, la maison s'écroulera et tout sera dit. Que pensez-vous de mon idée ?

— Elle est excellente, mais bien dangereuse !

— Bah ! qui ne risque rien n'a rien. Soyez tranquille : nous serons loin quand l'explosion aura lieu.

— Faites donc ! et que Dieu nous protége !

— *Amen !* de tout mon cœur.

Don Agustin prit alors environ deux livres de poudre qu'il plaça sous des tables et des bancs entassés avec soin par dessus.

Puis, s'adressant à don Jaime :

— Voilà qui est fait ; dit-il ; un dernier coup de fusil et en retraite.

— Attendez ! je crois apercevoir une ombre.

Il épaula et fit feu ; un cri terrible se fit entendre.

18.

— Eh! j'espère que cette fois le coup a porté! dit-il.

— Ils nous supposaient partis ou morts; ce dernier coup nous donnera le temps dont nous avons besoin. En retraite! hâtons-nous, señor, nous n'avons pas un instant à perdre !

— Me voici !

Ils s'élancèrent en courant vers le fond de la salle.

Tout en courant, don Agustin faisait soigneusement sa traînée de poudre.

Ils atteignirent la sortie.

— Partez! dit don Agustin.

— Non pas, s'il vous plaît ; je resterai près de vous.

— Merci; j'en étais sûr ! vous êtes un homme ! Eh bien! regardez !

A deux pas de la porte, il arrêta la traînée de poudre; il avait pris une chandelle, il la coupa à la hauteur d'un demi-pouce à peu près, et la planta droite sur la traînée, après avoir eu le soin de l'allumer.

— Comprenez-vous maintenant que nous serons loin quand la maison s'écroulera?

— Vous avez tout prévu; c'est admirable !

— Maintenant, partons; mais, un instant, aidez-moi à fermer la porte.

— C'est juste; il ne faut pas qu'on sache par où nous avons fui.

Ils fermèrent et verrouillèrent la porte avec soin, puis ils s'éloignèrent en courant.

Le corridor débouchait dans un vaste hangar, où les deux hommes retrouvèrent leurs compagnons les attendant en proie à la plus vive anxiété ; leur arrivée fut saluée par de vives acclamations.

Don Luis, après avoir harnaché son cheval, achevait de seller celui de don Agustin.

— Où est le Tambero? demanda celui-ci.

— Nous l'avons mis là provisoirement, dit don Fernan, en montrant No Espiritu étendu dans un coin sur le sol, comme un paquet.

— Déliez-le et amenez-le tout de suite ici.

Les jeunes gens obéirent avec empressement.

— Combien Matadiez a-t-il d'hommes avec lui? demanda don Agustin.

— Quatorze, seigneurie, sans compter une douzaine qui dorment ivres de mezcal dans la Rancheria.

— Vingt-six en tout. Hum! et nous ne sommes que six! c'est beaucoup.

— Que voulez-vous faire, señor? demanda don Jaime.

— Surprendre ce bandit pendant qu'il n'est pas sur ses gardes ; malheureusement, nous sommes trop peu de monde.

— Que cela ne vous arrête pas.

— Comment cela?

— Il faut que vous sachiez que Matadiez a enlevé notre sœur Mercedès pour la livrer aux Mormons ; nous avons réuni tous nos parents et amis, au nombre d'une quarantaine environ, et nous nous sommes mis à la poursuite de ce misérable ; comme nous savions avoir tout à redouter de ce bandit et que notre anxiété était extrême, mes frères, don José et moi, nous avons quitté nos amis et nous nous sommes lancés en enfants perdus en avant.

— Vous saviez donc le rencontrer ici?

— On nous avait assuré qu'il avait l'intention d'y passer la nuit.

— Et vos amis, où sont-ils restés?

— Ils nous attendent à deux lieues d'ici, au pueblo de Crucès.

— Alors tout va bien; un de vos frères ira les prévenir, tandis que nous, nous préparerons tout pour l'attaque.

— C'est dit; Fernan, partez.

— Oui, frère, l'orage est à peu près calmé; vous nous verrez bientôt arriver; où serez-vous?

— A trente pas en arrière de la Rancheria; faites diligence.

— N'ayez crainte; dans une demi-heure, trois quarts d'heure au plus tard, vous me reverrez.

Et, bondissant en selle, le jeune homme lâcha la bride, mit les éperons aux flancs de son cheval qu'il siffla doucement; le noble animal partit comme un tourbillon.

— Bon voyage, dit gaiement don Agustin, et se tournant vers le Tambero:

— Maintenant, à nous deux, mon maître! ajouta-t-il; vous allez nous conduire par le plus court chemin derrière la Rancheria; surtout ne vous trompez pas de route; il vous en cuirait.

— Oh! vous pouvez vous fier à moi, seigneurie; moi

aussi, j'ai à me venger du brigand qui brûle ma maison comme une meule de foin, quand je suis son compère.

— Partons alors, rien ne nous retient plus ici.

Chacun se mit en selle, don Luis assit sur le cou de son cheval la jeune fille, chaudement enveloppée dans des zarapes ; le Tambero fut placé, pour plus de sûreté, entre don Jose Prieto et don Pablo de San-Lucar, puis la petite troupe se mit en marche lentement et avec précaution.

Bientôt elle se trouva en rase campagne.

Le cordonnazo avait été moins terrible qu'on ne l'avait redouté ; sa violence s'était beaucoup calmée et, selon toutes probabilités, au lever du soleil, il cesserait tout à fait ; la pluie ne tombait plus ; la campagne était déserte, la nuit noire ; on voyait luire au loin comme un lugubre phare dans les ténèbres le tambó de Guadalupe qui brûlait, et dont les flammes sinistres nuançaient le ciel de reflets rougeâtres.

A peine les cavaliers s'étaient-ils mis en route et éloignés de deux portées de fusil du hangar où ils s'étaient réfugiés d'abord, qu'une explosion horrible retentit avec le fracas de la foudre ; la terre trembla, on aperçut des débris enflammés lancés dans toutes les directions et s'élevant dans l'espace, puis il y eut un roulement lugubre.

C'était le tambó qui s'écroulait.

Les flammes jaillirent avec une nouvelle force de cette épouvantable fournaise, bientôt elles diminuèrent graduellement, finirent par s'éteindre, et tout le paysage fut de nouveau plongé dans les ténèbres.

— *Maldito sea este demonio !* s'écria le Tambero au désespoir ; le misérable païen a fait sauter ma maison ; je suis ruiné de fond en comble! Oh! jamais je ne me vengerai assez de ce misérable ! ajouta-t-il en s'arrachant les cheveux et se tordant les bras.

— Calmez-vous, No Espiritu Santo, lui dit don Agustin d'une voix goguenarde ; vous avez sauvé votre vie, le reste n'est rien ; vous redeviendrez riche ; vous savez bien que la Providence n'abandonne jamais les honnêtes gens!

— C'est aussi dans la Providence que je place tout mon espoir, seigneurie ! dit-il avec conviction ; je n'ai jamais fait tort à mon prochain ; aussi suis-je certain que Nuestra Señora de Guadalupe ne m'abandonnera pas.

— Espérez, mon hôte, cela ne peut pas nuire ; reprit don Agustin de plus en plus railleur ; mais, tout en espérant, pourriez-vous nous dire où nous sommes en ce moment?

— Nous avons presque tourné la Rancheria, seigneurie ; dans dix minutes nous serons arrivés.

— Tant mieux! je vois depuis quelques instants filer dans les ténèbres des ombres qui commencent à m'inquiéter, et sur le compte desquelles je voudrais être renseigné.

— Ces ombres, je les devine malgré l'obscurité, señor ; laissez-moi faire ; avant quelques minutes vous serez rassuré, dit don Jaime en ramassant les rênes et se préparant à s'élancer.

— Allez donc et ne tardez pas trop, señor ? dit don Agustin.

Don Jaime salua, rendit la main, se lança au galop et bientôt il disparut dans les ténèbres.

Tandis que se déroulaient dans le tambó et dans la campagne les événements que nous avons rapporté, il se passait à quelques pas du tambó d'autres événements fort sérieux, qu'il importe de raconter maintenant ; tout en faisant quelques pas en arrière afin de bien expliquer au lecteur les circonstances étranges qui devaient fatalement amener le dénoûment de la singulière et avant tout véridique histoire que nous avons entrepris de raconter.

Un mois environ avant le jour où s'ouvre notre récit, une nombreuse cavalcade composée de caballeros et de dames, revenait d'une longue chasse faite dans la Savane et qui s'était prolongée pendant plusieurs jours.

Cette cavalcade n'avait plus que deux lieues au plus à franchir pour atteindre l'hacienda de Villa Felix où elle se rendait, lorsqu'en traversant un *Chaparral* assez étendu et reputé très-dangereux dans le pays, les chasseurs rencontrèrent à l'improviste dans une clairière étroite, un homme évanoui, étendu près d'un cheval mort.

Chacun naturellement s'empressa de porter secours à l'homme évanoui.

C'était un beau et brillant cavalier de vingt-huit à trente ans, richement vêtu à la mode pittoresque des Rancheros ; on constata bientôt que l'inconnu, grièvment blessé à la tête, avait été entièrement dévalisé; il avait donc, comme cela n'était arrivé que trop souvent dans le même endroit, été victime d'une attaque de Salteadores.

Après lui avoir donné les premiers soins, on fabriqua un brancard sur lequel on l'étendit et on le transporta ainsi jusqu'à l'hacienda de Villa Félix; le propriétaire, don Antonio de San Lucar s'empressa de le faire conduire dans une chambre destinée particulièrement aux étrangers auxquels l'hospitalité était donnée.

Ce premier devoir accompli, don Antonio fit monter un peon à cheval et l'expédia à Hermosillo éloigné seulement de trois lieues, avec ordre de ne revenir qu'en compagnie du docteur Morin, un médecin français jouissant alors dans toute la Sonora d'une grande réputation justement méritée; nous nous plaisons du moins à le supposer, malgré notre scepticisme incurable en fait de médecine.

Deux heures plus tard, le docteur Morin arriva; le blessé n'avait semblé reprendre connaissance un instant que pour tomber dans un état de somnolence assez inquiétant.

Le médecin s'approcha du lit sur lequel le malade était étendu; il se pencha vers lui; mais soudain il se redressa, le front pâle, les sourcils froncés et en proie à une émotion que, malgré toute sa puissance sur lui-même, il ne réussit que difficilement à dissimuler; lorsque enfin il eut repris un peu de sang-froid, il hocha la tête à plusieurs reprises, et d'un geste brusque, sans prononcer un mot, il ordonna à toutes les personnes qui se trouvaient dans la chambre de se retirer.

Le docteur était connu pour un homme bizarre, capricieux, auquel il ne fallait pas résister, sous peine de le voir prendre son chapeau et se retirer, sans vouloir rien entendre ; on lui obéit donc.

Lorsque tout le monde eut quitté la chambre, le docteur se dirigea à pas de loup vers la porte, prêta l'oreille pendant une minute ou deux et, n'entendant aucun bruit suspect au dehors, il poussa doucement le verrou, et revint à grands pas au chevet du malade, toujours immobile et plongé en apparence dans un sommeil presque léthargique.

— Nous sommes seuls, monsieur, dit-il en français, vous pouvez maintenant vous éveiller sans crainte ; d'ailleurs, nous avons à causer.

Le blessé ouvrit aussitôt les yeux, se dressa sur son séant, et tendant sa main au médecin avec un charmant sourire :

— Ah ! c'est vous, docteur ? lui dit-il gaiement ; je suis charmé de vous voir ; mais comment se fait-il que vous soyez ici ? Quel hasard vous amène près d'un pauvre blessé ?

— Trêve de comédie, monsieur ; reprit sèchement le médecin ; le hasard n'est pour rien dans tout ceci, vous le savez bien ; vous n'ignorez pas que je suis le médecin de don Antonio de San Lucar ; mais si vous avez cru un seul instant faire de moi votre complice, vous vous êtes trompé du tout au tout, je vous en avertis ; veuillez donc vous régler là-dessus.

— Je ne vous comprends pas, docteur? fit le malade en fronçant le sourcil, ma blessure...

— Votre blessure? interrompit-il brusquement; elle mérite à peine le nom d'égratignure, vous le savez mieux que personne ; ajouta-t-il avec amertume ; car vous vous connaissez en blessures...

— Docteur ! s'écria-t-il avec violence.

— Après? dit nettement le médecin en le regardant bien en face.

— Rien, répondit le blessé en baissant la tête ; j'espère que vous ne me trahirez pas.

— Señor don Torribio, ne pas dire à toutes les personnes de cette hacienda qui vous êtes, moi le sachant, serait commettre un crime ; et vous le savez, je suis honnête homme.

— Ainsi, vous me dénoncerez?

— Pas de grands mots, don Torribio, vous ne réussirez pas avec moi ; d'ailleurs vous avez manqué à la parole que vous m'aviez donnée ; je suis donc libre envers vous.

— Si vous saviez combien cette enfant est charmante ! fit-il avec un soupir.

— Je le sais, et c'est pour cela que je veux la sauver.

— Mais je l'aime ! docteur !

— Ne profanez pas le sentiment le plus pur que Dieu ait mis au cœur de l'homme !

— J'ai juré que Mercedès sera à moi !

— Et moi j'ai juré que cela ne sera pas!

— Docteur! prenez garde! s'écria-t-il l'œil étincelant, les lèvres frémissantes.

— Prenez garde vous-même! dit froidement le médecin; je n'ai qu'un mot à prononcer pour vous perdre!

— Ce mot, vous ne le prononcerez pas.

— Qui m'en empêchera?

— Vous-même!

— Chanson! j'ai eu pitié de vous jusqu'à présent; mais je suis fatigué de cette indulgence criminelle; si vous m'y obligez, je dirai tout, je vous en donne ma parole d'honneur.

— Songez donc, docteur, que cet amour me rend fou? Que Mercedès doit dans quinze jours épouser je ne sais quel butor indigne d'elle...

— Doña Mercedès, interrompit froidement le médecin, doit épouser dans quinze jours son cousin don Jose Prieto, qui l'aime éperdument; et qu'elle aime de même; don Jose Prieto est un homme d'honneur, un charmant cavalier, respecté et recherché de tous ceux qui le connaissent; ce mariage est des plus convenables, il se fera.

— Il ne se fera pas! s'écria don Torribio avec violence.

— Vous divaguez.

— Il ne se fera pas! vous dis-je, quand je devrais poignarder moi-même le fiancé sur le seuil de l'église! j'aime cette femme comme je n'ai jamais aimé; elle sera à moi, n'importe par quels moyens, quand je devrais mettre ma tête pour enjeu; je la veux, je l'aurai!

En parlant ainsi, le regard étincelant, les traits convulsés, les lèvres blémissantes, don Torribio était effrayant à voir.

Le médecin, de plus en plus calme, haussa dédaigneusement les épaules.

— Assez de folies ! dit-il d'une voix incisive, écoutez-moi.

— Quoi encore? demanda le jeune homme avec rudesse.

— Vous allez quitter à l'instant cette hacienda; je me charge de justifier votre départ; nous nous rendrons ensemble à Hermosillo ; vous me jurerez de partir immédiatement pour *Déseret* et d'y demeurer pendant un an, sinon je me considérerai comme libre envers vous, et alors je vous livrerai sans pitié comme sans remords à la justice humaine à laquelle depuis trop longtemps vous échappez.

Et sortant sa montre de son gousset, il ajouta froidement :

— Vous avez cinq minutes pour me répondre.

— Et si je refuse? fit-il d'une voix frémissante.

— Alors j'appellerai tout le monde, et devant tous je vous dénoncerai.

— Démon! s'écria-t-il avec rage ; c'en est trop! Tu n'en auras pas le temps !

Et s'armant d'un long poignard caché sous son oreiller, il bondit sur le docteur avec un rugissement de fauve.

Mais le docteur Morin savait à qui il avait affaire; il

connaissait son homme de longue date, et ne le perdait pas de l'œil.

Sans s'émouvoir, il remit sa montre dans son gousset, de la main gauche il saisit le bras du misérable, le lui tordit avec une force qu'on aurait été loin de supposer chez lui, l'obligea à lâcher prise, et le jetant rudement sur le parquet en continuant à le maintenir, il lui appuya la gueule d'un revolver sur la tempe.

Il y eut un moment de silence.

Don Torribio était livide ; ses yeux roulaient convulsivement dans leurs orbites ; un tremblement convulsif secouait tout son corps.

Le médecin l'examina un instant avec un mélange de mépris et de dégoût.

— Misérable! lui dit-il ; cette fois est la troisième que tu attentes à ma vie! je ne sais ce qui me retient de te fracasser la cervelle!

— Grâce! docteur, mon bon docteur! ayez pitié de moi! ne me tuez pas! murmura le bandit avec l'accent de la plus abjecte terreur; je ferai tout ce que vous voudrez, docteur, je vous le jure! Je serai votre esclave, mais ne me tuez pas; je vous en supplie!

Le médecin haussa les épaules avec dégoût ; tant de lâcheté lui soulevait le cœur.

— Va! dit-il en le repoussant dédaigneusement du pied, et en s'emparant du poignard qu'il cacha sous ses vêtements ; va! relève-toi, hyène immonde! tu n'es pas digne de mourir de la main d'un homme d'honneur!

— Docteur! balbutia-t-il.

— Tais-toi! remets-toi au lit; ferme les yeux et songe à m'obéir!

— Je ferai tout ce que vous voudrez, je vous le jure!

— Nous verrons.

Le docteur alla ouvrir la porte, et faisant signe de rentrer aux personnes qui étaient sorties et attendaient avec impatience que le médecin les rappelât, il leur expliqua que la blessure était fort grave; qu'elle exigeait des soins incessants, qu'il ne pouvait donner au malade qu'en étant constamment près de lui; en conséquence, il ajouta qu'il avait résolu de l'emmener à Hermosillo, et qu'on préparât, le plus promptement possible, un brancard pour transporter le blessé, dont il ne répondait pas, s'il restait à l'hacienda.

On fit bien quelques difficultés, mais le docteur avait prononcé, il fallut obéir; dix minutes plus tard, le docteur Morin quitta l'hacienda de Villa-Felix en compagnie de son malade que des peones portaient sur un brancard, soigneusement couvert, afin qu'il ne fût pas blessé par les rayons ardents du soleil.

Trois semaines s'écoulèrent sans qu'on entendît parler du docteur ni de son malade à Villa-Felix; d'ailleurs on avait à penser à bien d'autres choses plus importantes; le jour convenu pour le mariage de doña Mercedès de San-Lucar avec don Jose Prieto était enfin venu; tout était prêt pour la cérémonie; elle devait avoir lieu à Hermosillo.

A huit heures du matin, un nombreux cortége composé de tous les parents et les amis des deux fiancés, et formant une troupe de près de deux cents cavaliers, quitta Villa-Felix pour se rendre à Hermosillo.

Le docteur Morin faisait naturellement partie du cortége.

Il était arrivé la veille à l'hacienda et avait répondu aux personnes qui lui demandaient des nouvelles du blessé, que celui-ci était complétement guéri et que depuis deux jours il était parti pour Mexico où résidait sa famille.

Pour arriver à Hermosillo, il fallait traverser dans toute sa longueur le Chaparral dont plus haut nous avons eu déjà occasion de parler.

Comme le cortége était nombreux, que les cavaliers étaient tous bien armés, on ne s'occupa de sa mauvaise réputation que pour en rire, et l'on s'engagea gaiement dans cet inextricable mâquis.

Le cortége avait franchi la plus grande étendue du Chaparral ; il se trouvait dans la partie la plus sauvage et la plus accidentée de cette forêt en miniature, quand tout à coup le cri du faucon noir résonna avec force à plusieurs reprises ; au même instant, une trentaine de cavaliers, lancés à toute bride, sortirent d'un sentier coupant le chemin à angle droit, se ruèrent à travers le cortége, au milieu duquel ils semèrent l'épouvante et le désordre, et disparurent avec une rapidité telle que ce fut à peine si on les aperçut ; d'ailleurs tous avaient le visage couvert d'un masque noir ; il aurait été impossible de les reconnaître.

Pas un coup de feu n'avait été tiré, il n'y avait pas eu

attaque ; on avait coupé le cortége en deux, voilà tout.

Lorsque la première émotion fut un peu calmée, que l'ordre recommença à se mettre dans le cortége, on s'aperçut avec désespoir que doña Mercedès avait disparu.

Elle avait été enlevée.

Ce coup de main si habilement combiné et si audacieusement exécuté, n'avait qu'un but, l'enlèvement de la jeune fille.

Nous renonçons à décrire la fureur et le désespoir du fiancé de doña Mercedès et de tous les invités, parents et amis de la famille.

Le cortége rentra tristement à Villa-Felix.

On avait voulu d'abord pousser jusqu'à Hermosillo afin d'avertir la police.

Le docteur Morin s'y était opposé.

Il avait seulement engagé les parents et les amis de la malheureuse jeune fille à expédier sans retard des batteurs d'estrade dans toutes les directions, pour relever les traces des ravisseurs.

Ce qui avait été fait aussitôt.

Dès que l'on fut de retour à Villa-Felix, le docteur Morin demanda à don Antonio de San-Lucar un entretien particulier.

Cet entretien, auquel assistèrent les trois frères de doña Mercedès et son fiancé, se prolongea fort avant dans la nuit.

Les batteurs d'estrade furent entendus au fur et à mesure qu'ils rentraient à l'hacienda.

Le lendemain, au lever du soleil, don Antonio de San-Lucar assembla ses parents et ses amis ; il leur annonça que l'on avait retrouvé les traces des ravisseurs de sa fille ; que l'homme qui s'était si audacieusement emparé d'elle n'était autre que Matadiez, le bandit fameux, si redouté dans toute la Sonora.

Il ajouta que don Jose Prieto, le fiancé de doña Mercedès, ainsi que don Jaime, don Pablo et don Fernan, ses fils, avaient résolu de se mettre à la poursuite du bandit, et de lui ravir sa proie, coûte que coûte ; don Antonio de San-Lucar termina son long discours, en demandant l'aide de ses parents et amis pour accomplir cette sainte mission et rendre la malheureuse enfant à sa famille désolée, et à son fiancé presque fou de douleur.

Cet appel fut entendu ; tous les jeunes gens, parents ou amis de la famille de San-Lucar, offrirent généreusement leur aide et leur concours dévoué pour s'emparer du redoutable bandit.

Ces jeunes gens étaient au nombre de plus de quarante ; de sorte que don Jaime, l'aîné des San-Lucar, qui avait pris la direction de cette périlleuse expédition, se trouva le jour même à la tête d'une troupe nombreuse et résolue.

Don Jaime se mit aussitôt en campagne ; mais il avait affaire à forte partie ; Matadiez était habile, il rusait et déjouait toutes les poursuites ; les premiers efforts des jeunes gens n'obtinrent donc pendant quelque temps aucun résultat satisfaisant.

Enfin, huit ou dix jours après son départ de Villa-Felix, don Jaime reçut par exprès un billet du docteur Morin.

Le digne médecin était furieux contre le misérable qui l'avait si souvent et si indignement trompé; il s'était mis, lui aussi, sur la piste du bandit, ce qui à cause de ses occupations lui était facile; les renseignements que don Jaime et ses amis n'avaient pu obtenir, il avait réussi, lui, à se les procurer; de quelle façon? c'est ce qu'il nous importe peu de savoir.

Sa missive se résumait ainsi :

Matadiez, serré de très-près par ses ennemis, et embarrassé par la jeune fille, n'avait pu, comme il en avait formé le projet, franchir la frontière, se jeter dans le désert et se diriger sur Déseret, la capitale ou pour mieux dire la ville sainte des Mormons, où il se serait trouvé à l'abri de tout danger; il avait été contraint, bien malgré lui, de perdre un temps précieux en marches et contre-marches et à errer à l'aventure, dans les savanes, tout en guettant une occasion propice de se mettre définitivement en route vers le but qu'il s'était marqué à l'avance, mais qui semblait maintenant fuir devant lui, malgré tous ses efforts pour l'atteindre.

Matadiez comptait de nombreux affidés en Sonora; un des principaux était ño Espiritu Santo Quiroga, maître et propriétaire du tambó de Guadalupe.

Matadiez avait fait beaucoup d'affaires avec le Tambero, affaires qui avaient surtout profité à celui-ci en lui procurant d'énormes bénéfices; en somme, le Tambero était un coquin de la pire espèce, dont la conscience avait une ampleur à toute épreuve ; le bandit croyait pouvoir compter sur lui et il ne se trompait pas ; ño Espiritu Santo lui était dévoué autant que de pareils misérables peuvent être dévoués les uns aux autres ; de plus, le tambó de Guadalupe n'était éloigné que d'une quinzaine de lieues de la frontière indienne ; la Rancheria qui en dépendait servait souvent de quartier général au bandit, c'était le point central de sa toile.

Matadiez confia donc la jeune fille au Tambero, en lui ordonnant de lui donner des vêtements sordides et de la traiter avec une brutalité calculée, afin d'assouplir son caractère.

Quant au bandit, il rayonna avec ses gens autour du tambó, prêt à saisir la première occasion qui lui serait offerte de s'échapper enfin.

Le jour où commence notre histoire, don Jaime avait été instruit par le docteur Morin du refuge choisi par le bandit pour la jeune fille.

Oubliant alors toute prudence pour ne songer qu'à sauver la pauvre enfant, don Jose Prieto et les trois frères de doña Mercedès, après avoir laissé leurs amis embusqués à une courte distance de la Rancheria, s'étaient, malgré l'ouragan qui commençait, élancés à toute bride dans la direction du tambó de Guadalupe.

Ils avaient été aperçus par Matàdiez, au moment où ils traversaient la Rancheria ; le bandit avait aussitôt réuni sa troupe, résolu à en finir une fois pour toute avec ces ennemis acharnés.

Nous avons rapporté les péripéties terribles des événements qui avaient suivi ; le danger épouvantable auquel les jeunes gens s'étaient exposés et n'avaient échappé que par miracle; ignorant encore que la jeune femme sauvée par les deux voyageurs, et qui maintenant voyageait au milieu d'eux, était cette Mercedès, si aimée, si pleurée et pour le salut de laquelle ils avaient bravé de si grands périls.

Nous reprendrons maintenant notre récit au point où nous l'avons interrompu.

Matadiez rugissait de rage devant la résistance désespérée que lui opposaient les jeunes gens; s'il l'avait osé, il se serait élancé à travers les flammes pour saisir Mercedès et s'enfuir avec elle.

Mais il n'avait que le courage du chacal et celui de la hyène ; en un mot, le misérable était lâche ; il attendit, en formant intérieurement les plus affreux projets de vengeance contre la jeune fille dès qu'elle serait entre ses mains.

Un instant, la fusillade avait semblé se ralentir, un bandit s'était alors avancé avec précaution, mais une balle l'avait frappé en pleine poitrine et avait rendu ses compagnons prudents.

Cependant, ce coup de fusil ne fut suivi d'aucun autre; le temps s'écoulait, on ne tirait plus, un silence de mort remplaçait la fusillade si bien nourrie quelques instants auparavant.

Les bandits commencèrent à se rassurer.

— Ils sont morts ! dit avec un rire cynique un des brigands.

— Bon voyage ! répondit un autre.

— Mais doña Mercedès ! s'écria Matadiez avec terreur, vive Dieu ! nous ne pouvons la laisser mourir ainsi ! en avant, mes braves !

Les braves hésitèrent.

Les gens de cette sorte ne sont courageux que lorsque le danger n'existe pas, ou quand ils sont vingt contre un.

— Une once à celui qui me dira ce qui se passe là-dedans ! dit *généreusement* Matadiez.

Une once représente quatre-vingt-cinq francs de notre monnaie, c'est une belle somme ! Un bandit plus courageux ou moins poltron que les autres se risqua.

Il se rapprocha en rampant d'une des fenêtres, se leva lentement, avec précaution, et regarda :

— La salle est vide ! s'écria-t-il après un instant ; il n'y a plus personne !

Et il vint réclamer son once, Matadiez la lui donna.

— Déblayez la porte ! entrez par les fenêtres ! cria-t-il ; à doña Mercedès ! à doña Mercedès !

Il y avait là une trentaine de bandits ; on se mit à l'œuvre ; la porte fut bientôt déblayée.

Alors toute la troupe fit irruption par la porte et par les fenêtres dans la salle vide, et dont le plafond commençait sérieusement à brûler.

— Cherchez Mercedès ! il me la faut ! dix onces à

celui qui me l'apportera! cria Matadiez d'une voix de tonnerre, mais en demeurant prudemment en arrière.

On s'empressa; Matadiez voyant que les recherches n'aboutissaient pas; désespérant de faire entrer son cheval dans cette salle en feu, se prépara enfin, et un peu à contre-cœur, à mettre pied à terre.

Il avait tout oublié; son amour, ou plutôt sa rage furieuse pour la jeune fille, lui avait rendu soudainement le courage.

Au moment où son pied droit touchait le sol, le gauche étant encore à l'étrier, une explosion épouvantable éclata, suivie aussitôt de hurlements atroces, et de râles d'agonie.

La maison sautait, ensevelissant les bandits sous ses ruines fumantes.

Les décombres commencèrent à pleuvoir dans toutes les directions.

Matadiez roula sur le sol, frappé par plusieurs débris enflammés; son pied était toujours dans l'étrier; le cheval affolé de terreur s'élança à fond de train à travers champs.

Le bandit fut ainsi traîné pendant quelques minutes; puis, enfin, le cheval se débarrassa de lui et s'enfuit en hennissant de terreur.

Le misérable Matadiez n'était plus qu'une plaie, il n'avait plus figure humaine; son bras droit était brisé à l'épaule; le gauche seul, par miracle, était intact; il avait les deux cuisses brisées, sans compter plusieurs autres blessures en différentes parties du corps.

Il demeura, privé de sentiment, à demi enseveli dans la boue.

Mais bientôt, il fut brutalement rappelé à la vie ; il ouvrit péniblement les yeux et il regarda autour de lui d'un œil atone.

Plusieurs hommes l'entouraient, quelques-uns tenaient des torches allumées.

— C'est lui ! dit une voix ; je le reconnais, quoi qu'il soit bien défiguré.

— Vous en êtes sûr ? demanda-t-on.

— Oh ! seigneurie, il n'y a pas à s'y tromper. C'est bien le bribon qui a brûlé ma maison.

Et il le poussa du pied.

Matadiez poussa un hurlement de rage.

Le Tambero se pencha vers lui.

— Tiens ! il n'est pas mort ! s'écria-t-il.

— Non ! râla Matadiez, pas encore, mais bientôt !

— Pourquoi as-tu brûlé ma maison, compadre ? demanda le Tambero d'un ton de reproche.

— Approche-toi, je te le dirai compadre ; répondit Matadiez d'une voix dolente.

Le Tambero se pencha davantage.

— Parle compadre, dit-il, je t'écoute.

— Et toi, pourquoi m'as-tu trahi ? murmura Matadiez avec une sourde colère.

— Dame ! compadre, chacun pour soi, tu sais ? Ah ! maudit ! s'écria-t-il avec un cri déchirant, il m'a tué !

Et il tomba sur le sol, en se débattant dans les affres de l'agonie.

Matadiez lui avait à deux reprises enfoncé dans le ventre un long couteau qu'il brandissait encore de la main gauche.

— Ah! s'écria-t-il, je meurs... mais je meurs content! Mercedès est morte!... elle ne sera à personne...

Il se renversa en arrière; son regard devint fixe.

— Est-ce qu'il y aurait véritablement un Dieu?... murmura-t-il en français; bah!... je vais bien le voir!...

Un tressaillement nerveux agita tout son corps; ses paupières battirent; un râle sourd gonfla sa poitrine, il demeura immobile.

Il était mort!

— Tiens ce bandit Mexicain qui parle français! s'écria don Agustin avec le plus pure accent parisien.

— Et vous aussi, il semble? dit don Luis, dans la même langue.

— Pardieu! ce n'est pas malin, je suis né à Paris.

— Et moi à Tours.

— Comment, vous êtes Français?

— Comme vous, mon cher compatriote, fit don Luis en riant.

— Ah! par exemple! voilà ce qui nous est arrivé de plus extraordinaire cette nuit; deux Français qui passent plusieurs heures ensemble sans se deviner et perdent leur temps à baragouiner le mexicain, quand il leur aurait été si facile de causer dans leur propre langue!

— En effet; mais nous ne nous connaissions pas.

— C'est juste; ah çà! nous ne nous quitterons pas ainsi, je suppose?

— Non certes, si cela vous convient, nous voyagerons pendant un mois de compagnie ; moi, je vais partout ?

— Et moi nulle part.

— Ainsi ?...

— Tope, c'est convenu !

Et ils se serrèrent cordialement la main à plusieurs reprises.

Pendant que cette reconnaissance bizarre avait lieu entre les deux Français, sur l'ordre de don Jaime des peones avaient chargé sur leurs épaules le cadavre de Matadiez, nous lui laisserons ce nom, et l'avaient pendu par les pieds à la maîtresse branche d'un énorme Ahuehuelt.

— Il faut partir, nous n'avons plus rien à faire ici ; dit tristement don Jaime.

— Mercedès, mon ami, n'essaierons-nous donc pas de la retrouver? demanda douloureusement don Jose Prieto.

— Hélas! mon ami, vous avez entendu ce misérable; ma pauvre sœur est morte !

Un soupir semblable à un sanglot souleva la poitrine de don Jose.

— Mon Dieu! murmura-t-il.

— Pardon, dit don Agustin en s'approchant, je crois que vous oubliez ce qui s'est passé entre nous lors de notre rencontre dans le tambó de Guadalupe ?

— Que voulez-vous dire? Je ne vous comprends pas, señor? répondit courtoisement don Jaime ; je me souviens, avec une vive reconnaissance, que nous devons la vie à vous et à votre compagnon ; est-ce à cela que vous faites allusion ?

— Dieu m'en garde ! señor ; je voulais simplement vous rappeler que nous avons, en même temps que vous, sauvé aussi une jeune personne.

— Une admirable enfant ! ajouta don Luis.

— Mon Dieu ! c'est vrai, j'avais oublié !

— Et cette femme, où est-elle ? au nom du ciel ! señor ? s'écria don Jose d'une voix frémissante.

— Ici près, dans un Rancho, où nous l'avons mise à l'abri, au cas où il y aurait eu bataille.

— Venez ! dit don Luis.

— Oh ! oui ! allons ! allons !

La jeune fille avait repris connaissance ; quoique bien faible encore, et brisée par tant de souffrances, elle sourit et ses yeux se remplirent de douces larmes, quand elle reconnut son fiancé et ses frères.

. . . .
. . . .

Un mois plus tard, doña Mercedès de San Lucar complétement rétablie épousa, à Hermosillo, son cousin don Jose Prieto ; les nouveaux mariés semblaient heureux, ils avaient payé cher leur bonheur ; don Luis, don Agustin et le docteur Morin servaient de témoins à don Jose Prieto.

Les deux Français, qui s'étaient si singulièrement rencontrés au tambó de Guadelupe, voyagèrent pendant un mois ensemble, ainsi qu'ils se l'étaient promis ; ils se séparèrent à Urès en se jurant de se revoir bientôt ; ils avaient appris à se connaître et ils s'aimaient sincèrement ; mais le hasard se plut constamment à les séparer ; malgré leurs constants efforts pour se réunir, ils ne se revirent jamais.

Bien des années se sont écoulées depuis cette rencontre, don Luis est mort depuis plus de vingt ans déjà ; son souvenir est toujours pieusement conservé dans le cœur de son ami de quelques jours, qui, peut-être dans un temps prochain, sera appelé à le rejoindre, et cette fois pour jamais.

Toute cette histoire est vraie ; aussi, comme nous n'avons voulu rien y ajouter, n'est-ce en réalité qu'une aventure de voyage qui, aux yeux de certains lecteurs, n'aura que peu d'intérêt, mais qui, pour celui qui après tant d'années la retrace, en a un immense : c'est un de ses plus chers souvenirs de jeunesse !

FIN DU TAMBÓ DE GUADALUPE

TABLE

- I. — Comment le capitaine Griffiths apprit coup sur coup deux mauvaises nouvelles. 1
- II. — Comment sans s'en douter le capitaine Griffiths chassa à l'affût. 24
- III. — Où l'on voit le Pelon partir en ambassade. . . . 48
- IV. — Retour au Voladero de l'Ours gris 71
- V. — Dans lequel John Griffiths et Valentin Guillois s'expliquent. 95
- VI. — Où Curumilla bat l'estrade pour son compte particulier. 118
- VII. — Dans lequel on applique la loi de Lynch. . . . 141
- VIII. — Où se préparent de grands événements. 165
- IX. — L'embuscade 189
- X. — A chacun selon ses œuvres 217
- XI. — Tout est bien qui finit bien. 245
- Le Tambó de Guadalupe. 267

FIN DE LA TABLE

D. Thiéry et Cie. — Imp. de Lagny

www.ingramcontent.com/pod-product-compliance
Lightning Source LLC
Chambersburg PA
CBHW072011150426
43194CB00008B/1068